保育問題研究シリーズ

子どもが主体として育つ 乳児保育 実践から読み解く

全国保育問題研究協議会 編

編集委員
遠田えり・亀谷和史・友廣万貴子
中川伸子・永谷孝代・菱谷信子
布施佐代子・松田千都

新読書社

〈凡例〉

全国保育問題研究協議会は、全国保問研、または保育問題研究会と略す。

各地の保育問題研究会は地名の下に保問研と略した形式で掲載する。

例・仙台保育問題研究会は、仙台保問研。東京保育問題研究会は東京保問研など。

『季刊保育問題研究』は、『季刊』と略す場合がある。

尚、本書掲載の文章は『季刊保育問題研究』に掲載されたものが多く、それら他書に掲載されたものについては、初出を各執筆者の文章の末尾に記した。

『保育問題研究シリーズ』の刊行にあたって

現在、全国でおよそ一八〇万人の乳幼児が保育所で、二〇〇万人の幼児が幼稚園で、集団保育を受けています。

その子どもたちの日々の生活と、発達を保障する保育・幼児教育の仕事は、今日の社会情勢と、児童福祉・教育の制度・行政条件のもとで、きびしい局面にたたされています。

私達は歴史の要請である保育の社会化を、乳幼児の健康な生活と全面発達の保障、共に生きる世代の連帯を育てる民主的な集団づくりと結びつけて、科学的に追求してきました。近年の託児企業の進出による商業主義的育児サービスの普及によって公的保育が危機にたたされている現在、「保育とは何か」「子どもたちのために保育者は何をしなければならないのか」をあらためて各方面に問いかけ、未来に生きる子どもの権利を守る保育実践を、私達は保育界に提起していく決意です。

保育問題研究シリーズは、全国保育問題研究協議会の結成以来二十数年の歴史をかけてきずいてきた各地の保育実践に根ざした研究成果を、現時点の課題にたって整理しなおし、研究会内外の保育関係者の討論に供するべく編まれたものであり、私達の到達点と同時に出発点でもあります。みなさんの御批判を受け、さらによりよいものにしていきたいと願っています。

一九八八年三月　全国保育問題研究協議会常任委員会

はじめに

『子どもが主体として育つ　乳児保育　―実践から読み解く―』出版のきっかけになったのは、２０１８年に開催された第3回乳児保育夏季セミナー（第35回全国保問研夏季セミナー）です。乳児保育の夏季セミナーとしては、実に20年ぶりのことでした。セミナーでは、主テーマ「一人ひとりが『生活の主体』として育つ乳児保育　―より豊かな乳児保育について考え合う―」の下に、「乳児が生活の主体になるとは」「一人ひとりをていねいに保育するとは」「保護者とのよりよい関係づくりとは」の三つの視点でシンポジウムや提案・討議を行いました。夏季セミナーの目的は、保育者が自らの実践を意識化し深める視点を学ぶこと、また、１９７２年に乳児保育分科会が発足して50年になるのを機に、これまでの乳児保育分科会の歴史を若い世代に伝えていくことの2点に置かれていました。

本書の出版については、夏季セミナーの成果を一過性のものではなく、本にして残しておきたいという思いが乳児保育分科会運営委員のなかにありました。しかし、本の性格としてはそれをコンセプトの一つとしながらも、セミナーに特化した内容ではなく乳児保育全体がつかめる総論的なものを、という全国保問研常任委員会からの助言を受け、総論的でありながら、他の一般のテキストとは異なる保問研らしい内容を追求することになりました。

乳児保育分科会では、発足当初から子どもの人権を認め、子どもが発達する権利を保障するための保育内容・構造や指導についての理論的研究、さらに、それらを基盤に保育実践を創造してきた歴史があります。しかし、１９８９年に「子どもの権利条約」が国連において採択されたとき（１９９０年発効）、私たちは乳児保育が目指してきた方向性を確認するとともに、嬉しいながらも大きな衝撃を受けました。「子どもの最善の利益」を保障すること、そのための子どもの権利が具体的な条項として掲げられ、おとなにはそれらの権利を保障する責務があると謳われていました。条約の発効、そして日本の批准（１９９４）以降、子どもや保育実践を見る目は条約の観点からより具体的になり、かつ質的にも飛躍的に高まりました。２０１９年は「子どもの権利条約」採択30周年にあたり（残念ながら、この30年間に、日本において条約の目指す子どもの権利保障は実現していませんが）、新たに出版する『子どもが主体として育つ　乳児保育―実践から読み解く―』は「子どもの権利条約」を意識した内容にしたいと考えたのです。

また、私たちには多くのすばらしい乳児保育実践の蓄積があります。これらの実践については、乳児保育の内容と方法という視点から、その進展と課題を明らかにすることを試みました。各節のテーマに関して複数の実践をあげ、それらの実践から学べる点を丁寧に分析しています。そのことによって、読者は実践自体から学ぶとともに、実践の見方をも学ぶことができるようになっています。

構成としては、

第1章では、生活の主体としての乳児のとらえ方と保育のなかで乳児の発達を見る視点について述べ、保育の今日的な意義も踏まえて、乳児期の保育で大切にしたいことを述べています。

第2章では、子どもと子育て家庭を取り巻く環境の変化のなかでの保護者との関係づくり、子どももおとなもしあわせになる園づくりを展開しています。

第3章では、前述した乳児保育の内容と方法について実践を紹介し、学べる点を丁寧に分析しています。

第4章では、乳児保育分科会の50年の歩みを概観するとともに、これからの時代の豊かな乳児保育に向けた課題を提言しています。

ところで、「保育所保育指針」（2017）が改定されて7年が経ちますが、新指針では、あらたに、子どもを「乳児」「1歳以上3歳未満児」「3歳以上児」に区分し、「乳児保育」を「乳児」（0歳児）に限定しています。そして、それぞれの時期区分ごとに「保育に関わるねらい及び内容」が整理されています。しかし、本書では、これまでの用語使用の慣例を踏襲し、「乳児保育」は0・1・2歳児の保育、すなわち、「3歳未満児の保育」をさします。

本書は、2019年の秋から具体的に出版準備を始めたのですが、直後に新型コロナウイルス感染症の大流行が発生しました。そのなかで、執筆は2020年の秋から2021年を中心に進められました。コロナ禍の下で保育をめぐる状況も刻々と変化して、新型コロナウイルス感染症は2023年5月8日から5類感染症に移行し、マスクの着用等の感染症対策は、個々の判断にゆだねられることになりました。

しかし、本書では、執筆から出版までに時間を要したため、コロナ禍での保育に触れた箇所は、執筆内容と保育の現状との間に時間的なズレが生じており、その間の保育については触れておりません。コロナ禍の保育（マスク保育や「密」を避ける保育など）が子どもの発達に及ぼした影響についても、その検証はこれからの課題として残されています。また、新型コロナウイルスの感染拡大は、子どもの保育ばかりではなく保護者懇談会や保護者会活動などの自粛を招き、今まで築き上げてきた保育園文化の一つである保護者同士の横のつながりや、保護者の仕事・家庭生活の在り方についても大きな影響を与えました。感染拡大がそれらに及ぼした負の影響からの回復やそのための支援、たとえば保護者同士の横のつながりの再構築や、コロナ禍の雇用・収入の不安定さから経済的困窮に陥った家庭への支援など新たな取り組みも必要となっています。

また、本書の出版前の２０２３年4月には、こども家庭庁の開設と「こども基本法」が施行され、同年12月には、こども基本法に基づく「こども大綱」や「異次元の少子化対策」の具体策といえる「こども未来戦略」等が閣議決定されました。

そのなかで、職員配置基準が改正され（4・5歳児が30対1から25対1へ、3歳児が20対1から15対1へ）、やや前進していると思われるところもありますが、期限なき経過措置付きの配置基準となっており、新たな課題も出てきています。このように、子どもや保育を取り巻く状況は大きく変わりつつありますが、これらについて本書では、紙面の許す限り、その問題点等を整理し簡潔に記述しています。

本書の編集委員は、第3回乳児保育夏季セミナー開催時の乳児保育運営委員のメンバーで構成されています。ともあれ、構想から5年を経て、ここに『子どもが主体として育つ　乳児保育―実践から読み解く―』を上梓することができました。

全国のみなさまに本書をご一読いただき、本書に対する忌憚のないご意見や感想を寄せていただきますようお願いいたします。また、各地域保問研での議論の材料として役立てていただければ幸いです。

『子どもが主体として育つ　乳児保育―実践から読み解く―』編集委員一同

子どもが主体として育つ 乳児保育 —実践から読み解く— （目次）

第 1 章

乳児期の発達と乳児保育の原則
—今日的意義—

1 乳児をどうとらえるか
—乳児が生活の主体になるとは—

増本敏子

はじめに

私は今でこそ大学の教員という立場ですが、研究者として長年キャリアを積んできたわけではありません。私は30数年間、保育者として現場で実践を積んできました。長年子どもたちと向き合うなかで、自分なりに感じたこと・考えたこと・学んだことを少しでも皆さんと共有できたらと思っています。

私が保育者になってしばらくは、よちよち歩きの子どもたち4、5人を散歩車に乗せて園周辺に散歩に出かけていると、すれ違うおばさんたちに「やぁ、若いのにたくさん子どもさんいてはんねんなぁ」とか「若いのにたくさんの子どもさん育てて偉いなぁ」と声をかけられたりしました。「いやいや、よく見て。同じような歳の子をこんなにいっぺんに産まれへんやろ」と心の中でツッコミながらも、同時にご近所さんでも保育所の存在は知られていないのだなぁと思ったものです。

しかし、今ではそんなことを言う人はいないでしょう。同じようなシチュエーションになったときには「アーッ、保育所の子やなぁ、保育所の子はかしこーて元気やなぁ」と言ってくれます。おばあちゃんたちでも保育所の存在を知り、乳児期を保育所で過ごすことを肯定的に見てくれるようになっています。これはまさに、乳児保育を社会の必要に応えることだけに留まらず、乳児とはどのような存在でどのように発達していくのか、そして乳児にとっての集団の意義を明らかにし、その意義をよりよく実現させようと、日々研究と実践を積み重ねてこられた研究者と保育者の努力の成果だと思います。そして、研究者と実践者がともに力を合わせて進んできたからこその結果だと思います。乳児保育を切り開いてくださった先輩方、そして一緒に頑張ってきた同僚、後輩たちに感謝の気持ちでいっぱいです。

子どもは生まれながらに主体者

さて、私は定年後の今は、大学教員として保育士を目指す学生に指導をしたり、ともに学んだりしています。授業のなかで、学生に「赤ちゃんてどんなイメージ？」と聞くと、「寝てる」「何もできない（お世話をしてあげる存在）」という答えが返ってきます。

「では、近所やきょうだいの子どもがいて身近に赤ちゃんに接している人はいますか」という質問には、ほぼ「ない」という答えです。きっと近所にも赤ちゃんはいるのでしょうが、見かけることがあまりなかったり、いることはわかっているけれど身近に接することがなかったりするのでしょう。

赤ちゃんは一見何もできない存在に見えますが、けっしてそうではありません。そのかわいいフォルムで私たちに働きかけ

0歳児

０歳児　３つ子ちゃん　リンクコーデ

てきます。「かわいいねー」「ちょっと抱っこさせてー」と声をかけずにいられない存在です。それだけでも子どもは生まれたときから主体者だといえるのではないでしょうか。

子どもは生まれたときから一人の人格ある人間として尊重されるべき存在です。しかし、おとながいて、ミルクを貰い、オムツをかえてもらえないと命を守ることができない存在でもあります。おとなに助けてもらわないと命さえ守れない存在であるが故に、おとなに従順なのではないでしょうか。だからこそ私たちおとなは、子どもを支配してしまわないよう心しなければならないのだと思います。

しかし、私もはじめからそんなふうに子どものことをとらえていたわけではありません。若い頃は「主体的な子ども」というと、「活動的な子ども」とか「どんなことにも積極的に取り組む子ども」と思っていました。どのように保育をしたら何にでも意欲的に取り組む子に育ってくれるのだろう、と考えながら保育をしていたように思います。

私がはっきりと子どもは生まれたときから主体者なのだと確信できた頃のお話をしたいと思います。

私はしばらく0、1歳児保育から離れ幼児の担任をしていました。その間「一人ひとりがしっかりと自我を育ててほしい、民主的なおとなになってほしい」と願って保育をしていました。そのためにはまず、子ども（そして保育者）が「子どもと保育者は対等な関係であること」を実感することが大切だとも思っていました。

ある年、13年ぶりに0歳児の担任になりあらためて考えました。もともとおとなと子ども、ましてや保育者とおとなの助けなしには生きていくことさえできない0歳児とは、力関係でいえばとうてい対等とはいえません。では、この「対等でない関係」を「対等な関係」にしていくためには具体的にどうしたらよいのだろう、と自分に問いただしながら保育を進めていくことになりました。おやつや食事、午睡の場面はもちろん、お散歩に誘うとき、靴を履くときの声かけに至るまで、これまで当たり前にしてきた保育を繰り返し繰り返し見直しながら日々の保育をつくっていきました。

私は0歳児とおとなが対等な関係でいるためには、0歳児でも一人の人格ある人間であることを尊重して、ともに生活する仲間であることとの意識を大切にして過ごすことが重要だと思っています。

たとえば、子どもの朝のおやつの時間と午前寝のタイミングについて見直したことがあります。あるとき、子どもがおやつを食べている最中に、サブの保育者が午前寝のための布団を敷き、カーテンを閉めたのです。私も以前0歳児クラスを持っていたときは、同じことをしていました。でも、このときは「え?!」と思ったのです。

確かに保育者の手があいているうちに次の準備をしておくと、生活はスムーズに流れます。子どももおやつを食べながら「次は寝るんだなぁ」と思うかもしれません。でも本当にそれでいいのかな？　子どもはおやつの時間を存分に楽しめるのかな？　それで子どもが主人公の生活といえるのかな？　と考えてみたのです。そして、「拒否の自由を保障する」といいながら、「おとなの思い以外の生活は認めないよ」というようなメッセージとして子どもに伝わってしまわないかな？　と疑ってみたのです。

もちろん、生活リズムは大切です。しかし、決まった時間がきたからといって布団に入れるのがいいのではないはずだと思いました。そこで、「寝ようかぁ」と声をかけ、ゆっくりと布団を敷き、ゆっくりとカーテンを引いて電気を消し、眠そうな子から抱っこして眠気を誘い「眠ることは心地よいことだよ」と感じるように部屋の雰囲気をつくり、0歳の子どもなりにその気になるように、自分たちの保育を見直しました。

声かけについても次のように見直していきました。子どもは満1歳を迎えてことばが出始め、イメージができてくるといろいろなものを忙しいくらいに発見します。子どもから手さし・指さしが出るまでは、保育者がことばとともに丁寧に対応しますが、子どもから手さし・指さしが出るようになったら、保育者はことばも対応も控えて子どもからの発信を持つようにしました。

たとえば、ヘリコプターの音が聞こえてきた場面。保育者は「なんかバリバリってきこえてきた！　アッ！　ヘリコプターだ！」と指をさして知らせます。しかし、子どもが手さし・指さしができるようになったら、「見て見て！」と言わないようにしました。保育者よりはゆっくりですが、子どもたちは音がする空を見上げ、見つけたら手さしや指さしをして保育者を見返ります。見つからなくとも保育者を見返ります。そのときに「ほんとだ、ヘリコプターだねえ」なり、「ヘリコプター、あっちに見えるよ」と受けて指さしとともに応えます。

共感関係ができている子どもとは、積み木であそぶときも積み木が倒れたと同時に「あーあー」と言うことをやめました。倒れたら、子どもが保育者を見返ります。そうしたら「あーあー、倒れちゃったなぁ」と共感を誘うというより、子どもの動いた心にこちらが誘われて共感するような気持ちでことばにしていきました。

あるとき、相棒の保育者が言いました。「私、今日もまた『散歩に行くから靴履こう』って言ってしまったわ。子どもたちはもう散歩が大好きになっているのだから『靴、履こう』なんて言わなくても『散歩に行こう』と言うだけで靴を履きに行くのに」と。次からは子どもが靴を差し出してから「そうやねぇ、靴履いて行こうねぇ」と言うようにしました。子どもが自ら気がついて行動したことを、ことばとともにしっかりと肯定するようにしました。

こんなふうに生活をしていると、子どもたちはどんどん自ら行動するようになりました。食事の用意を始めると自分で椅子を出してくる。エプロンも自分のものはもちろん友だちのものも配るというように。そのうち食事の後におしぼりやエプロンを自分で汚れ物入れに入れたがるようにもなりました。もちろん教えたわけではありません。ある子が、保育者がしていることを同じようにやりたがります。保育者がその「やりたい気持ち」に気がついたらなるべく実現できるように環境を整えたり、手助けをしたりします。するとそれに気がついた他の子がやりたがり、さらに他の子もというようにひろがっていくのです。

でもこれらの行動は、子どもにとってはあそびであり、即「身辺自立」を強要しないようにしよう、身辺自立として要求するのはもっと後の課題だからと保育者同士で確認し合いました。

このように、実践を振り返ってみると、0歳児と保育者では力の差はあるけれど、自分の生活・自分の人生の主人公であるという意味ではすでに対等な関係なのだということに、確信をもつことができました。子どもは客体から主体になるのではなく、生まれたときから主体者なのです。そのことを尊重してともに生活をつくっていけば、子どもたちも、「自分たちは保育者と対等だ」と感じ取ってくれるのではないでしょうか。

子どもと向かい合い、教える人従う人ではなく「相手の人格を尊重し、対等な関係とは?」を探り、そのことをどう子どもたちに実感してもらえるのかを探り続けながらの保育は、非常に創造的で楽しいものです。

これってわがまま?

そんな風に生活をともにしてきた子どもたちを、1歳児クラスに持ち上がりました。そのなかにいた萌ちゃん（仮名）が満2歳を迎えた頃のことです。

この日の午後のおやつはクラッカーサンドでした。お皿にはチーズサンドとジャムサンドが一つずつ入っていました。萌ちゃんはおいしそうにパクパクと食べ、空になったお皿を差し出して「かーり（お代わり）」と言います。私は「チーズとジャムのどっちがいい?」と、おかわりが入ったお皿を見せて聞きました。萌ちゃんはチーズサンドを選びました。そしてチーズだけを食べて「かーり（お代わり）」と言うので、「クラッカーも食べてからね」と返しました。すると萌ちゃんはお皿を持って立ち上がり、自分でおかわりの置いてあるところからチーズだけをお皿に入れて、席に戻って来ました。〝先生が私の願いをきいてくれないなら自分でかなえるわ〟ということでしょう。これはわがままなのでしょうか。私には自分の人生を自分で切り開いていくことにつながる力に見えました。

このように乳児期は、自分で考えて行動したことを認めてくれ寄り添ってくれるおとなに支えられて、自我を育てていくのではないでしょうか。そして、もう少し大きくなって、自分を認めてくれる大好きなおとなから「これも食べてからおかわりした方がカッコいいよ」とか、「他のお友だちも食べたいからこれも食べてからにしてくれた方が皆もうれしいと思うよ」などと方向づけてもらうことで、自分の思いと葛藤し、乗り越えることで自分に自信を持ち、他者への信頼が広がり深まっていくのではないでしょうか。

0歳児　やりたいことは何でもやってみる
まず、じゃまなものは落として…

ホラ！　入れたでしょ！

ちなみに、萌ちゃんは、自分で入れたチーズを食べると先ほど残していたクラッカーも食べて、それはそれは満足そうな顔でごちそうさまをし、自分のおしぼりを自分で選び取って口と手を拭き、あそびに移っていきました。

萌ちゃんは、私がそのようにしても叱らないことを知っていたのです。すでに私の価値観を感じ取っていたのだと思います。身が引き締まる思いです。

乳児の主体性とは

0歳から主体者として大切に育てられてきた子は、1歳を2、3か月過ぎると「イヤ！」「じぶんで！」とおとなを困らせることが多くなります。しかし、それは、自我が芽生え自分という者に気がつき、「わたしはわたしだ！」「お母さんのものではない！」「先生に決められたくないんだ、自分で決めたいんだ！」と、獲得した力を使って確かめたいんだ、全力で発揮したいんだと主張している姿なのです。そう思うと、うまくいかなくて泣き叫んでいる姿もなんと愛おしいことでしょう。保護者や私たち保育者に「これまでの子育てはこれでよかったよ。だってこんなにしっかり自分が育ってきたよ」と言ってくれているのですから。

もちろん子どもは文句なくかわいいのですが、私は持てる力を惜しむことなく発揮して毎日を力いっぱい生きている子どもの姿が大好きです。何度もその姿に学び、励まされてきました。乳児とは何もできない存在、お世話してもらうだけの存在であるどころか、周りのたくさんの人の心を揺さぶる大きな存在です。

『乳児が生活の主体になるとは』というテーマで述べてきました。私が皆さんに伝えたいことは、0歳児であっても子どもは生まれながらに主体者であり、そのことを尊重し、丁寧に寄り添うことが保育をするうえで最も重要なのだということです。そして、子どもが自分の人生の主人公として生きていくために、保育者ができることは彼らの思いや願いを認め、実現できる環境を整えることなのです。そして、そのように乳児を主体者としてとらえたうえで彼らとかかわっていく保育は、保育者にとっても創造的でたいへん楽しいことであると思います。

※本稿は、２０１８年第35回全国保問研夏季セミナーのシンポジウム「豊かな乳児保育を創造するために——実践を深める三つの視点」において「乳児が生活の主体になるとは？」として提案した内容に加筆・修正したものです。

2 発達を丁寧に見るとはどういうことか

杉山弘子

はじめに

本節では、3歳未満児の保育のなかで、一人ひとりの子どもの発達を丁寧に見るとはどういうことかを、「保護者や他の保育者との伝え合いのなかで見る」「子どもと信頼関係を築きながら見る」「能動的に活動する姿から発達を見る」「育ちつつある力を見る」「行動の主体としての発達を見る」という五つの視点をあげて考えていきます。

保護者や他の保育者との伝え合いのなかで見る

「発達を丁寧に見るとはどういうことか」を考えるとき、最初にあげたいことは、一人ひとりの子どもについて、複数のおとながかかわりのなかでとらえた姿を伝え合いながら見るということです。発達を見るときには、時間的な流れのなかでとらえる視点と、場面や人との関係の広がりのなかでとらえる視点が大事になります。前者は、その子どもの発達の「今」をこれまでの経過とこれからの見通しのなかに位置づけてとらえるということです。そして後者は、特定の場面で、特定の人とできていることが、他の場面や他の人ともできるようになることを発達的に意味のあることとして見ていくということです。この二つの視点をもつとき、発達を丁寧に見るためには、一人ひとりの子どもにかかわる複数のおとなたちによる伝え合いが不可欠となります。

まず、保護者との伝え合いについて考えていきます。入園の際、保育者は、これまでどのように過ごしてきたのか、どのように育ってきたのかを保護者から丁寧に聞き取ることでしょう。また、日々の保育のなかでの姿と家庭での様子を伝え合うことを大事にしながら、子育て・保育を進めることでしょう。子どもをとりまく人間関係を含め、家庭の生活条件と保育園の生活条件には違いがあります。ある行動が保育園では見られないからといって、「できない」とは限りません。家庭ではできていることを知らないだけかもしれないからです。また、保育園で友だちと一緒にしていることが、家庭では見られないこともあるかもしれません。互いの場での子どもの姿を知ることにより、子どもの「今」の発達の理解が豊かになるとともに、今後の広がりを予想することもできるようになると考えられます。

次に、保育者間での伝え合いについて考えていきます。複数担任の場合、担当制をとっていたとしても、一人の子どもに複数の保育者がかかわることになります。担任以外にもフリーの保育者や延長保育の担当、合同保育にあたる他のクラスの担任など、一人の子どもにかかわる保育者には広がりがあります。園生活のなかでも、どのような場面で、どのようなかかわりをもつかにより、子どもの姿に違いがあることが考えられます。特定の保育者とならできることなのか、保育者が代わってもできることなのか、友だちと一緒ならできるのかなど、同じことができるにしてもさまざまなでき方があります。保育者同士の伝え合いは、一人ひとりの子どもに芽生えてきた力を見つけることや、安定してできるようになってきたことを確認することを可能にします。

また、子どもの発達の「今」をとらえるために求められる伝え合いは、その子どもの「今」にかかわっている保育者間に限りません。これまでの保育と発達の経過を知ることが、「今」をとらえる視点を豊かにしてくれます。1歳児クラスの子どもであれば、0歳児クラスのときの担任から引き継がれる情報が、その子どもを理解する資料になります。さらに、その子どもとのかかわりは少ないとしても、「こういう場合も考えられる」という経験豊かな保育者の一言が、その子どもの行動を理解するヒントになることもあります。

髙橋（2015）の実践は、こうした伝え合いや意見交換の場を意図的に設定することの意味を示しています。髙橋さんが担任していた2歳児クラスのTには、玩具を独り占めにしたり、友だちの物を無理矢理取ってしまったりする姿がありました。園の実践検討のなかでTの姿を出すと、「Tはまだ、自分の物を持っていたい時期なのかもしれない」という発達段階を踏まえての意見もあり、髙橋さんはそれを保障していくことも大切だと感じたと記しています。

もちろん、このように設定された場面だけでなく、さまざまな機会をとらえて保育者同士が伝え合うことで、一人ひとりの子どもの姿が複数の視点から集められるとともに、その発達的な意味について考察を深めることができると考えられます。

子どもと信頼関係を築きながら見る

次にあげたいことは、一人ひとりの子どもと信頼関係を築きながらその子どもの発達を見るということです。このことについて、我妻（2007）の0歳児クラスの実践をもとに考えていきます。

我妻さんは、9か月で入園したH君の担当になります。H君は最初の頃、親と離れる際に泣きますが、すぐに担任の顔も覚え、大好きな吊りおもちゃを揺すって楽しそうにあそんでいました。しかし、眠くなると激しく泣き始め、1時間後に泣き疲れて眠る姿がありました。我妻さんは、H君の機嫌のよい時間に大好きな吊りおもちゃを一緒に揺らしたり、触れ合いあそびをしたりして、H君が楽しいと思えることを繰り返しあそびます。また、眠いときでも特定のわらべ歌を歌うと落ち着くようになり、入眠までの時間が短くなっていきます。睡眠が安定するとともに、あそびや生活の面でも落ち着いて過ごせるようになり、楽しいことや困ったことがあると、振りかえって我妻さんの顔を見て教えてくれるようになります。

子どもとおとなとの間に何かについて伝え合う関係ができることを「三項関係の成立」といいます。三項関係はことばの獲得の基礎になるなど、発達上、重要な意味をもつものと考えられています。楽しいことや困ったことがあるときに、我妻さんの顔を見て教えてくれる姿は、H君に三項関係をつくり出す力があることを示しています。

では、入園当初のH君はどうだったのでしょうか。大好きな吊りおもちゃを一人で揺らして楽しんでいたということですが、三項関係が成立する前の姿だったのでしょうか。それについては、実践記録からだけではわかりません。ただ、何かあると教えてくれるようになったのは、我妻さんが、H君の大好きな吊りおもちゃを一緒に揺らす、眠くなったときにわらべ歌を歌って安心して入眠できるようにするなどして、関係が築かれてきたなかでのことでした。三項関係をつくる力は、関係が築かれるなかで育ったとも考えられますが、関係が築かれることで見せてくれるようになった力とも考えられます。

また、我妻さんは、「H君との関係ができていくうちに、他の担当の子どもたちとの関係が深められていなかったことにも気づき、関係を見つめ直しながら日々かかわっているところです」と記しています。H君という特定の一人ではなく、担当する一人ひとりの子どもとの関係を深めていくことを大事にしているということです。

おとなとの信頼関係が築かれ、深まっていくことで、子どもは安心して自分の思いを出し、もっている力を発揮するようになります。一人ひとりの子どもと信頼関係を築くことは、その子どもの対人関係の発達を支援することであるとともに、その子どもの発達がよりはっきりと見えてくる状況をつくり出すと考えられます。

能動的に活動する姿から発達を見る

三つ目にあげたいことは、子どもが能動的に活動する姿から発達をとらえるということです。子どもはあそびを通して発達するといわれます。あそびのなかに発達を見てとることが大事であるともいわれます。子どもは、何かをじっと見ることも含めて、まわりの世界に興味・関心を寄せ、まわりの世界と積極的にかかわっているときに、自分のもっているさまざまな力を発揮すると同時に、新たな力を獲得していくと考えられるからです。

子どもの能動性は、あそびだけでなく、生活の場面でも発揮されます。パジャマのボタンをはめることに集中している2歳児は、手指の操作能力を精一杯発揮しながら、その力を高めていると思われます。あそびにしても生活にしても、子どもたち一人ひとりが意欲的に活動に向かえる状況での姿をとらえながら、また、そうした状況をつくり出しながら、発達を見ていくことが大切であると考えます。

このように述べたからといって、何か特別の場面をつくって子どもを観察することが必要というのではありません。子どもが意欲的、能動的に活動できるような環境構成や働きかけは、日常の保育のなかにあります。たとえば、杉山（２００７）が、言語指示の理解の事例として紹介している次のような場面にも見られます。

①昼食後、保育者が「K男くんお口拭こう」と言うと、K男（1歳8か月）はテーブルをまわっておしぼりのある所まで行く。
②自分のおしぼりを取り、席まで戻って保育者に拭いてもらう。（杉山：２００７、１６９頁）

これは、保育者が、昼食を終えた子どもに、身のまわりをきれいにしようと声をかけて世話をする、生活と保育の1コマです。声をかけた後、すぐに拭いてあげるのではなく、K男くんが自分でおしぼりを取りに行って戻ってくるのを待って拭いてあげているところが、K男くんが能動性を発揮するためのポイントであったと思われます。

この短い事例のなかには、K男くんのさまざまな側面での発達と、行動の主体としての育ちが現れています。言語・コミュニケーションの側面では、口を拭こうと言われたことを理解し、それに応えることができています。認知の側面では、口を拭くためにはおしぼりが必要なことがわかり、それを取りに行くことを目的としてまわり道をしています。そして、自分のおしぼりを見分けて取ると、目的を保持して自分の席までもって帰ります。全身運動の側面では、目的のある歩行ができているといえます。さらに、保育者のことばを受け止めて、口を拭くこと、そのためにおしぼりを取りに行くことを自分で決めている姿には、行動の主体としての育ちを見てとることができます。

子どもは1歳半頃までに直立二足歩行とことばを獲得し、道具を扱い始めます。また、この頃に、行動の主体としての自分を意識し始めます（自我の芽生え）。その後、3歳までの発達もめざましいものです。この時期の子どもたちの発達を丁寧にとらえるためには、全身運動、手指操作、認知、言語・コミュニケーション、対人関係と自我など、さまざまな側面での発達を見ていくことも大事になります。そして、その資料は日常の生活と保育のなかにあることを上記の事例は示しています。子どもが能動性を発揮できるような生活づくりとあそびを豊かにする取り組みを進めながら、一人ひとりの子どもの能動的に活動する姿を振り返ることで、発達を丁寧に見ることができると考えられます。

育ちつつある力を見る

四つ目にあげたいことは、すでにできるようになったことだけではなく、育ちつつある力や、これから育つことが予想される力にも目を向けるということです。

子どもが、自分でスプーンをもって食べようとする姿は1歳前から見られます。しかし、食べ物をすくって口に運ぶ道具としてスプーンを使えるようになるのは1歳半頃からです。子どもがスプーンで食べたいと願ったからといって、すぐに習得できるとは限りません。道具が使えるようになることは1歳児の発達の特徴の一つですが、一人で使えるようになることだけを見るのではなく、子どもが習得していくプロセスをもとらえることが、「発達を丁寧に見る」ことであると考えます。その際、注目されるのは、子どもは、おとなと一緒に活動しながら、さまざまな力を身につけていくということです。

杉山（2000）は、1歳5か月の子どもが、保育者の援助でズボンに足を入れると、待ちかまえたようにズボンを引き上げる事例を紹介しています。その子どもがしたことは、ズボンをはく動作の一部でしかありませんが、自分でしたことが嬉しい様子です。

自分でしたい気持ちが生まれてきた子どもたちは、それまでおとなにしてもらっていたことを自分でしようとするようになります。おとながその姿に気づいて、子どもがすることを見守りながら、世話をしたり、やり方を伝えたりするなかで、子どもはできることを広げていきます。ズボンをはくことにしても、おとなとの共同の経験を重ねるなかで、子どもは一人でズボンをはけるようになっていくと考えられます。

言語・コミュニケーションの側面でも同様のことが考えられます。杉山（2000）は、1歳4か月の子どもが、エプロンを保育者に渡し、保育者が「エプロンするの？」と聞くとうなずく事例を紹介しています。この事例は、自分のことば（発話）で要求を伝えることが難しい時期の子どもでも、その子どもの表情や行動から気持ちをくみ取ったおとなの「〇〇したいの？」の問いかけに行動で答えることで、要求を伝えることができることを示しています。語彙数や語と語の結合の仕方など、子ども自身の発話の発達だけでなく、おとなのことばによる働きかけや応答によってやりとりが成立する姿をとらえることは、言語理解の側面だけでなく、コミュニケーションの積極的な担い手としての子どもの育ちをとらえることになると考えられます。

このように「発達を丁寧に見る」とは、子どもが一人でどのようなことができるかだけでなく、おとなと一緒にできることと、そのなかでの変化をとらえることであると考えます。

さらに、「これから一人でできるようになること」にも目を向けるという意味では、子どもが関心を寄せている姿をとらえることも重要になります。青木（２００７）は、０歳児クラスの実践記録のなかで、子どもたちにとってまわりの子どもの姿が身近な目標になることを指摘しています。以下は、青木（２００７）からの引用です。

一人が水道のところにつかまり立ちができるようになり、鏡を見たり水道の蛇口につかまり楽しんでいると、ハイハイができるようになった子が〝いいなぁ〟とその子を見ながら水道のところに近づく。しかしつかまり立ちはできないので水道下であそびだす。その子がつかまり立ちできるようになるとうれしくて、手洗いもずっとやっていたいと終わりにすると怒るようになった。すると次につかまり立ちの時期を迎えた子が水道下へと向かっていく…。（青木：２００７、８頁）

引用は以上です。この事例で、ハイハイで水道のところまで行き、水道下であそんでいる子どもは、「ハイハイはできる」が、「つかまり立ちはできない」子どもです。つかまり立ちができる子どもへの憧れやつかまり立ちができるようになりたいという願いをもっているかを確かめることはできませんが、つかまり立ちでのあそびに関心を寄せている子どもということはできそうです。つかまり立ちができるようになることは、この子どもにとって楽しいことが広がるという意味をもっています。つかまり立ちで楽しんでいる友だちを見ながら、できるようになることの意味を子どもなりに感じているといえるのではないでしょうか。このように、まだ取り組んではいないけれども関心を寄せている姿から、次の子どもの発達を見通していくことも発達を丁寧に見ていくことであると考えます。

行動の主体としての発達を見る

「発達を丁寧に見るとはどういうことか」を考えるときに、最後にあげたいことは、おとなや友だちとのかかわりのなかに、行動の主体としての発達をとらえるということです。3歳未満とはいえ、自我が芽生え育っていく時期の子どもたちです。それにともなって、おとなとのかかわりや友だちとのかかわりも変化していきます。子どもが生活の主体として育っていくことを願うとき、この時期においても、行動の主体としての育ちを丁寧に見ていくことが大切になると考えます。

まず、おとなとのかかわりから見ていきます。0歳から3歳の時期は、愛着が形成され、発達していく時期です。保育時間が長くなるとともに、子どもにかかわる保育者の数も多くなると考えられます。園生活のどの時間帯においても安心して過ごすことができるよう、一人ひとりの子どもとおとなとの関係を丁寧に築いていくことが求められます。子どもは、安心できるおとなとの関係のなかで、「自分でしたい」という要求を伝えてくるようになります。また、「イヤ」と言って、おとなの世話や提案を拒否することも出てきます。こうした姿は、子どもが行動の主体としての自分を意識し始めたことを示唆しています。

同じ行動でも、おとなが「○○しよう」と言うと「イヤ」と言う子どもが、自分で選べるような状況をつくると、「○○する」と決めて行動します。自分で行動を選ぶ力が育ってきているのです。いろいろと働きかけを変えても、「イヤ」は変わらず、おとなが困惑することもあるかもしれません。ただ、子どもが求めていることの一つに、自分が行動の主体として尊重されるということがあるようです。

「イヤ」が出た場合だけでなく、日ごろから、子どもを行動の主体として尊重しながらかかわることで、子どもが納得して次の行動を選ぶ姿や、行動の主体としての育ちが見えてくるものと考えられます。

次に、友だちとのかかわりに目を向けてみます。友だちとのかかわりにも自我の発達との関連が見られます。たとえば、友だちのあそびを見て、「自分もしたい」「自分もほしい」と意欲をもつことが、物の取り合いなどのトラブルにつながることがあります。友だちが近づいてきたのを「自分の領域への侵入」と感じて、不安な様子を見せることもあります。

こうした場面で、おとなは、対立や不安を解消するだけでなく、一人ひとりの子どもの思いや要求を受け止め、それがかなうように援助します。次の事例は、保育者が子どもの気持ちに添った援助をすることで、トラブルが解決するだけでなく、友だちへの友好的な行動が生まれた例と考えられます。

のぶくん（1歳6か月）がボランティアのお兄さんに渡した絵本をさとしくん（1歳6か月）が手に取ります。のぶくんが抗議してもさとしくんは返しませんが、保育者が同じ絵本をもってきて「これでもいいかな?」とさとしくんに渡すと、一方を「はい」とのぶくんに差し出します。しばらくして、のぶくんが先ほどの2冊の本を手にすると、一方をさとしくんに「はい」と差し出します。
(杉山：2000からの要約的紹介)

この事例では、二人とも自分の分と相手の分があるとわかると、自分から相手に差し出しています。一人ひとりに自分のものを保障することで、取り合うだけでなく、差し出すこともできることが見えてきたのです。

自分のものを保障する実践は、トラブルへの介入の場面に限りません。森谷（２０１４）は、１歳児高月齢クラスで、一人ひとりに個人マークをつけた段ボール電車を用意します。だれかが電車に乗れば〝自分もー〟とつぎつぎに電車を持ってきて、気づくとみんなが電車に乗ってあそんでいました。さらに、つなげてあそぶようにもなったということです。

この実践は、一人ひとりが安心してあそぶことのできる環境づくりと、友だちがいるから生まれる意欲が「友だちと一緒」の嬉しさや楽しさにつながるような保育を追求することが、子どもの主体的な行動の展開を支えることを示唆しています。あそびや仲間関係を支援しながら、友だちの存在や友だちとのかかわりが、安心感や楽しさ、活動への意欲にどうつながっているのかを見ていくことも、行動の主体としての子どもの発達をとらえるうえで重要になると考えられます。

おわりに

以上、３歳未満児の「発達を丁寧に見るとはどういうことか」について、「どのように見るか」という側面と、「何を見るのか」という側面から考えてきました。では、何のために、発達を丁寧に見るのでしょうか。それは、一人ひとりの子どもを理解するためです。子どもはおとなに理解されることで、安心してあそび、生活し、育っていくことができます。一人ひとりの子どもをわかろうとして見るからこそ、一人ひとりの「発達を丁寧に見る」ことができるのではないでしょうか。

【引用文献】

・青木浩子（2007）「大人との信頼関係を土台に、仲間の中で大きくなっていく0歳児」みやぎの保育9、3-9頁
・我妻久美子（2007）「目と目が合った瞬間～信頼関係を築くとは～」『季刊保育問題研究（224）』61-64頁
・杉山弘子（2000）「1歳児」心理科学研究会（編）『育ちあう乳幼児心理学』有斐閣、105-122頁
・杉山弘子（2007）「0歳児～3歳児の発達と対応」本郷一夫（編著）『シードブック発達心理学』建帛社、163-178頁
・髙橋花子（2015）「友だちとのつながりのなかで育っていったTの姿」『季刊保育問題研究（272）』106-109頁
・森谷梓（2014）「〝ジブンノ〟がうれしい！〝一緒〟がうれしい！」『季刊保育問題研究（266）』58-61頁

※本稿は、杉山弘子（2017）「一人ひとりの発達を丁寧に見るとはどういうことか」『季刊保育問題研究（283）』23-33頁の原稿に加筆したものです。

3 乳児期の発達の特徴と保育のなかで大切にしたいこと

布施佐代子

乳児の発達と集団保育の重要性

近年、さまざまな家庭の事情等から乳幼児とくに3歳未満児の保育への要求が高まり、量・質ともに保育施設の整備・拡充が求められています。このような乳児の集団保育に対する要求の高まりの背景には、ゆとりある子育ち・子育てが困難な時代・社会としての現状があります。目まぐるしく変化し、見通しを持ちにくい時代の流れのなかで、おとなも子どもも安心してゆったりと気持ちよく生活することはもはや「あたりまえ」ではなくなってきているようです。この現実を保育にかかわる私たちはどのように受け止め対処していけばよいのでしょうか。

幼い子どもがいる家庭では、親が仕事や家事・育児に追われて忙しい生活になりがちです。とくに共働き家庭では、親は心身ともに疲労やストレスが溜まり、時間的にも精神的にも余裕がない毎日となるリスクを抱えています。さらに最近増えてきているひとり親家庭では労働条件が厳しく、経済的にも余裕がないという状況がこれに加わる可能性が高いため、毎日の生活はいっそう逼迫したものになります。

そうしたなかで、親とともに生活する子どもたちは親の強いストレスを敏感に感じ取り、心と体が強い不安・緊張状態へと追い込まれることが少なくありません。心身の状態を自らコントロールすることが難しい低年齢の子どもほど、親をはじめとする身近な環境からのストレスにより心身の発達が影響を受けやすいことが保育の現場からも報告されています。

保育の専門機関である保育施設では、そうした子どもたちの状況に対して、集団の特徴を活かしながら、保育者や他児とのかかわりのなかで、安心できる生活と楽しいあそびを通して心と体を気持ちよくほぐし、豊かな発達を促すという大切な役割を果たすことができます。また厳しい労働や生活のなかで懸命に仕事と子育てに取り組んでいる親たちを温かく励まし支えつなぐこともできるのが保育施設です。実際に保育の現場では、「0・1・2歳児も集団保育のなかで保育者や友だちとともに育ち合う」ことが、かねてより実践の着実な積み上げのなかで確かめられてきています。

このように、乳児を取り巻く昨今の厳しい状況のなかで、集団保育は乳児とその保護者にとってますます必要な大切な存在となってきているといえるでしょう。

3歳未満児の発達上の位置と意味

（1）人間としての自立に向けた基礎・土台づくりの時期

■基本的信頼と自律性の獲得

人生の幕開けから初期にあたる3歳未満児の時期は、人間の一生において最も発達が目覚ましく、それゆえに人間として生きていくための力の基礎・土台をしっかりと築くための大切な時期といえます。

人間社会のなかで身近なおとなから愛情豊かな働きかけをたっぷりと受けながら、0～1歳の子どもは自分が大切にされていることを感じて、人に対する基本的信頼を獲得していきます。この信頼感があることにより、気持ちが満たされ安定して周りの人や物にかかわることができます。自分からじっと見つめたり手を伸ばしておもちゃを取ってあそんだりなど、周りの人や物に自らかかわる力が芽ばえ育つこの時期は、子どものそんな姿を見逃さず、気づいて声をかけたり働きかけたりする応答的環境が重要です。

0～1歳で獲得された基本的信頼のうえに、2～3歳にかけてさらに自律性が獲得されます。主に生活面で自分の身の回りのことは自分でやってみたい気持ちがふくらみ、シャツやズボンを自分で着たり脱いだりしようとするようになります。このような姿は自立に向けての大切な姿です。温かく見守りながら、自分でやりたい気持ちの育ちを励まし支えていきましょう。

■「心の世界」の芽ばえと育ち

また3歳未満児の時期は、「心の世界」(表象や自我)が子どもの内面に芽ばえ育ち始める時期でもあります。

0歳の頃の快・不快の区別に始まり、2歳頃までにはうれしい、悲しいなどの人間の基本的な感情が出現するといわれます。1歳半頃には、認知の発達が進み、目の前にない物事を頭の中に思い浮かべること(表象)も可能になります。さらに2～3歳にかけて、みたてあそびやつもりあそびを楽しんだり、短い見通しを持って行動を切り替え次の行動に自ら移ったりする姿も見られるようになります。

また1歳半頃からは、「～したい」「～したくない」という自分なりの意思や「～しよう」という意図も育ってくるため、自我の拡大の姿に対して周りのおとなも子どもの思いに心を寄せて理解し、適切に受け止めていくことが大切です。このような自我の育ちは、基本的信頼とともに、すでに述べた自律性を獲得していくうえでも大切な基盤になります。

(2) 発達の節目を乗り越えていく時期

0歳から2歳までの間に、子どもは発達の大きな変わり目(「発達の節」または「発達の質的転換期」)を迎えます。「1歳半の節」と呼ばれるその節目を乗り越え、新しい力を身につけていくことで、発達上、乳児期から幼児期へと移行します。その準備は10か月頃から始まるのですが、子どもはこの節目を乗り越えるために多くのエネルギーが必要なため、心身ともに疲れやすく不安定になりやすくなります。

1歳前半頃、いつもと違うことやはじめてのことに戸惑い、泣いて嫌がったりする姿がよく見られます。こうした環境の変化に対する過敏さは、まさに「1歳半の節」を乗り越えるための準備に子どもが取り組みつつある姿と考えることもできるでしょう。保育にかかわるおとなは、発達上重要なこの時期にさしかかった子どもが、乗り越えるためにより丁寧な援助を必要としているととらえ、対応を工夫し、子どもと一緒に乗り越えていく姿勢を大切にしたいものです。

(3) 集団保育の場で、各クラスで扱う年齢の範囲について

以上のような発達上の位置と意味を踏まえて、集団保育の場での1年間を見通して、各クラスで扱う年齢の範囲について、まず明らかにしておきます。

・0歳児クラス:生後3か月(産休明け)~1歳11か月(本書では1歳前後を中心に述べます)

・1歳児クラス：1歳〜2歳11か月（本書では1歳半前後を中心に述べます）
・2歳児クラス：2歳〜3歳11か月（本書では2歳半前後を中心に述べます）

0歳児の発達と保育で大切にしたいこと

各クラスで扱う年齢の範囲を押さえたうえで、以下生育年齢毎の発達と保育で大切にしたいことを考えていきましょう。

（1）生後6か月頃まで

■この時期の発達のあらまし

人間の子どもは、生後間もない新生児でも人をじっと見つめるなど、すでに人への志向性が見られ、おとなからの働きかけを誘い出すような不思議な力を持っています。

6か月頃まではまだ自力で移動することは困難ですが、おとなからあやされると、ほほえんだり声を出して笑ったりする「おはしゃぎ反応」が見られます。3か月過ぎ頃から首がすわるようになると、動く人や物を追視したり、自分から人にほほえみかけたり、おもちゃに自ら手を伸ばして取り、口に入れてなめたりなど、周りの人や物に関心を示す姿もよく見られるようになります。こうしてこの時期の子どもは、自らの目・耳・口・手などの感覚器官を通して外界（周りの世界）を受け止め、さまざまな刺激を取り入れながら外界への関心を広げていきます。

また保育施設などでは、となりに寝ている子をさわったりじっと見たりなど、他児への関心の芽ばえもすでに見られます。

■この時期の保育で大切にしたいこと

目覚めている時間が少しずつ長くなってくるため、その時間に機嫌よく楽しく過ごせるように配慮しましょう。まだ自力で姿勢を変えることは困難なため、あおむけ、うつぶせ、支えおすわり、だっこなどときどきおとなが姿勢を変えてあげて、手を自由に使っていろいろな刺激を得られるようにすると、見える世界も気分も変わり、意欲的に外界に向かう力が育ちます。落ち着いた静かな環境のなかで、おとなが優しく語りかけ穏やかにゆったりとかかわることで、安心感やおとなへの信頼感も育まれます。

この時期の発達の中心となる主導的活動は「おとなとの情動的交流」です。おとなが子どもと目を合わせて笑顔であやすことで、子どもの気持ちも解放されおとなと通い合います。触れ合いあそびやガラガラを振って音を楽しむなどの感覚あそびを通して、おとなとかかわる楽しさを十分に味わえるようにしましょう。

またこの時期は他児への関心も芽ばえ始めるので、子ども同士を腹ばい姿勢で向かい合わせ、間におもちゃを置いて互いの顔が見えるようにしてみるなどの工夫も大切にしたいものです。

(2) 7か月頃〜1歳前後

■この時期の発達のあらまし

運動の発達が進み、おすわりの姿勢を自力でとれるようになると、両手を盛んに使っておもちゃであそぶようになります。外界への関心がさらに高まってくると、その対象に自ら向かおうとして寝がえりや這い這いもするようになり、さらにはつかまり立ちから伝い歩き、そして一人歩きへと目覚ましい運動発達が見られます。

7～8か月頃には、おきあがりこぼしやパッチンボードなど、子どもも自らが働きかけると変化する物を好み、何度も繰り返し働きかけて反応を楽しみます。這い這いからつかまり立ちへと向かう8～10か月頃には、興味ある物のところへ自力で移動しては「いたずら」（探索活動）が盛んになります。さらに伝い歩きから一人歩きに向かう11～15か月頃には物への興味はいっそう広がり、物への働きかけ方に自ら変化を加えながら、まるで「実験」をしているかのように繰り返し試して、いろいろなあそび方を「発見」し楽しむ姿がよく見られるようになります。

この時期は、それまでに培われてきた安心感をもとに、信頼できるおとなを心の拠りどころとして、人とのかかわりを広げていく時期でもあります。よく知っている人と知らない人の区別ができるようになり、人見知りも8か月頃からよく見られますが、安心できる特定のおとなとの愛着（アタッチメント）がしっかりと形成されるなかで、知らない人や物への不安も次第に和らぎ、受け入れることができるようになっていきます。

10か月頃からは、おとなとおもちゃをやりとりしたり、絵本のなかの同じ絵を見たりしながらおとなと一緒にあそびを楽しむなかで、子ども・物・人の間に「三項関係」と呼ばれる関係も形成されていきます。この「三項関係」は、物を仲立ちとして「間」を持って人とかかわりながら人と気持ちを伝え合い共有するだけでなく、会話の原型ともいわれ、人との関係にとってもことばの発達にとっても重要な意味があります。

このように信頼できるおとなに対して気持ちを白ら寄せていく姿は、おとなの動作を模倣したり、いないいないばああそびやまてまてあそびを楽しんだりする際によく見られるようになり、おとなのすることに期待や興味を持ち始めます。さらに1歳頃から、おとなの行動には「意味」があることに気づき始めると、おとなのしていることや使っている物を注意深く見るようになります。このような10か月頃から芽ばえる新しい力は、「1歳半の節」を乗り越えるための大切な力となります。

他児への関心も高まってきて、おもちゃを取り合ったり、他児と同じ動作をして笑い合ったりする姿も見られ始めます。

■この時期の保育で大切にしたいこと

自力で移動したい気持ちを大切にし、安全に配慮しながら自由に動き回れる環境づくりを工夫しましょう。おとなも一緒に体を動かし楽しくあそぶなかで子どもと共感し、気持ちのやりとりをたっぷりと行うことが子どものさらなる意欲にもつながります。散歩や戸外でのあそびなどは、歩く力だけでなく、自然のなかで季節の移り変わりを感じる豊かな感性を育むためにも大切です。

またこの時期は、いろいろな物や人に興味を広げていく時期でもあるため、〝これは何だろう?〟〝おもしろそうだな〟〝やってみたいな〟と気持ちが動くようなことばかけや環境も大切にし、工夫したいものです。

しかし一方、手指操作が発達してきて、小さい物をつまむこともできるようになるため、誤飲などの危険もあります。危険と思われる物は子どもの手が届くところに置かないようにすることももちろん大切ですが、この時期の子どもは安心・信頼できる特定の親しいおとな(「大好きなおとな」)ができるため、あることに興味を持って行動しようとする際に「大好きなおとな」を見るようになります。「これ、やってもいい?」と「大好きなおとな」に問いかけ確かめるかのようなこのまなざしは「社会的参照」と呼ばれ、大切な意味があります。「大好きなおとな」がそのまなざしに気づき受け取って「いいよ」と返してくれることで、子どもは安心して行動ができるからです。あるいは「危ないからだめよ」と言われることで、してはいけないのだと認識することができます。

このようにこの時期の子どもは、まだことばを話すことはできませんが、まなざしや表情、身振りなどで周りの人に気持ちを伝えようとしており、大切なことばの準備段階にいるといえます。日常の生活やあそびのなかで子どもが向けてくるまなざしに気づき、そこにどんな思いが込められているのか感じ取り、適切に返していけるようにしたいものです。忙しい毎日ですが、時間的にも精神的にもゆとりを持って保育できるよう、職員同士よく話し合いながら取り組んでいきましょう。

1歳児の発達と保育で大切にしたいこと

（1）1歳0か月〜1歳6か月頃

■この時期の発達のあらまし

1歳前半には多くの子どもが支えられずに一人で歩けるようになり、目的もなくフラフラと歩くことそのものを楽しみます。また手の指先に力を込めて物をしっかりと持つことができるようになってきて、両手に一つずつ持ったおもちゃを打ち合わせてあそんだり、小さな積木を積もうとしたり、なぐり描きをしたりします。このように歩行の開始に伴い、探索活動が活発になってきます。

ことばも出始め、「マンマ」「ワンワン」などの一語文で表現したり、見つけた物を「アッター」と指さしながらおとなに伝えたりなど、コミュニケーション要求も高まってきます。また目の前にない物を頭の中に思い浮かべること（表象）もでき始めます。たとえば、見て興味を持った人の動作を、その場ですぐではなく少し時間が経過した後に模倣（延滞模倣）したり、空っぽのコップから飲むふりをしたりなども可能になり、子どもの内面に少しずつイメージの世界が現れてきます。「いただきます」「おいで」などの簡単なことばの意味も理解できるようになります。

おとなとの関係では、まなざしや発声でおとなを自分のあそびに誘い、一緒にあそびを楽しもうとする姿がよく見られます。おとなの意図や行動の意味を理解し始める一方、子どもの心の中に自分なりの意図（つもり）や自分でやってみたい気持ちが芽ばえてくる（自我の芽ばえ）ため、おとなに対してイヤイヤの身振りをして意思表示もするようになってきます。食事のときスプーンを持ちたがり、まだ上手に使えないのにスプーンを使って自分で食べてみようとする姿もよく見られます。1歳前半は愛着の発達がさらに進み、「大好きなおとな」の姿が見えなくなると大泣きして後追いするなど、特定のおとなとの間で分離不安が強まります。

他児との関係では、友だちの存在や行動を注意深く見ていて、泣いている子などがいるとすぐに気づいて近づき、どうしたらよいか困惑した表情で抱きつくなど、友だちに向けた「手さぐり」的な行動が多くなります。

■この時期の保育で大切にしたいこと

一人歩きが始まって間もないため、ぶつかったりころんだりも多い時期です。思わぬケガなどの危険がないよう留意し、安心して安全に歩き回れる環境を整えることがまず大切です。そのうえで、手足や体全体を十分に使ったあそびを心おきなく楽しめるよう工夫してみましょう。

水、砂、泥、粘土、新聞紙、シールなどさまざまな素材を使って手指で感触と変化を楽しむことができるあそびは、1歳児の発達に合ったあそびです。その他にも、追いかけかくれあそびや穴にポットンと物を入れるあそびなど、戸外でも室内でも1歳児が楽しめるあそびはいろいろあります。こうしたあそびを通しておとなや友だちと一緒に体を動かし、楽しさをたくさん共感する経験は、人への信頼感を高め、あそびのイメージを豊かにすることにもつながります。

一方、この時期の子どもは自分の好きなあそびを一人でじっくり楽しむのも大好きです。繰り返し同じ動作をしたり対象に働きかけたりしながら、子どもはさまざまなことを感じたり考えたりしています。つい立てなどを活用してその時間と場所を他児に邪魔されたりしないよう配慮しながら、声かけもなるべくひかえてそっと見守ることも大切にしたいものです。思う存分あそべると満足感が得られ、次の行動への切り替えも納得して比較的スムーズになったりします。自我が芽ばえ育ってくるこの時期、自分がやってみたいと思ったことを否定されずに安心して行うことができるよう、保育体制もよく話し合って、できる限りゆったりと子どもとかかわることができる状態に調整していきましょう。

「1歳半の節」を乗り越えるための準備が進むこの時期、前述した10か月頃から育ち始める新しい発達の力を、おとなとの共同活動を通してしっかりと豊かに育んでいきたいものです。

（2）1歳6か月～2歳過ぎ頃

■この時期の発達のあらまし

1歳児も後半になると歩行も安定してきて、めざす目的の人や物に向かって歩くことができるようになります。これにより活動の範囲や内容はいっそう広がります。歩くことそのものだけでなく、歌やリズムに合わせて体を動かすことも大好きになっていきます。

肩やひじ、手首などの発達に伴い、ぐるぐる丸（円錯画）もたくさん描くようになります。スプーンの持ち方も上手になり、こぼさずにすくって食べることも可能になることで食事がさらに楽しくなってきます。このように「食べるために使う」というスプーンの機能を理解して、スプーンを道具として使うことができるようになることは、人間としての自立への第一歩ともいえるでしょう。

また、手首の力を調整しながら小さな積木を1個ずつ積もうとする姿もよく見られるようになります。上手に積むことができると、その度に拍手をしたり、うれしそうに近くのおとなにまなざしを向けたりして、「できた」という達成感と喜びをおとなとわかち合おうとします。

もし積み上げる途中で崩れても、あきらめずにさらに慎重に積み直そうとするなど、自ら興味を持って始めた活動は、気持ちを立て直しながら続ける姿も見られるようになります。これは、崩れた失敗から、こうではなくこうだと子どもなりに考えて積み直している姿ととらえることができます。すなわち「～デハナイ～ダ」という気持ちの切り替えが活動の切りかえしにつながっている姿として、1歳半頃の子どもたちが獲得する大切な力の現れといえるでしょう。

「お人形はどれ？」と聞かれて複数の絵の中から人形の絵を見つけて指さすなどの可逆の指さしも、この力をもとに可能になります。おとなからのことばによる問いを理解して指さしで答えるということは、ことばによるコミュニケーションの基礎がしっかりと成立している証の一つでもあります。ことばの理解は、話す力の土台となります。「絵本を持ってきて」などのおとなのことばかけを理解して、絵本を取りに行き、持って戻ってくることができるのも、1歳半過ぎの大切な姿です。

この時期、話しことばは一語文から「ワンワン、ネンネ」などの二語文へと進みます。指さしなどの身振りも交えながら、盛んにおとなに気持ちを伝えようとします。この時期の子どものなかに大きくふくらんでくる「〜したい」という自分なりの思いは、ときにおとなの思いとぶつかると、「だだこね」と呼ばれる形で表われます。

この「だだこね」は、1歳児の前半と後半とでは様子が異なります。1歳前半では、「〜ダ〜ダ」と一方的に自分の気持ちをおとなにぶつけます。伝わらないことに腹を立てて泣き、泣いているうちに混乱してなぜ泣いているのか自分でもわからなくなってしまうようで、おとなが何を言っても気持ちを立て直すことができません。しかし1歳後半になると、おとなに思いを聞き入れてもらえることを期待して大声で泣くなど、おとなの関心を引きやすいように工夫しながらだだこねをするようになります。しかし、前述のように気持ちの切り替えが可能になるため、おとなに「〜したいのね」と思いを受け止めわかってもらえたり、少し「間」をおいたりすることで落ち着き、気持ちを立て直すこともできるようになってきます。

子ども同士では、友だちへの関心はさらに高まり、友だちの動作を模倣したり、「○○チャンモ」と自分もやりたがったりします。「オンナジ（同じ）」と共感し合う一方、思いをことばでまだ十分に表現できないこともあり、互いの思いが相手にうまく伝わらず、ぶつかり合うことも多くなります。イメージする力はそれぞれの子どものなかに育ってきて、自分なりのイメージをふくらませながら、赤い積木をイチゴにみたてて食べるふりをしたり、ライオンのつもりになって四つ這い姿勢でほえながら動いたりして楽しみます。しかし、互いのイメージがまだよく理解できず、「○○チャンハダメー」と拒否するなど、トラブルも多く見られます。

■この時期の保育で大切にしたいこと

1歳後半の子どもは、イメージの世界が広がりつつあり、目的を持った行動も可能になりますが、一つの目的を持つとそれで気持ちがいっぱいになり、すぐにでもその行動をしようとするなど、少し先の見通しを持って行動することはまだ難しいところがあります。次の行動をせかさないよう時間的にゆとりを持って、具体的な物を見せながら「このバッグを肩にかけて○○公園までお散歩に行こうね」など と、わかりやすいことばかけも工夫して、見通しを持ちやすいようにしましょう。

この時期は、指さしや獲得し始めたことばを使って盛んに周りのおとなとかかわろうとし、思いを伝えようとするので、その思いを受け止め丁寧に返していくことが大切です。子どもから向けられたまなざしやことばのなかに込められた思いを探り、確かめ、次の行動につながるようさりげなくサポートしていきましょう。思いを伝える楽しさ、伝わるうれしさをたくさん実感しながらことばを豊かに獲得していけるようにしたいものです。

そのためには伝えたくなるような中身のある生活経験があること、思いを伝えたい人がいること、そして何より伝えたい思いがしっかりあること、安心して思いを出せることが大切です。たとえば、この時期の散歩は目的地をめざすだけでなく、途中でいろいろな物を見つけながら歩くことも大事にしたいものです。伝えたくなるような物と出会って、おとなや友だちと一緒に楽しみながら生活経験を広げ、伝えたい思いを育んでいきましょう。

自分なりの思いがふくらんでくると、おとなの思いとぶつかることも出てきますが、この時期の子どもは、前述のように一方的ではなく相手に伝わることを期待して思いをぶつけるようになるため、「そう、○○ちゃんは〜したいのね」とまず一旦思いを受け止め理解したうえで、「でもね」とおとなの要求や事情をわかりやすく伝えていくことが大切です。

子ども同士の思いのぶつかり合いやイメージのくい違いによるトラブルに対しては、状況を見ながら互いの思いやイメージをおとなが読み取り、子どもに確認しながら受け止め、仲立ちしてつなぎ伝えていくことが必要です。友だちとつながりたいけれど、思いがうまく伝わらない、かみ合わないもどかしさを理解し、丁寧に思いをつなぐよう心がけましょう。

2歳児の発達と保育で大切にしたいこと

(1) 2歳代

■この時期の発達のあらまし

2歳を過ぎた子どもたちは、ほとんどころぶこともなく上手にバランスをとって歩けるようになります。2歳半頃からは片足を上げたり走ったりもできるようになり、動きのあるあそびも楽しめるようになってきます。手を使ったあそびも、粘土をちぎり丸めておだんごをつくろうとしたり、砂や水でカップやシャベルを使ってみたてあそびをしたりと1歳児の頃よりさらに広がります。

2歳児は、認識面では大小、長短などの対比的認識（二次元の認識）が可能になります。すなわち、二つの物を見比べて「こっちが大きくて、こっちは小さい」などの比較ができるようになります。この時期の子どもは「オンナジ（同じ）」「イッショ（一緒）」ということばをよく使って、おとなや友だちと共感しますが、この「同じ」という認識をもとにしてさらに「こっちの方が大きい」などの比較と意味づけができると考えられます。このような対比的認識は、2歳児の生活やあそびのさまざまな場面で見られます。

この時期はイメージが育ってくるため、みたてあそびやつもりあそび、ままごとなどの生活を再現するあそびが盛んです。2歳前半では、一人ひとりが自分のイメージをふくらませて楽しんでいますが、2歳後半にはおとなの仲立ちにより一人ひとりのイメージがつながり、2〜3人の友だちとイメージを共有・交流しながらあそびを楽しめるようにもなってきます。

ことばは二語文から三語文を話すようになり、「アノネ、アノネ…」と懸命におとなに話しかけ伝えようとしたり、物を持ってきて「コレ、ナアニ?」と盛んに物の名前を尋ねたりする姿も見られるようになります。話したい気持ち、伝えたい気持ちはいっぱいですが、発音がまだ明瞭ではなく聞き取りにくいこともあります。このようななかで2歳半過ぎ頃には語彙が急激に増え、〝〜したいのに〟とか〝〜でないとイヤ〟という自分なりの「つもり」もはっきりしてくるため、「〜デナイトダメ」などと自分の思いをことばで自己主張したりするようにもなってきます。

また2歳代では、手指の発達とともに衣服の着脱などの身の回りのことも少しずつ自分の力でできるようになってきます。何でも「自分デ」とやろうとしますが、自分一人の力ではまだ上手にできないところもあるため、「デキナイ。ヤッテ」とおとなを頼ってきます。しかし、おとなが全部手伝おうとすると「ダメー。自分デ」と怒り、自分でやろうとします。このように、おとなに依存しつつ自立していく姿がよく見られます。また「見テテ」と言って自分でやるところをおとなに見てもらいたがる姿も2歳代は多いものです。

子ども同士のかかわりでは、友だちのすることをよく見ていて、興味を持つとまねをして共感し笑い合う姿があちこちで見られるようになります。一方、あそびのなかでは互いのイメージをよく理解できずにぶつかり合ったりもするため、おとなの仲立ちが必要です。

■この時期の保育で大切にしたいこと

2歳前半は、話せるようになってきたことばを使って、人に伝えたい、聞いてほしいというコミュニケーション要求が高まるため、「あとで」ではなく「今」話したい、聞いてほしいという子どもの気持ちをまず大切にしましょう。向き合って根気よく話を聞くことで、自分を受け止めてもらえた喜びと満足感から、さらにお話しして聞いてもらいたいという気持ちが子どものなかにふくらむようにしたいものです。そのためにはかかわるおとなの心の余裕も大切です。忙しい毎日の生活のなかでも、子どもとかかわるときは今何が大切かを考え、少しでも時間的、精神的にゆとりを持てるよう心がけましょう。

またおとなに伝えたくなるような楽しい生活経験をいかに豊かにしていくかは、2歳代全体を通して保育の大切な課題です。子どもたちの小さな発見や驚き、喜び、感動などを毎日の保育のなかで共感とともに受け止め、一人ひとりのイメージがより確かにより豊かになるように、さらに友だちとそれらのイメージを交流し共有してあそびがより楽しくなるように、ことばかけなども工夫してみましょう。散歩先でみんなで楽しめるような、追いかけっこやかくれあそびをしたり、クッキング用の牛乳や野菜をお店で買ったりする楽しい共通経験も、2歳児の共通イメージを育みます。

おとなに依存しながら自立へと向かうこの時期は、たとえ一人でまだ上手にできなくても、「自分の力で」やってみたい気持ちを大切にしましょう。自分でできるところは「○○ちゃん、ここは一人でやってみる?」と自分でやるよう励まし、上手にできないところは「どこが難しいのかな?」と確認して「ここが難しいみたいだから、ここだけお手伝いしてもいい?」などと声をかけてさりげなく手伝い、子どもと一緒に取り組むなかで「自分でできた」喜びや達成感を味わえるようにしたいものです。必要以上の手出し口出しはひかえて、温かく見守りながら生活面での自立をサポートしていきましょう。

（2）3歳代

■この時期の発達のあらまし

2歳後半から3歳過ぎになると、土手をよじ登ったり駆け下りたり、ぴょんぴょん両足とびをしたり、体全体を使ったあそびもいろいろできるようになります。手指操作では、ハシやハサミなどの道具も使えるようになってきます。自分の体を思うようにコントロールすることにはまだ難しさがありますが、生活面でもあそびでも自分の力でできることが増えてきて、活動全体が生き生きとしてきます。

自分でできることが増えるにつれて「自分はもう小さくない（赤ちゃんではない）」という意識の高まりから、「ブーブー」とか「ナイナイする」などの「赤ちゃんことば」（幼児語）は使わなくなります。語彙数がさらに増え、おしゃべりが楽しくなってくる時期でもあります。自分が見たり聞いたり行ったりしたことはよく覚えていて、「～シテアソンダノ」とか「コレ、見タコトアル」などと盛んにことばでおとなに伝えてくれます。子ども同士でも簡単な会話を楽しむようになりますが、相手の立場を考えて話すことはまだ難しく、要求がぶつかり合いケンカになることもしばしばあります。

この時期、活動範囲が広がるといろいろなことに興味を持ち、やりたがったり知りたがったりするようになり、実際にやってみようとします。自分でできるとうれしそうに得意顔になり、〝自分は何でもできる〟と自信を蓄えていきますが、たまたま「できると思っていたのにできない」場面に遭遇したりすると思うようにできない自分に気づき、「人から見られている自分」を意識し始めます。「できる・できない」を気にして恥ずかしがったり尻込みしたりする姿は3歳半過ぎ頃から多くなります。

身近なおとなに対しては、わざと反対のことを言って反抗したりもするようになりますが、これは信頼しているおとなが自分を愛し認めて受け止めてくれるかどうかを確かめようとする姿とも考えられます。また「大きい自分」を意識する姿もある反面、自分のことを見てほしい気持ちや相手を独占したい気持ちがまだ強く、泣いておとなを求めたり、弟や妹が生まれると「赤ちゃん返り」をすることもよくあります。

子ども同士では、数人でおうちごっこなどのごっこあそびを楽しむ姿が多く見られるようになりますが、役割分担がまだはっきりせず、それぞれがやりたい役を自分のやりたいようにやりながらかかわっている初歩的なレベルです。友だちと一緒にあそぶ楽しさがわかってくるため、「マゼテ」「貸シテ」「ゴメンネ」などとことばをかけて友だちとの関係を調整しようとする姿も見られ、互いのイメージを少しずつ交流・共有しながらあそぶようになってきます。

またこの時期は、1歳児の頃の「自我の拡大」からさらに「自我の充実（深まり）」ともいえる状態へと発達が進みます。たとえば、友だちがころんで泣いていると「ダイジョウブ？」と気遣ったり、「貸シテ」と要求してくる友だちに迷いつつも自分の使っているおもちゃを貸してあげたりなど、相手の思いに気づき、思いやる行動が見られるようになってきます。このような姿は、自分の思いも相手の思いもどちらも大切にしたいという葛藤を迷いながら乗り越える姿として、幼児期につながる心の育ちがうかがわれます。

■この時期の保育で大切にしたいこと

この時期は、語彙数も増え、三語文以上で話すことも可能になり、自分のしたことや思ったことをことばで相手に伝えようとする姿が目立ってくるので、まずは子どもの伝えたい思いをしっかり受け止め、伝えたいことを推察し確認しながら聴くようにしましょう。

しかし3歳代でも、子ども同士で思いがまだうまく伝わらず、トラブルになることがあります。その場合は、双方の言い分をよく聞き、思いやイメージの行き違いを整理して伝え、解決の糸口を示すことで、互いに思いが伝わったという喜びを実感として味わう経験が子どものなかに積み重ねられるよう仲立ちしていくことが大切です。

このようにして、子ども一人ひとりが安心して自分の思いをことばで表現し、伝え合いながら友だち同士の相互理解を深めていけるようにサポートしていくことが3歳代の保育では必要かつ重要と考えられます。友だちを「安心してかかわれる存在」「一緒に生活やあそびを楽しみたい仲間」として受け入れられるよう、友だちともっとつながりたいという思いを大切に育んでいきましょう。その思いは、やがて幼児期の4歳頃から育ち始める「仲間の心の中にいるかけがえのない自分」の認識へとつながる芽ばえともとらえられます。

また現実の自分の能力がわかってきて、人から見て自分が「できない」とか「失敗する」ということに対して敏感になってくる3歳半頃からは、まずおとな自身が「できない」とか「失敗」とかにこだわらずに子どもと接することが大切です。本当はどうしたいのか、うまくできないけれど自分の力でやってみたいという子どもの本当の気持ちを大事にしながら、やってみようと気持ちが前向きに動き、行動につながるように、焦らず温かいまなざしで見守り励ましていきましょう。

おもらしをしたのに「(おしっこ) 出テナイ」と言い張ったりする場合も、そっと声をかけて友だちの目に触れない所でパンツを替えるなど、〝失敗して恥ずかしい〟〝友だちに知られたくない〟というデリケートな気持ちを受け止めてさりげなく配慮したいものです。このような生活の積み重ねのなかで、子どもは自分が大切にされていることを実感し、迷いながら少しずつ自信を持ち育っていきます。4歳半頃から育まれる自己肯定感も、その芽ばえはすでにこの3歳代に見られるとも考えられるでしょう。「小さくない（赤ちゃんではない）自分」を意識するようになり、おとなから自立しようとする反面、まだおとなに頼ったり甘えたりしたい姿も見られるこの時期は、心の揺れを理解した丁寧なかかわりが大切です。自己主張を何でも受け入れ思い通りにするのではなく、自己主張の裏にある子どもの本当の思い（本当はどうしたいのか）をよく確かめて、どうすることがその子にとって今一番よいのかを考え対応したいものです。その際に、一人で判断するのではなく、保育にかかわる仲間と相談し、よく話し合って、子どもの姿とその言動の裏にある本当の思いについて理解を深め、ふさわしい保育の方法や内容を見つけていくことが大切です。

この時期は、自分で考え決めたことは納得して行うという強いこだわりにも見える姿もよく見られます。生活のなかで、たとえば、昼食から午睡に向かう時間帯など、あそびを切り上げて片づけて眠る準備をするとき、「〜したら〜する」と自分で決めて、次への活動の見通しを持って気持ちよく自ら行動を切り替えていけるよう、わかりやすい表示やことばかけの工夫もしてみましょう。

まとめ ―よりよい乳児保育をめざして―

これまで見てきたように、3歳未満児の集団保育は、一人ひとりの子どもの豊かな発達を保障し、かけがえのない人生の基盤をしっかりと築くために重要な意義があります。

しかし、2020年度はじめから思いがけなくコロナ禍に見舞われ、乳児保育の現場もマスクをつけての生活となり、子どもとの密な触れ合いや子ども同士かかわってのあそび、保護者とのコミュニケーションなど、乳児保育でこれまで大切にされてきたことが難しくなったりした時期もありました。だからこそ乳児保育の意義はいっそう明確になり、重要性を増してきているともいえるでしょう。

このような現状を踏まえ、子どもたち一人ひとりの最善の利益を守り、よりよい乳児保育を実現していくために、保育にかかわる私たちは今こそ連携しながら学び合い、まずできることを見つけて実践を通して確かめ、そこからさらに可能性を広げていくことが大切なのではないでしょうか。子どもの姿を温かく見つめ的確にとらえる目を養い、子どももおとなもどうしたら安心して心地よく楽しく過ごせるか考えて、保育環境を工夫した実践を着実に積み上げ交流していきましょう。

第2章

保護者との連携と
保護者の子育て支援

1 子どもと子育て家庭を取り巻く環境の変化と乳児保育

野村 朋

男女雇用機会均等法が1986年に公布されて35年以上経過します。2000年には共働き世帯が専業主婦世帯を上回り、2016年には「保育園落ちた 日本死ね!!!」というSNSの書き込みに端を発し、待機児童問題が社会問題として国会でも取り上げられました。入園できる保育園を確保するための「保活」、働きながら子育てをする母（ワーキングマザー）を意味する「ワーママ」ということばもテレビや雑誌など一般のマスメディアなどでも扱われるようになりました。待機児童は1歳児が多く、乳児保育の需要の多さを示しています。かつては「赤ちゃんを保育園に預けるなんてかわいそう」と言われがちでしたが、「乳児保育＝乳児が保育園で育つこと」の意義が（まだ偏見が残ってはいますが）おおむね社会的に認知され、特別なことではなくなりつつあります。それは時代の要請であるとともに、ここに至るまでの乳児保育の実践や研究の積み重ね、保育運動の歴史のうえに成立したものといえます。

一方で、まだまだ乳児保育の専門性に対する社会的認知が低いことや、保育者の待遇が仕事の社会的役割や専門性に比して著しく低いこと、その結果、現場の保育者が不足していること、保育の質の論議や保障が十分でないまま規制緩和が進んでいることなど解決すべき課題は山積しています。

2020年、新型コロナウイルス感染症の大流行によって私たちを取り巻く環境は一変しました。4月の緊急事態宣言によって多くの企業が在宅勤務を導入し、幼稚園から大学まで一斉休校となりました。保育園では在宅勤務の保護者への登園自粛の呼びかけが行われる一方で、医療従事者、販売業、保育従事者などのいわゆるエッセンシャルワーカーの就労を保障する役割を担い、細心の注意を払いながら保育が継続されました。２０２1年1月、２回目の緊急事態宣言が発令されましたが、休校は行わず、1回目と比べると休業や在宅勤務の対象は少なくなっています。新型コロナウイルス対策の基本とされる三密（密閉・密集・密接）を避ける、マスクを着用する、といったことは、従来大切にしてきた保育のあり方とは相いれないものです。しかし、保育の現場では現実を受け止め、工夫を凝らし、試行錯誤しながら保育を続けています。そのような工夫や奮闘のなかで、保育のなかで大切にしてきたことの意義があらためて確認できたという声も聞かれます。保護者の就労を保障するためにも、子どもの豊かな育ちを保障するためにも、子どもと保護者の双方にとって保育園が必要であることや、保育者の専門性もあらためて浮き彫りとなりました。

発達の基盤が危うい

全国保育問題研究集会での乳児保育分科会では、「食べる」「眠る」「あそぶ」を発達の基盤と位置づけてきました。「食べる」「眠る」「あそぶ」ことは子育てにとって当たり前のことと感じられるかもしれません。ただし、単に食べればいい、眠ればいい、あそべばいいのではなく、「おいしく食べる」「ぐっすり（心地よく）眠る」そして「楽しくあそぶ」ということが重要なのです。それらは他者とともにある生活のなかで、人との関係性を基盤に獲得されるものです。

「おいしく食べる」ことは「おいしいね」と他者と共感し合った経験のなかから生まれてきます。これまでの育ちのなかで「おいしいね」と共感し合った経験があるからこそ「おいしい」と感じることができるのです。一人ぼっちの食事のなかからは好き嫌いはできますが「おいしいね」は生まれません。

0歳の赤ちゃんであっても、保育者から「今からミルクを飲もうね」「おいしいね」「いっぱい飲んだね」など自分の思いをくみ取ってことばをかけられるなかで、自ら哺乳瓶に手を添えたり、哺乳瓶を見ると口を動かしたりするような「自分から飲む」力が育っていきます。離乳食は、保育者と向かい合って食べさせてもらうことから始まります。保育者のことばかけや表情、しぐさから子どものなかの食べる意欲がさらに育まれ、やがて「モグモグ」や「カミカミ」といった口の動かし方を獲得していきます。それだけでなく、隣で食べている友だちの姿もとらえ、「早く食べさせて」とでもいうようによだれが出たり、手足をバタバタ動かしたりする姿が見られるでしょう。1・2歳児ともなると手づかみやスプーンで「ジブンデ食べる」姿や、「ごはんじゃなくってバナナが食べたい」と主張する姿も見られます。嫌いだったものを友だちがおいしそうに食べる姿を見て食べるようなこともあります。保育者は常に子どもの様子を観察しつつ、「おいしいね」「こっちもおいしいよ」などとことばをかけたり励ましたりします。

ところが、新型コロナウイルスの感染防止対策として、保育者が一緒に給食を食べることも、子ども同士が向かい合って食事をすることも避けられるようになりました。おまけに保育者がマスクを着用することで口元が隠れてしまい、表情が伝わりにくくなります。

ある保育園では、このような新型コロナウイルス対策の影響で残食が増えたといいます。フェイスシールドや透明のマスクにしてみたけれど、飛沫を抑えるには心もとないと感じたそうです。そこで感染防止とコミュニケーションを両立させようと、口元が隠れていても伝わるように、できるだけ表情を大げさにしたり、ことばかけの内容を工夫したりというようにおとなが表現力を高めようと職員間で話し合いました。「おいしいね」だけでなく、「どんな味？」と子どもに問いかけたり、子どもの発信を「○○ちゃんがこれスッパイって言ってるよ」などと全体に広げたりするようにしました。

また、その園では以前は保育者が子どもと一緒に食事をしながら食事の介助をしていたのですが、行政からの指導で保育者は交代で別室で食べることとなったので、先に食べた保育者からその日の給食の味や食感を事前に聞いて、「甘いよ」「サクサクしてるね」「ちょっと固いよ」など、きめ細やかなことばかけをするようにしたそうです。そのような工夫が功を奏したのか、今では子どもたちは以前と変わらず食べるようになったそうです。これは一例にすぎませんが、いろいろな保育園で感染対策と「おいしく食べる」を両立させるための試行錯誤が行われています。

「ぐっすり眠る」ためには、まず、安心感が必要です。保育者に十分受け止められて安心することが「ぐっすり眠る」ための土台となります。また、快適であること、空間の広さや音の大きさなどの環境も重要です。従来から保育所の人的配置や面積基準の貧しさは指摘されてきました。2020年春の緊急事態宣言下では、登園児が減少したことによって図らずも少人数の保育となった園もありました。そのことで、それまではできなかった「食べる」「眠る」「あそぶ」空間を分けて保育することができた例や、保育士一人当たりの子どもの担当数が減り、子どもへの丁寧なことばかけができたという例もありました（しんぶん赤旗：2020）。このことからも、現在の児童福祉施設の設備及び運営に関する基準がいかに不十分なものであるかがわかります。

そして、ぐっすり眠るためにはさらに目覚めている時間が充実していることが重要なのです。眠るための働きかけとともに「楽しくあそぶ」ことへの働きかけが必要です。あそびの楽しさは発達に応じた環境の設定やおもちゃの準備、おとなからの働きかけ、ことばかけ、友だちと共感できる生活などのなかで育ちます。「楽しくあそぶ」ことがさらに「おいしく食べる」「ぐっすり眠る」につながっていきます。

このように「食べる・眠る・あそぶ」は密接につながっていて、それらを豊かにすることは乳児期の発達の基盤をつくります。しかし、そうした「当たり前」の生活そのものが難しくなり、その傾向が新型コロナウイルス感染症の流行によってより強くなっているのが現状です。

「当たり前」を難しくさせているもの

その背景にあるものは、一つはおとなの生活基盤の揺らぎです。２００６年の総務省調査では、ワーキングマザーの睡眠時間は平均7・5時間で先進国諸国で最下位でしたが、２０１４年の味の素の調査ではさらに短く6時間44分となっています。２０１５年のシチズンの「ワーキングマザーの生活時間」調査では、削らざるを得ない時間の第1位は「睡眠時間」、第2位が「子どもとの触れ合いの時間」となっており、増やしたい時間の第1位は「子どもとの触れ合いの時間」でした。また、男性の育児参加については、近年、育児休業取得率は増加し、意識の面では変化しつつありますが、実態としては「ワンオペ育児」といわれる母親が単独で家事と子育ての大半に取り組まなければならない状況は依然として存在しています。不況や労働環境の悪化とともに長時間労働・夜型生活が常態化するなか、家族がバラバラに食事する「孤食」や不規則な食事、睡眠不足など、おとな自身の生活習慣も乱れています。新型コロナウイルス感染症の流行によりテレワーク（在宅勤務）の導入が進むなかでは、通勤時間が省略されて子どもと向かい合う時間ができた家庭もありました。

一方で、慣れないテレワークをしながら登園自粛のため一日中子どもと過ごすことが保護者のストレスとなったり、子どもにとっても保育園での活動や友だちとのかかわりがなくなってしまい、フラストレーションがたまったりする例もありました。外出自粛、経済的な不安などが引き金となってＤＶや虐待につながってしまうこともあり、支援団体などへの相談件数が増えました。ひとり親家庭や非正規労働者家庭では賃金カットや雇止めなどによって今まで何とかしのいできた家族がいよいよ立ち行かなくなるという深刻な経済状況の悪化も起こっています。そのようななかでは日々の生活で精一杯になってしまい、「豊かな育ち」まで手が回らなくても不思議ではありません。

二つ目に、子育てをめぐる不安や困難がより大きくなっている現状があります。現在の保護者は自分自身が少子化・核家族化・地域のつながりの希薄化のなかで親になっています。子どもと接する機会が少ないまま親となることが多くなっているのです。インターネット情報などによって子育てや子どもに関する情報がたくさんある一方で、あまたの情報のなかから今の自分にとって必要な情報を得たり、実際に自分のことを相談したりできる相手が持ちにくくなっています。インターネットの情報やSNSによる交流はときに大きな力となります。しかしその内容は玉石混交で、根拠のないものやいたずらに不安をあおるものも含まれています。有効に活用するためにはかなり高度なネットリテラシーが求められます。保護者が気軽に相談できたり助けを求めたりできるような関係に乏しく、子どもが安心してあそべる環境が少ない今、地域で乳児を育ちに応じた十分な環境や方法で育てることは実はとても難しいことになっています。

さらに、保育園が騒音のもととして非難されたり「迷惑施設」と呼ばれたりすることがあるように、子育てに対するまなざしが厳しいなか、「自己責任」論に追い詰められる親たちもいます。今、社会全体に成果主義・効率主義的な価値観が蔓延しています。その影響を受け、子育ても個人の責任事項として扱われ、権利を主張したり配慮を求めたりすると「自分が好きで産んだくせに」「自己責任」などと揶揄、攻撃の対象にされることすらあります。また、保護者自身が「子育てや子どもへの評価＝自分への評価」ととらえてしまい、「助けて」と言えない、言ってはいけない、と思い込んでしまう場合もあります。このことは特に乳児保育においては保護者を孤立させ、児童虐待・不適切な養育につながりかねない危険性をはらんでいます。虐待の死亡事例の多くは０・１歳児であり、この時期の子育てに特に支援が必要であることが示唆されます。しかも、近年の困難を抱える乳児と保護者は、外見からはわかりにくいことも指摘されています。

たとえば貧困家庭であっても、スマートフォンやゲーム機を持っていたりすることがあります。この場合「貧困」は、食事もままならないような「絶対的貧困」だけではなく（こちらも新型コロナの影響で増大する可能性は高いのですが）、世帯所得が等価世帯所得の中央値の50％を下回る世帯を「相対的貧困」として考えます。生活に最低限必要なこと以外にお金をかけられない状況です。２０１９年の子どもの貧困率は13・５％であり、２０２１年には11・５％と改善されましたが、ひとり親世帯では44・５％にのぼります。そうした状況でもスマートフォンなどを所持しているのは、非正規労働者が雇用を得るためにはスマートフォンによる連絡が不可欠であったり、子育てに手をかけられない分をゲーム機で代替しようとしたりするからです。このような相対的貧困は一見ではわかりづらく、継続的な交流やつながりのなかではじめて表面化することもあります。

こうした背景のもと、保育園に入園している子どもにとっても、地域の子どもにとっても、保護者にとっても「おいしく食べる」「ぐっすり眠る」そして「楽しくあそぶ」場を保障し、保護者を支える保育園の持つ子育て支援機能がますます重要となっています。

乳児保育の量と質

そのような子育て支援機能を活用していく際に重要となってくるのは、一つは乳児保育の量の問題です。待機児童問題は都市部を中心に依然として解決していません。特に1・2歳児の入園が非常に困難な現状があります。入園を確保するために育休を短縮したり、延長したりせざるを得ない保護者もいます。1・2歳児は自分が充実し、身体機能も発達する時期で、のびのびと身体を動かしてあそぶこと、「自分でできた」という達成感を積み上げていくこと、他者との葛藤を経験しながら自我を拡大していくことなどが課題となります。そのためには丁寧に気持ちを受け止めながら発達を支援するおとなと、ぶつかって葛藤したり楽しさを共感したりする仲間が必要です。保育園はそのことが十分保障できる場です。希望する保護者が利用できるだけの保育の量を保障することは子どもの育ちを支えていくうえで大切です。その際入園児だけでなく、地域の子育て家庭も保育園における子育て支援を受けられることも重要です。

もう一つはいうまでもなく乳児保育の質です。待機児童が社会問題として取り上げられるようになり、量の確保は不十分ながらも進んできましたが、質についての論議は十分ではありません。むしろ安易な規制緩和が行われ、園庭のない保育園や狭い保育室での詰め込み保育が珍しくない、という実態があります。保育士資格の有無に関する基準も緩和されている現状は保育者の専門性が軽視されていることを示します。

新型コロナ感染症の流行によって今まで「当たり前」とされてきた安全と健康を守ることそのものが困難な課題となっています。しかし、今こそ、子どもの安全と健康を守ることと発達に応じた保育内容と乳児保育にふさわしい人的・物的環境が保障されることの両方が必要です。あらためてその両立のためにどうすればよいのか、そのためにはどんな条件が必要なのか、何を大切に保育すればいいのか、試行錯誤しながらも論議し、見出していくことが強く求められています。

さらに、前述したような社会背景を踏まえて保護者の子育てを支援することもまた重要です。乳児保育は子育ての「はじめの一歩」です。保育者が保護者の現状から出発して信頼関係を築きつつ、「親」としての育ちを支援し、子育てのパートナーとしてともに育つこともまた乳児保育の質の一部となるでしょう。

【引用文献】

・総務省統計局（２００６）「平成18年社会生活基本調査結果」統計局ホームページ：https://www.stat.go.jp/data/shakai/2006/index.html〈２０２１・３・17閲覧〉
・「保育園　最低基準を上げて　上・下」（しんぶん赤旗、２０２０年 10月 ７・８日付）
・ワーキングマザーの生活時間：https://www.citizen.co.jp/files/research_2015_01.pdf〈２０２１・３・17閲覧〉
・ワーキングマザーは眠れていない！　育児・仕事・家事で削られる睡眠時間、〝睡眠の質〟を高めて効率的な休息を！—睡眠に関するお悩み—　味の素ＫＫ　あなたの悩みを解決！「いきいき健康研究所」（ajinomoto-kenko.com）：https://report.ajinomoto-kenko.com/suimin/workingmother.html〈２０２１・３・31閲覧〉

※本稿は、乳児保育分科会運営委員（野村朋）（２０１８）「二　乳児保育をめぐる近年の動向　（１）子どもと子育て家庭を取り巻く環境の変化と乳児保育」第35回全国保問研夏季セミナー報告・基調提案『季刊保育問題研究（２９４）』１３１–１３３頁に加筆・修正したものです。

2 園と保護者がともに学び考え、共感しあえる関係づくり

遠田えり

はじめの一歩は「知ってもらう、教えてもらう」

乳児クラスは、途中入所も含め新しい子どもを受け入れるとともに、新しい保護者を受け入れるクラスにもなります。市町村で保育必要度の高い順に入所が決まって入ってくる認可保育所では、もちろん園の方針に共感し希望して入ってくる場合もありますが、仕事に復帰するために園を選ぶどころかやっと入れた園であることもあります。

（1）入園前の面接で

園によって保育方法が多少違うなかでは、園の方針をまず理解してもらうことは、入園前の面接時に大事なことです。どんなことを大切に保育しているか、そのためにどんな取り組みをしているか、保育料以外のお金はどのくらいかかるか。もちろんどの園でもパンフレットがあり、大事なことはそれを見ればわかるようになっていると思いますが、「百聞は一見に如かず」といいます。入園前、園に実際に来てもらい、できれば午前中一緒にクラスに入って過ごし給食や離乳食を食べてもらえたら、子どもも保護者も保育者もお互いをわかり合う第一歩になります。

保育園が楽しすぎて保育士になりました

どんなものを食べていくかは、子どもの身体をつくるうえでとても大事なことです。園の給食を実際に食べてもらいながら、家での食事の様子も話してもらいます。実際見て食べてもらい、味付けや食べている量も体験してもらえます。何よりも同じ年齢の子どもたちが、落ち着いて自分で野菜などを食べている姿が刺激になることでしょう。「どうしたらうちの子もこんな風に食べられるように…」と思ってもらえたら有難いですね。食べることはとても大事なことだと伝えていきます。いくら手をかけてつくっても、たくさんあそんでお腹がすかないと食べられませんし、保育園でたくさんあそぶには早寝早起きがとっても大事です。そして、こぼしてもいいから自分で食べること。おとなも一緒に「おいしいね」と食べることが、子どもの意欲を育てます…と保育園では当たり前にしていることを少しずつ話します。

子どもが生活の主体となって、園でも家庭でも気持ちを尊重されて育つには、食事や着替えなどの実際のかかわり方をお互いに確認する意味でも、そのクラスで過ごし、保護者と担任とが子どもを真ん中に話すことが望まれます。

(2) 子どもを知る

園の方針を話すことともに大切なことは、子どもの状況をよく知ることです。妊娠出産時の状況や既往症は個人情報になりますので慎重さが求められますが、子どもの状況をよく知るためには必要なことです。特に子どもに何らかの配慮すべきことがある場合は、よく保護者の話を聴かなくてはなりません。アレルギーや熱性けいれんの有無はもちろんですが、特殊な病気を抱えている場合もあるので、入園時の詳しい打ち合せはとても重要です。これまでどんな気持ちで育ててきたかも、面接時にすぐに伝え聞くことは難しくても、話してもらえる関係になりたいものです。

今は外国籍の方も多く、ことばが通じないと難しいこともありますが、子どもの今を知るためにはできる限りの情報を教えてもらわなくてはなりません。一人ひとりの成育歴を踏まえた対応は、乳児の場合、特に可塑性が高い時期でもあるので重要です。

入園の後は保護者も保育者も日々忙しく、お迎えの時間は他の保護者もいるのでゆっくり話す時間はなかなかとれません。入園前後の情報交換を担任や園長とどれだけとれるか、保護者と保育者のはじめの一歩はとても大事だと思います。それは当たり前のことですが、当たり前のことをたとえコロナ禍でも丁寧にすることが、お互いの理解と子ども理解につながり、子どもの育ちへのアプローチになると思います。

(3) 日々の会話で子どもの姿の共有

久しぶりの仕事への復帰で緊張している保護者の気持ちを一番癒してくれるのは、担任から聞く子どもの様子、特に子ども同士のかわいいかかわり合い、そして子どもの素敵な姿です。朝、後ろ髪をひかれるように保育園を後にした保護者には、どんな小さなことでも子どもの様子を聞かせてもらえるのはうれしいもの。積極的に〝子どものかわいい姿〟を担任同士、保護者と共有しているという実践（中村：2020）もありました。

乳児クラスでは、かみつきやひっかきの傷を、謝らなくてはならないことも多いのではないかと思いますが、普段から子どもの様子を保護者に伝え、ともに喜び合える関係ができていたら、そんなときの反応も違うのではないでしょうか（場合によっては、園長や主任も一緒に誠意をもって対応しなくてはならないこともありますが…）。

子どもが変われば保護者が変わる、保護者が変われば子どもが変わる

（1）変化する子どもの姿の共有

園の方針を一通り聞いたからといって、保護者は今までの生活、子どもへの対応をすぐに変えることは難しいものです。

1歳児でも、食べないからといっておとなが食べさせていた子、はかないからといってズボンをはかせてもらっていた子、歩けるのにいつも抱っこされていた子。そうした子どもたちも園での生活のなかで、できるまで待ってもらい、できたことを喜び合う経験をし、友だちと身体を使って一緒にあそぶなかで楽しくてできるようになっていくことがたくさんあります。子どもの変化を喜ばない保護者はいま

せん。入園してからの子どもの変化が、保護者の保育園観を変えていきます。預けられてかわいそうだと思っていた子どもは、子どもたちの世界のなかで成長していく。保育園は保護者が仕事をすることを保障するだけではない、子どもが心身ともに成長する場所として必要なところなんだと。

（2）難しい乳児クラスでの保育参加

本当は定期的にお父さんも含めて、子どもがあそぶ様子、子ども同士で楽しそうにかかわっている様子、食事を食べている様子を保育参加などで実際に見てもらえるといいのですが、感染症の流行で園内に入ってももらえないなかではどうしようもありません。そうでなくても、人見知りのある乳児クラスでの参観は難しいもの。それぞれの園で、写真や動画、クラスだよりなどで子どもの様子をなんとか伝えよう、子どもたちの成長を父母と共感しようと保育者たちの工夫がなされています（高松・興梠：２０２０）。

子どもが元気にあそびよく食べる様子を伝えられるなかで、保護者は保育園が何を大事に保育しているかも感じていきます。そして、忙しい毎日のなかでも、担任の言うことに耳を傾けてくれるようになります。

（3）保護者への寄り添いと具体的な提案

「入園前はおとながスプーンで食べさせてもあまり食べなかったが、園のように手づかみで自分で食べさせるようにしたら、意欲的にたくさん食べるようになった」という母。「午前中なかなかあそびに入れないので、思い切って保護者に朝早い登園をお願いした。朝頑張って早く連れて来てくれるように

お庭でお花見給食（１歳児）

なったら、その子が自分から主体的にあそぶように変わった」と喜ぶ担任。「野菜が食べられないので、家庭でもできるだけ毎食出してもらうようにお願いしたら、お母さんも便秘が治ったと喜ばれた」などなど。どこの園でも「子どものために」と、真剣に話してみたら受け入れてもらえたことはたくさんあることでしょう。

特に最近は保護者の置かれている厳しい状況を受け止め、安心して心を開いてくれるように寄り添い、受け止めることが重視されています。確かに、仕事と日々の生活に心身ともに疲れ切っている父母には、パンパンにはった肩をもみほぐしながら「頑張っているね。倒れないでよ」と声をかけるしかないときもあります。

しかし、園での子どもの様子が気になるとき、真剣に子どもの成長を願うときには、保護者の背景に思いをはせながらも、今できる具体的なことを一緒に考え提案することも必要ではないかと思います。押し付けではなく、子どもを一緒によい方向に育てたいという真剣さが保護者の心に響いたとき、保護者の心が子どもに真向かいます。子どものことに保護者が真剣に向き合うことができたとき、子どもも変わるのです。

そして、押し付けにならない保育者の真剣さは、職員会議などでの仲間によるその子どもについての討議や励まし合いがあると独りよがりにならず、専門家からの学びがバックにあると説得力が増します。保育者の専門性と、人間としての共感力が求められますが、一番大事なのは子どもを成長させたいと願う熱い気持ちと、保護者への信頼かもしれません。子どもに対しても、保護者に対しても、どうせ変わらないと決めつけず、必ず変わるという信頼があるからこそ、言いにくいことも言わなくてはと思うのです。ただし、けっして上から目線ではなく、子どもを真ん中にした子育てのパートナーとしての立場で。

（4）配慮が必要な子どもと保護者

発達のつまずきがあったり、集団のなかに入れなかったりなど配慮が必要な子どもについては、専門機関との連携はもちろん大事ですが、まず保護者に個別でよく話を聞きます。そして、今困っていることも受け止めるなかで、育てるのに大変なことがたくさんあったであろうことに共感し、少しでもよい方法を一緒に考えたいとの気持ちを伝えながら、専門機関の話もします。

担任と保護者が専門家にアドバイスを受けたりし、かかわり方を一致させ共有することが、子どもの育ちにもつながります。子どものできないことより、できること、頑張っていることにおとな同士が共感できたとき、その子が持っている力を精一杯発揮して、その子なりの成長につながります。そうしたおとなのかかわり方を通して、何より大事な自己肯定感をどんな子どもにも育てたいものです。

子どもを真ん中に、園と保護者の育ち合い

乳児に限らず、子どもの育ちには子どもを取り巻くおとなたちのよい関係、協力関係が欠かせません。特に厳しくなるばかりの保護者のおかれている環境によっては、担任と保護者の関係だけでは難しいこともたくさんあります。これまでの全国保育問題研究集会・乳児保育分科会でも同・父母とともにつくる保育内容分科会でも、様々な試みが提案されてきました。何か問題があっても、園と保護者がとことん語り合い、納得できたときには、保護者も主体的に園にかかわっていくことができると思います。

（1）保護者の活動

保護者と園とのかかわりは、園によって様々でしょう。運営や行事に保護者会が深くかかわっていて、保護者活動が園運営を支えている園もあれば、園とのかかわりは少なく連絡ノートだけのつながりの園もあるでしょう。それぞれの園の歴史で様々な形態があって、毎年保護者同士も伝え合いながら活動を考え合っていると思います。

入りたてのときは事情がわからなくとも、日々の保育園とのかかわりのなかや保護者同士の話し合いのなか、子どもの成長を見るなかで保護者の意識は変わっていきます。特に、何年も園にかかわっている保護者と新しく入ったばかりの保護者の伝え合いは、意識の隔たりがあり難しいところもありますが、保護者同士も育ち合う上で大事にしたいことです。

だからこそ、コロナ禍での保護者と園との様々な活動の自粛は仕方がないとはいえ残念でなりません。子どもが、子ども集団のなかで育ち合う姿、家では見せない自立した主体的な活動をする姿。そう

した子どもの姿に感動することが、一番園への理解や子どもの理解につながると思うからです。
お祭りや運動会は縮小して取り組んだところもありますが、地域によっては保護者が園に入ることさえ制限されていました。またクラス懇談会などで悩みを出し合い、担任や子育ての経験豊富な保護者からもアドバイスをもらう機会も持てなくなっている地域もあるかもしれません。しかし、コロナ禍でもできることを模索していかなければならないと、Zoomでの懇談会や個別懇談など、各園それぞれが工夫を凝らしての取り組みも試行錯誤されています。

(2) 保護者同士のつながり

園の取り組みを一緒にするなかでの共感の広がりは、保護者同士のつながりを強め仲間づくりにもなっていきます。職種のまったく違う保護者だからこそ、価値観の一致した仲間ができると、子ども同士もつながり、園への支援も楽しんでやってもらえることが多くなります。子どもを真ん中に、子どもの変化を喜び合い、お互いを励まし合い、保護者同士も育ち合っていきます。様々な考え方の保護者がいるので、トラブルもまったくないわけではありませんが、子どもにとってどうかという観点では一致できるのではないかと思います。

保育園を卒園しても「子育て仲間」として支え合いは続き、それは子どもが成人しても続くことさえあります。時には、そんな保護者同士の橋渡しもしながら、あくまでも子どもを真ん中に「伝え合うこと」「励まし合う関係」を大切にしていくことができたらと思います。

（3）ともに学ぶ

思いを行動につなげるには、しっかりとした理論的な裏づけがあると心強いもの。子どもの育ちをしっかり見つめるなかで、お互いの問題意識を出し合い、保育者と保護者がともにその道の専門家に学び、子どもに返していくことも、工夫して取り組んでいけると力になると思います。

小児科医や小児歯科医などの専門家、脳科学者、生活リズムのことでは睡眠の専門家、スキンシップのことでは身体心理学の専門家、食べ物のことでは食品添加物の話、絵本の専門家などなど。子どもを取り巻く環境を保護者とともに深く学ぶことは、現在の保育や子育てを科学的にとらえて確認し、見直すべきところは変えていくという大事な場になります。

園内でも給食担当が、毎日の基本的なだしの取り方を教えたり、ふりかけ、ドレッシングの手作り法や人気の給食・おやつのメニューのレシピ公開をしたりすることも保護者には喜ばれます。コロナ禍でなければ、調理実習もできるでしょう。

また、子どもを取り巻く社会環境、特に保育施策にまで一緒に目を向けていくこともできれば素晴らしいことです。なかなか大変なことではありますが、ある保育園では、全国規模の保育要求の署名を、父母とともに1園で1万名以上毎年集めている所もあります。保育者自身の社会情勢の学びとともに、保護者も今の保育政策について学んで問題意識を持たなくてはできないことだと思います。子どものために大事なことが、園と保護者と一致できたとき、大きな力が生まれます。

矛盾を超えてゆとりを持ったかかわりをしたい

（1）「子どもの権利条約」と目の前の子どもたち

今回、子どもの権利条約（1989年国連採択、1990年発効、日本は1994年批准・発効）を読み直してみる機会をいただきました。

「子どもの権利条約」の第18条には「父母又は場合により法廷保護者は児童の養育及び発達についての第一義的な責任を有する。児童の最善の利益は、これらの者の基本的な関心事項となるものとする。」とあります。当然のことと読み過ごしたいところですが、今子どもにしっかり心が向き合えていない保護者がいることに胸が痛みます。保護者が仕事に追われたり、ぎりぎりの生活をしていたりと、子どもを健康的に養育するということが難しい家庭が、実際どこの園でもあるのではないでしょうか。

〝食べることは生きること〟

また、保護者の病気、夫婦間のトラブル、子どもへの虐待、保護者のうつなどの神経症等の対応など、不安定な子どもを受け止めるとともに、配慮が必要な保護者対応は増えていると感じます。祖父母の援助がなければ生活が立ち行かない家庭はたくさんありますし、園が何らかの特別な援助をしないと子どもの生活が立ち行かない世帯も中にはあります。もちろん保護者の気持ちが子どもに向いてもらえるように園も子どもの話をして援助していくのですが、多くの園で、担任、主任、園長がやむにやまれず時間を割いて対応している状況もあるかと思います。子どものことを一番に考えると保護者任せにできない事情があるのです。

（2）生かしたい、実現させたい条約

第18条3項には「締約国は、父母が働いている児童が利用する資格を有する児童の養護のための役務の提供及び設備からその児童が便益を受ける権利を有することを確保するためのすべての適当な措置をとる。」とあります。言い回しは難しいですが、「すべての適当な措置」の〝責任のありか〟を明確にしています。

「適当な措置」の世界各国の基準には大きな開きがあり、日本の基準はまさに子どもの人権無視の基準と言わざるを得ません。保育者が気持ちにゆとりをもって、どんな家庭の対応もできるような人員配置だったら、どんなにいいでしょう。30年も前に批准されているなら、保育施設における保育士の配置基準について、実態に合わせ「適当な措置」をとってほしいと切に願います。

園長の事務量は増え続け、父母とかかわりたい気持ちとの矛盾を常に感じてきているなか、どの保護者とも、信頼し合えるパートナーとして子育てをしていくために。

【引用文献】

・子どもの権利条約（１９８９）「子どもの権利条約」全文（政府訳）、ユニセフホームページ：https://www.unicef.or.jp/about_rig_all.html〈２０２０・12・26閲覧〉
・高松恵里・興梠政美（２０２０）「この一年大切にしてきたこと　自分の思うように体が動かせる体づくりをめざして」『季刊保育問題研究（３０２）』64–67頁
・中村春奈（２０２０）「子どもの〝かわいい〟を真ん中に」『季刊保育問題研究（３０２）』68–71頁

3 子どももおとなもしあわせになる保育園づくり

平松知子

新しい保育所保育指針と私たちの保育

２０１７年、保育所保育のよりどころとなる「保育所保育指針」（以下指針）が厚生労働省から約10年ぶりに改定され、２０１８年4月から実施されました。それを受けて、どこの職場でも新しい指針の学習が行われ、これまでの自分たちの実践とつきあわせて、普遍的なところと新しく取り込むべきところを確認し合っていると思います。

今回の改定においては、文部科学省の「幼稚園教育要領」と内閣府の「幼保連携型認定こども園教育・保育要領」が同時期に改訂されました。三つの法令に共通する柱として「育みたい資質・能力」があり、「幼児期の終わりまでに育ってほしい姿」に示された「10の姿」が保育の指標とされています。乳児保育の内容は、5領域から「健やかに伸び伸びと育つ」「身近な人と気持ちが通じ合う」「身近なものと関わり感性が育つ」という三つの視点に変わりましたが、それぞれが「10の姿」までつながっていく流れになっています。

本来総論であるべき指針に、具体的な子どもの姿が規定されるように述べられているところに違和感を覚える部分があるのですが、このような「こうあるべき」論は、ある意味現代の子育て風潮の象徴でもあり、これらを知ったときに、保護者たちがどのように感じるのかに想いを馳せたいところです。指針の第4章では、「保育所を利用している保護者」と「地域の保護者等」の二つの側面で語られている〝子育て支援〟ですが、どの保護者も同じ時代に子育てをしている仲間たちと見るのなら、その社会的背景から保護者理解を深め、私たちの保育を問い直す必要があると考えます。

「こうであれ」の世の中で

今子育てに奮闘している保護者を見ると、なんと忙しいことかと心が痛むことがよくあります。育児休業明けで、フレックスタイムや勤務時間の調整をしてもらえる母親はごく一部です。その多くは「子育て中だという甘えを出さない」でがんばっているように見えます。「母であることを言い訳にしたくないのです」「お迎えをしたら、また職場に戻ります」という母たちが、毎日駆け足でお迎えの門をくぐるのを見ると、「母になってもちゃんとしなくては」「母としても、しっかりやりたい」という願いを強く感じます。

成果主義・効率重視のゆとりのない社会で、親たちの労働実態は厳しさを増す一方です。子どもの寝ているうちに家を出て出勤し、夜は子どもが起きているうちには帰れない父親がたくさんいます。休みの日はくたくたで、母たちは「夫にこれ以上何かをしてなんて言えない」と過労死手前の働き方を嘆いています。ワンオペ（ワン・オペレーション）の子育てほどしんどいものはありません。母たちもまた、子育ての不安を抱え、生活を回すために子どもの呼びかけにも目を合わせて応える余裕がなくなっていきます。２０２０年春に新型コロナウイルス感染症対応の非常事態宣言下で仕事が在宅になり、毎日親子で夕食が囲めるようになったとき、「こんなに子どもの成長を見守れたことがなかった」「わが子が大きくなってゆくのを、ゆっくり肌で感じられて、これまでどれだけ子どもに向き合えていなかったのかと感じた」など、保護者のノートには、本来あたりまえであっていい子育ての機微がつづられていました。

貧困・格差・ゆとりのない生活が、親たちを「親になっていく」しあわせの権利から遠ざけていきます。「親なのだから、子どもをちゃんと育てなければならない」「頑張らなければいけない」という風潮を感じます。「こうであれ」の圧力が、「10の姿」や「お利口であれ」と求められる子どもだけでなく、おとなにものしかかっているのです。

それは、保護者だけではなく、職員も同じです。「担任なのだから、残って明日の準備をしなければ」「いつも笑顔で元気よくあらねばいけない」「保育者の処遇はこのくらいで仕方がない」と、自己責任や「あの子たちのために」と頑張っている保育者でなんとか保育の歴史がつながってきたのではないでしょうか? そのような理不尽なことに、抗う力ももてず、しあわせになることをあきらめてしまうおとなたちでいいはずがありません。

保育は福祉であり、子どもだけでなく保護者や保育者も権利の主体者です。しかし、現代の待機児童問題と保育制度にも、親たちの権利は保障されているとはいえない状況があります。待機児童がいっぱいなのだから、「認可園でなくても仕方がない」「きょうだいが同じ園でなくても普通」「線路の高架下でも、認可園なのだからよかったです」という親たちの声を聴くと、親の人権感覚も低められているのではないかと感じてしまいます。わが子が生まれ、自分の家庭をしっかりつくっていきたい子育て世代の働き方や、どの子も等しく良質な保育を受けられる制度が求められています。「働き方改革」や人類が経験したことのないパンデミックの経験は、あのゆとりのない新自由主義的な時代に戻ることが目的ではありません。人間らしく、親が親になっていく社会、世の中のワーク・ライフ・バランスを守る役割を持つ私たち保育者自身のワーク・ライフ・バランスこそが守られる「新しいあり方」をみんなで創り出していきたいところです。「どうあるべきか」を優先するばかりではなく、「自分はどうしたいのか」を大切にする。それは、保育にもつながります。

子どもも保護者も職員もしあわせになる保育園

（1）自分で決める心地よさをどの子にも

自分らしさよりも、「こうあるべき」が大手を振るこんな時代だからこそ、保育では主体性を育む実践を大切にしたいところです。簡単によくいわれがちなことばですが、一人ひとりを尊重する保育はそれほど簡単ではないことを、現場の保育者たちは知っています。

乳児保育で大切にしたいものに、「安心の生活づくり」がありますが、日々子どもたちの主体性を尊重するために、保育者は葛藤しているのではないでしょうか。子どもの気持ちに寄り添いたいけれど、日課を回すためには、どうしてもおとなの都合優先の場面ができてしまう…。そういうときは「子どもの気持ちを聴けていなかったな」と振り返っては落ち込むこともあると思います。一日のなかで、もっとも揺らぐのは、散歩から帰ってから午睡までの一連の生活の流れだと、職員たちは口をそろえます。新人職員は子どもの「今これをしたいのだ」をうまく受け止めきれずに、「ご飯の時間だから」「まだ着替えをしていないから」と、どうしてもおとなの考え通りに、生活を流してしまいがちだと落ち込みます。時間の制約があるなか、一人の保育者で一度に複数人の子どもを見なければならず、保育者自身の余裕も一番なくなりがちの時間です。今年は、はからずもコロナ禍の登園自粛で少人数保育になったところから、その新人職員も含め「子どもたちが自ら食卓や布団に向かえる保育づくり」をあれこれ工夫することができました。通常保育に戻ってからも、24時間の一人ひとりの生活時間を分析しながら、月齢だけではなく、登園時間や食事や睡眠のタイプや向かい方で、一斉ではない声かけを試行錯誤して実践を重ねてきました。0歳児から主体者である子どもたちは、泣いたりゴネたりしながら意見を表明していることを、「そうなのね」と受け止めながら、月齢や年齢にふさわしい「次へ」の見通しや働きかけをもって、自ら決めて動き出す下支えを保育は行っていきます。まだ話しことばを持たずとも、いろいろな表情やしぐさで気持ちを表現している子どもたちを、一番近くにいるおとながしっかり理解して寄り添って、ともに考えて生活をする毎日を紡いでいきたいところです。そうした保育を保護者に伝えながら、現実にはゆとりのある生活が難しい保護者たちに、私たちは保育で何ができるのでしょうか？

さわってクンクン　野菜との出会い

（2）しあわせになることをあきらめない

新型コロナウイルス感染症の影響もあるのか、２０２０年11月厚生労働省発表の２０１９年度の児童虐待件数は、19万件を超えました（厚生労働省：２０２０）。子どもを理解する保育者たちは、おとなたちの「その人理解」もできるはずです。愛すべきわが子に、虐待してしまう保護者や、生活の困難さを抱えている家庭に、保育園はまさに「社会の窓口」です。身近な生活に接しているからこそ、小さなことでも変化をつかみやすい保育者は、子どもたちの状態に限らず、その保護者の変化や困り感をつかみやすいと思います。

第3章5提案2の和田実践は、まさに保育園だからつかめた事情と援助だと思います。保育園に来た園児が楽しく過ごすことはもちろんですが、保護者とのかかわりにおいては、「困ったなぁ」と感じるやりとりにこそ、保護者や家庭の方に「困り感」が隠れている場合がほとんどです。たとえば、「着替えを用意してくれない」「提出物が出ない」「記名がない」「保育園のものの返却が滞りがち」「送迎時間が定まらない」などです。貧困や虐待は、わかりやすい形で私たちの前に現れてはくれません。しかし、ほんの少しの「困るなあ」という姿や「いつもと違う」違和感の背景には、援助を求める前の切羽詰まった事情が隠れていることが少なくありません。

保育園は社会的資源ですが、たまたま入園できた園児家庭のみならず、保育園開放や一時保育・子育て広場で出会う未就園家庭にも同じことがいえます。ひとり親家庭・外国籍家庭・パートナーによるDVやモラルハラスメントなど、肌感覚では増えていると感じています。人には言いにくい事情を、そんなに簡単には伝えてもらえませんが、保育園は子どもを介して保護者とかかわることができる場という強みがあります。日々、楽しくあそび成長する子どもたちの姿を共有するなかで、「何でも言える保育園」への信頼を醸成していきたいところです。

また、保育園だけで何とかできるものではないことも、しっかり認識しておかなければなりません。それは、職員集団も同じで、担任だけで何とかしようとすることには限界があります。「おや?」と感じたことは、園長や主任、同僚に報告することはもちろんです。そして、不幸にしてその背景を背負った子どもらの、その親たちのすべてをくるみ、「どう生きたいのか」を下支えする専門職集団でありたいと願います。現場の職員一人ひとりが感じたことや把握したことを、すぐに共有し、職員集団で「何ができるか」対応を検討していきます。虐待や貧困、生活問題のことなら、自治体の福祉事務所や保健センター・児童相談所と連携することも必要です。

「おんなじおんなじ」 箱あそび

さまざまなケースの保護者対応をしてくるなかで、私が実感しているのは、貧困や困難な状況が改善されないと人は「しあわせになることをあきらめる」ようになるということでした。「どうせ、私たちがどうなろうと、誰も気にしやしない」「もう一度、この生活を何とかやり直すなんて無理に決まっている」といった強いあきらめが、その人のまなざしをとがらせます。しかし、生活保護や行政の対応を受けるにしたがって、「どうしたらいいかわからなかった」

「こんなときは頼ってもいいのですね」という変化が起こるときは、その表情も柔らかくなり、本当のその人らしさが見られるようになるのです。

「わが子がかわいい」「しあわせになりたい」と自ら行動を起こせるようになるまで、わが子が仲間と成長しながら主体的に生きる姿を見ながら回復する。保育園という子どもを通じてつながったところに保育者たちが支えてくれる安心感は、「保育園に入ってよかった」という福祉を体現する姿だと感じています。

子どもの発達に欠かせないおとなの笑顔

子どもの権利委員会の一般的意見「乳幼児期における子どもの権利の実施」（子どもの権利委員会：2005）第4章には、子どもの発達にとって、親や専門職を含むケア提供者（保育者）は主要な回路であり、それゆえ、子どもたちの権利を保障する主体であるおとなたち（親や保育者）の人権が尊重され、自己実現等の権利が保障されるよう十分に援助することが、子どもたちの育ちに直結すると述べられています。つまり、子どもに向き合うおとなたちが笑顔でいなければ、子どもが笑って育つことはできないと理解します。保護者であれば、労働強化で働きすぎではないか、非正規雇用やワーキングプアなどの貧困問題はないのか、子どもを育てていく住宅は十分なのか、保護者自身の生い立ちも含めた親子関係が荒廃しないような家族環境があるのか、といった問題が考えられます。また、保育者は、子どもの成長発達を保障する社会になくてはならないはずの保育労働に正当な社会的価値が与えられ、かつ適切な給与が支払われているのかを考えたいところです。なかなか全体の底上げがされていない保育者の処遇改善や業務改善問題は深刻です。職員自身も安心できる環境のうえで形成される豊かな職員集団も、保育の質を考えると不可欠といえるでしょう。そのうえで、常に問われるのが、「子どもの人権を尊重しているのか」という保育の視点です。

子育てや保育は、たいへんな営みであり、社会的に守られるべき重要なものです。それゆえ、親や保育者がひとりでがんばろうとしても限界があります。子育ては、専門的な知識や経験に裏打ちされた保育者たちとともに行うものであってほしいと思います。貧困やゆとりのない毎日があったとしても、保育園に行けば「あぁ、この先生はうちの子を愛してくれているわぁ」と思える人が待っていてくれる。困ったときは、「助けて」が言える子育て仲間がいる。そのことで、保育園を卒園しても、「社会のなかで子育てしている」実感をもってほしいと願います。

同じ時代に生まれ育つ仲間たち

また、保育者も同様に「保育は親とつくるもの」という経験を重ねていけたらと思います。「ちゃんとしてください」「失敗はしないでくださいね」というプレッシャーだけを保護者から感じていくと、保育者は笑顔にはなれません。保護者の声が、自分たちを応援してくれているものだと実感でき、子どもたちの姿を共有することで、笑い合える関係性が保育者を育てていきます。保育者も、自分らしく生きたいという願いを持ち、自分たちの処遇改善は子どもの笑顔に直結すると胸を張って、保護者とともにあきらめずに社会を変えていきたいところです。

子どもを産んで、「これからも、この子と社会のなかで生きていこう」と歩みを進めた第一歩に、保育園の扉はあります。どの時代も、その時代に存在する保育の役割があります。乳児を抱えた保護者にとって、これ以上なく頼りになる保育園であり続けるために、「この子を産んでよかった」「わが子の成長が楽しみでたまらない」と実感できる子育ての応援隊として、私たちの乳児保育はありたいと心から願います。

【引用文献】

・厚生労働省（２０２０）「令和元年度　児童相談所での児童虐待相談対応件数（速報値）」児童虐待19万３０００件、全体・増加数とも最多、厚労省（「日本経済新聞」〈電子版：２０２０年11月18日付〉）：https://www.nikkei.com/article/DGXMZO66368900Y0A111C2000000/〈２０２０・11・30閲覧〉

・子どもの権利委員会（２００５）「子どもの権利委員会一般的意見７号　乳幼児期における子どもの権利の実施」子どもの権利委員会、第40会期（２００５年９月）採択：ＣＲＣ／Ｃ／ＧＣ／７（原文英語、日本語訳・平野裕二）：https://www.nichibenren.or.jp/library/ja/kokusai/humanrights_library/treaty/data/child_gc_ja_07.pdf〈２０２１・12・26閲覧〉

※本稿は、２０１８年第35回全国保問研夏季セミナーのシンポジウム「豊かな乳児保育を創造するために――実践を深める三つの視点」において「保護者とのよりよい関係づくりとは？」として提案した内容に加筆・修正したものです。

第3章

乳児保育実践の進展と現代的課題
―乳児保育の内容と方法―

1 乳児が生活の主体になる

提案1 0歳児保育 ―子どもの主体性を育てる環境づくり―

箕面保育園（大阪保問研） 髙瀬歩美

園の概要

箕面保育園は大阪府箕面市にある認可保育園です。2014年に公立保育所の民営化を受託し開園しました。2017年度で4年目を迎え、待機児童解消に向け定員を20名増やし、現在140名になり分園も開園しました。箕面市の北部に位置しているため箕面の滝や山に散歩に行くことができ、近隣に公園もあり、自然と触れ合う機会がたくさんあります。2016年4月当初0歳児クラスは、男児3名女児6名の計9名でスタートしました。また9月より男児2名、女児1名の3名の子どもが入園し、計12名（男児5名、女児7名）になりました。

主体的な子どもたちに育ってほしい

保育をスタートするにあたって、私たちは次のようなねらいをもって取り組みました。

①「なんでもやりたい！」と意欲的な子どもたちになってほしい
②いろいろなことに興味・関心をもってほしい

そのためには次のようなことが大切だと考えました。

・「おもしろそう！」「やってみたい！」と気持ちが動く環境を保障する
・自分の身体で自由に動ける嬉しさを感じられるようにする

おとなのねらい（願い）を持ちつつも、子どもの主体性を大切にした保育をするためには、０歳児の子どもたちに、今自分でできること、できそうなことを個々に合わせておとながかかわることが大切なのではないかと考え、保育をスタートしました。

居心地のよい環境づくりがあそびを発展させる ―Nちゃんのパーソナルスペース―

Nちゃん（4月当初8か月）は食べることや歌が大好きです。入園当初はまだ座位がとれておらず、寝返りもうまくできないときなどは、泣いて訴えたり、友だちと接触すると「あー！」と怒ったりすることがありました。みんなが保育園生活に慣れ始めた5月頃、一度泣き始めると、気持ちの切り替えに時間がかかることがありました。保育者にはNちゃんにみんなのように笑って過ごしてほしい、少しでも保育園に慣れて楽しいと思えるようになってほしいという願いがありました。

そこで、担任間で話をして、Nちゃんにとって心地よくあそべるスペースを確保することにしました。みんなが室内あそびで同じスペースであそんでいるときには、ときどき違うスペースをつくって、一人でじっくりと静かにあそべるように配慮することもしてきました。そうすることで誰にも邪魔されることなくじっくりあそべる、それが心地よかったのかその時間を楽しそうにあそんでいました。

はじめはNちゃんのためにと思ってパーソナルスペースの環境を整えていたのですが、そのスペースがじっくりあそびたい子どもの落ち着けるスペースにもなりました。例えば、高月齢の子どもが集中して積み木をつんであそびたいときに、低月齢の子どもは倒すことが楽しくて壊してしまう。そんなときに高月齢の子どもがこのスペースであそぶことで集中できたり、落ち着いて過ごしたりすることができるようになりました。落ち着いてあそぶ中で、子ども一人ひとりの好きなあそびを保障できるようになり、心地良く過ごせるようになりました。あそびが保障されたことで、笑顔も増え、楽しく過ごす時間が増えたと思います。

0歳児は月齢差が大きく、配慮が必要です。だからこそ、みんなが一人ひとり好きなあそびを楽しめるように工夫しました。一人の子どものためにと考えてつくった環境も、こんな風にいろいろな子どものためのスペースになり、よかったと思います。

「自分で向かいたい！」という子どもの気持ち、おとなの待つかかわりを大切にする

ハイハイができるようになり、自分で移動できるようになった子どもたち。私たちはホールでの活動の時間や3時の全クラスでの歌の時間、食事の時間など場面や場所が切り替わるときにも、おとなが誘導してしまうのではなく子どもが自分でハイハイで向かえるようにしたいと思いました。そのために「○○しにいこうね」など子どもたちに少し先の見通しを示したり、自らが向かいたいと思えるようなことばがけをしたりしてきました。毎日同じ繰り返しの生活をするなかで、食事が楽しい、嬉しい気持ちが膨らんできたからこそ、おとなのことばがけで自分から給食の際にイスまでくる子どもたち。低月齢の子どもたちも高月齢の子どもたちを見ているからか、自分で向かいたい気持ちが育ってきていました。

おとなの都合ではなく、どこへ向かうときにもその先にはどんな楽しみが待っているのかなあと期待があって、子どもたちは自分で次に向かえるのだと思っています。

「今やりたい！」を楽しいあそびに！ ―思いや願いを叶える環境づくり―

子どもたちはハイハイでたくさん動くようになり、あそびのスペースが狭くなってきました。どの子ものびのびとした空間でじっくりあそんでほしいという思いがあり、また、落ち着いた生活が送れること、じっくりとおもちゃであそびこめることを大切にしたいと考え、6月頃より生活とあそびの二つのスペースに分けることにしました。約2か月この環境で過ごすなかで、子どもたちの興味・関心が膨らみ、外の世界へ広がっていこうとする子どもたちの成長に気づきました。そこで担任間で話し合い、今の環境は合っていないのではないか、また、保育者のことばがけに指示語や制止のことばがけが増えてきているのではないか、と振り返ることができました。

部屋のしきりをオープンにすることで、部屋を自由に探索することを楽しむ子どもたち。止められないことで自分の思うように探索ができ、発見したり確かめたりすることがおもしろく、のびのびと過ごしているように感じました。おとながねらいをもって活動をすることも大切ですが、今やりたい子どもの気持ちに寄り添い、子どもが今やりたいことをあそびに変えていくことの大切さに気づきました。

たとえば、水道に関心が芽生えてきたときには、水に触れ合う機会をつくったり、水道のその場所で、タライに水を入れて水あそびに変えたりすることもしました。また、あそびを通しておもしろさを体験し、手を洗うことがわかったことで、今では「おてて洗おっか～」と伝えると水道にきて自分で手を洗おうとする姿もでてきました。

また、9月頃より11か月のYちゃん、Sちゃんや1歳2か月のMちゃんが、おやつや給食の際にテーブルにのぼるという姿がありました。〝テーブルに乗るのはマナー違反だなあ…でも今、腕の力がついてきてのぼりたいからこうやってのぼるんだよなあ〟と思ったときに、2階まで階段のぼりをしたり、また園庭で巧技台を出してのぼりおりを楽しむなど、子どもの今やりたいことをあそびに変えていきました。

子どもがやりたいからなんでもしていいよ、と言っていたわけではありませんが、子どもたちのそのときの姿を見て、こう成長していくだろうと予想した上で、制止でなくのびのびできるあそびの保障を心掛けてきました。自分のやりたいことがあそびのなかで保障されたことで、生活のなかでは机に乗る姿も減り、子どもたちの姿も変わっていったと思います。

豊かな感性を育てるために —五感で楽しさをいっぱい感じよう—

子どもたちには0歳児の間からたくさんの経験をしていってほしいと思っています。泥んこあそびや水あそび、様々な感触を五感で感じ、いろいろな感触にも慣れて「やわらかいな～」「冷たいな～」と、子どもが楽しくあそべるあそびになるといいなと思い取り組んできました。低月齢の子どもたち（10月生まれの8か月）は感触あそびが大好き！ 保育者が「準備できたよ～」と伝えるとずりばいで自分からやってきて、うつぶせの状態で絵の具や片栗粉などをペチペチとたたき、「あ！ あ！」と楽しそうにしています。高月齢の子どもたち（1歳過ぎ）はいろいろとわかってきた分、はじめは警戒することもありましたが、春からずっとしてきた絵の具は誰も嫌がることなく楽しくあそんできています。たくさん経験することで、はじめは苦手な子どももそれが楽しいあそびへと変わっていくと思うので、これからも様々な素材の感触あそびをしていきたいと思います。

他者を感じられる生活

まだまだ小さい0歳児クラスですが、保育園の集団生活で友だちを感じてほしいと思っています。1

歳を過ぎた子どもたちは玩具の取り合いが始まってきました。玩具の数は保障していますが、「友だちの使っているこの玩具が使いたい！」など同じものを使いたい気持ちも芽生え始めています。子ども同士のやりとりの場面でも、すぐに止めおとなが解決していくのではなく、子どもの思いを引き出せるように働きかけ、ケガが起こらない程度にできるだけ見守ることを大切にしています。そのときに「〇〇ちゃんも使いたかってんな？」「〇〇ちゃんは貸してほしかったんちゃう？」など、おとなが子どもの思いを聞くことや子どもの気持ちに寄り添い、代弁することを大切にしてきました。この時期に子ども一人ひとりが思いを出していけると、自分の思いをことばで表現できる子どもになると思います。

保育者間の連携 ―おとなも子どもも笑い合うことを大切に―

クラスの職員体制は、新卒の正職の保育者、ベテランのパートの保育者、幼稚園経験のみある保育者と私（保育士5年目）の4名です。月1回はクラスの子どもの姿や困ったこと、行事にむけてなどをじっくり話し合えるようにクラス会議の時間をつくっています。0歳児クラスがはじめての保育者は、わからないことが聞けるように話しやすい環境をつくることを心掛けています。おとな同士の関係を子どもたちも見ていると思うので、まずはおとなが楽しく笑い合うことを年度はじめに確認し合って、おとなも子どもも楽しく生活できるように過ごしてきました。たわいもない話や子どもの可愛かった姿、おもしろい姿などどんな些細なことでもちょっとした時間に話すことで、みんなが話しやすいような関係づくりをしてきました。

ときどき保育観の違いで思いがずれてしまうこともありますが、子どもにとってどうがいいのか？何故こうしたいのか？をみんなが出し合い、子ども理解のために繰り返し話し合い、みんなが納得して保育できるようにし、担任間で思いを共有してきました。

まとめ

私は主体的に子どもが生活できるためには、「自我を大切にすること」「自己決定」「おとなが間をもってかかわること」が大切だと思っています。例えば「イヤ！」と子どもが言っているときには、「今嫌なのか？」「あとでならできるのか？」「イヤと言っているだけなのか？」子どもの内面を探り、最終的には自分で決められるように働きかけてきました。また、一人ひとりの思いや子ども理解を深めるために場面記録を書いて振り返ることを大切にしてきました。

自分で決めることで次に向かう気持ちに繋がりますが、自分で決めるためには「自分でやりたい」意欲が必要です。日常の生活のなかで、子どもが「やりたい」要求が叶う環境をつくることが自己決定の土台になります。そのうえで「ジブンデ」が保障されることが大切なのだと気付きました。さらに、「やりたい」「できた」を十分保障するためのおとなのかかわりとそのような間をつくり出す心のゆとり、そして子どもを見守るおとなが楽しく笑い合いながら、子どもの育ちをともに喜び合うことが、子どもの主体性を育んでいくのだと思います。

0歳児だからわからない存在としてかかわるのではなく、0歳児だからこそ一人の人間として一人ひとりを尊重し、一瞬一瞬を丁寧にかかわることが、5歳児へのそしておとなへの土台に繋がるのだと思います。これからも子どもの自己決定を大切にした保育を追求していきたいです。

※本稿は、髙瀬歩美（2018）「0歳児保育・子どもの主体性を育てる環境づくり」全国保育問題研究協議会第35回夏季セミナー要綱、24-27頁の原稿に加筆・修正したものです。

提案2

乳児期こそ自ら育つ力を大事に

認定こども園やかまし村（仙台保問研）　宮﨑憲子

園の概要

私が勤務する学校法人みどり学園認定こども園やかまし村は、認定こども園みどりの森の姉妹園として、２０１７年4月に仙台市初の新設幼保連携型認定こども園として開園しました。法人でははじめて3歳未満児保育も導入し、現在3年目になります。定員１２６名。一時保育、学童保育の他、地域子育て支援事業として子育て講座や親子食堂等を行っています。

やかまし村は、仙台市の中心部から車で約30分の市街化調整区域にあるため、木の実や落葉を拾える林や、水路、田んぼ等豊かな自然環境がたくさん残っています。周囲の農道は子どもたちが安心して走り回ることができます。地域の方たちとの交流も日常的に行っています。

私の課題認識

私は長年保育士として勤めてきて、保育園が年々子どものケガやトラブル等を恐れ、子どもたちに「その年齢で十分に経験させたいこと」が保障できていないように感じてきました。また、「あちこち散歩に行ったり、保護者との距離も近くて楽しかったね」というような「昔の」おおらかな保育や親しみのある保護者との関係を経験したことのない保育者も増え、私が感じる閉塞感のようなものが当たり前として浸透していくことの怖さも感じてきました。こんな保育では子どもの豊かな育ちにつながらないのではないか、というジレンマを抱えることが多くなってきました。

そうしたとき、今の勤務先を知りました。子どもたちが自分のしたいあそびをとにかく楽しむことを大切にする、子どもの主体性を一番に考えるという保育理念に魅かれ、自分の経験とは違う価値観のなかで学んでみたいと転職を決めました。

園の保育環境を理解して子どものあそびを保障する

やかまし村の園舎は県内産の杉の香りが漂う伝統的建築工法で造られた木造園舎です。分棟になっているので門を入るとまるで本当の小さな村に来たようです。園庭は築山や植栽が多くあり、平坦な所が少ししかありません。園舎裏等死角も多いのですが、0・1歳児も園生活に慣れると、おとなの視線が少し遮られるような隅であそびだすことも多く、そういうときがより楽しそうです。できる限り子どもたちがいたい場所で、したいあそびができることを大切にするため、職員同士声を掛け合うようにしています。

8か月のKくんはハイハイで室内探索を盛んにしていました。畳から板間へ行こうとするのですが、ここには14㎝位の段差があり、その前で躊躇して再び畳の上のおもちゃであそび始めるということが続いていました。

あるとき、友だちが畳から板間へ行く後についていったKくんは、段差の前で泣き始めました。友だちについて行きたいという思いがKくんの「ここをおりたい」という強い思いに繋がったと感じ、「一緒に行きたかったね」と抱っこでおろすと、何事もなかったように板間であそび始めました。この日から段差に来ると泣くか、声を出して「降りたい」とおとなに訴えるようになり、その後段差の前で片手

を床の方へ伸ばし、床に手が触れるかどうか確かめるようになりました。そのうち触れないと別のあそびに行ったり、保育者を呼んだりするようになりました。一緒に組んでいた一年目のY保育者にその様子を話すと「赤ちゃんってすごいですね」と感動し、お互いにKくんが段差で葛藤している姿を伝え合いながら見守りました。そのうち両手もおろし始め、うまく体を支えられずおでこをぶつけて泣くこともありましたが、板間に降りてもすぐ畳に上がり、また降りることを繰り返すうちに、Kくんにとってはこの段差があそびになっていきました。はじめて自分で段差を降りられたときは少し驚いた表情でおとなを見て、嬉しそうに、すぐおもちゃの方へ行きました。

Y保育者は「赤ちゃんって自分で大丈夫かなと確かめたり、おでこをぶつけても何回も繰り返しながらできるようになっていくのですね、（Kが）めっちゃ嬉しそう」と話してくれました。

その後、Kくんが段差でおとなを呼ぶことはなくなり、前から降りたり、後ろ向きで降りたりできるようになり、動きがますます活発になっていきました。二足歩行が始まると、部屋から縁側へ、縁側から園庭へと自分で行動範囲を広げていきました。そんな体験から私は、0歳児が世話をされる存在ではなく環境に自分からかかわり、友だちの姿に刺激を受けながら、信頼するおとなを支えに自分の力で大きくなろうとする存在であることを再確認できました。

Y保育者はその後も「○○ちゃん、すごいです！」と自分が見て感動した場面等をよく話してくれました。私たちおとなが子どもの姿にすごいと感動し、もっと子どものことを知りたいという気持ち、もっと子どもたちの思いに応えたいという気持ちが「保育がおもしろい」と感じることであり、保育者のやりがいに繋がるのだとあらためて思い至りました。

園舎は、子どもが過ごす空間を家庭に近づけることを念頭に、段差を設けることで空間が分けられ、畳と板間それぞれの過ごし方をねらい、あえて段差をつくったと園長より聞いています。

自園の設置の目的を知り、この環境だからこその育ちを職員で確認、共有しながら、子どもたちの生活が「安全」という名の下に狭まらないような保育を今後も続けていきたいと思います。

1歳児の「やりたい」思いに応えて ―異年齢の子どもたちと育つ―

「バイク（三輪車）が大好きです」と、9月で2歳になった双子のTくんとHくんのお母さんから教えてもらいました。園にも3台の三輪車がありましたが、なかなか乗りたいときに乗れませんでした。登園時に三輪車を見ると指さして泣き、乗りたいという思いが長く続きました。ことばでのやり取りが増え、友だちに「イヤ」と言われてもトラブルにならず待てる姿も見られ、喧嘩をしながらも楽しくあそべるのではと思い、三輪車の数を5台に増やし園庭であそぶことにしました。TくんとHくんは喜び、ずっと乗っていました。二人の姿に他の1歳児も次々に乗り始めましたが、園庭に平坦な所は職員室前のコンクリートの通路部分しかなく、そこは3歳以上児も走り回っているので異年齢児間の兼ね合いはやや心配でした。

ところが、2～5歳児も三輪車に乗り始め、彼らが三輪車で園庭のあちこちへ行く姿や築山を上り降りする姿を見て、1歳児も真似を始めました。凸凹な地面でなかなか動かせないときは、三輪車に乗りたくて1歳児の後をずっとついている3歳以上児が押してあげるときもあります。転んでも、乗りたい気持ちが強くすぐに立ち上がる、泣いても周りにいる職員が「大丈夫？　痛かったね」と受け止めることで立ち直る、室内に戻っても「(三輪車) 楽しいね」「また乗ろうね」と三輪車はなくても楽しい気持ちがずっと続いている姿に私たち保育者も嬉しくなりました。

また、一度三輪車を降りると誰かがすぐに乗るので、何とか降りないように動かし続けようとすることでどんどん上達し、1か月もしないうちにほとんどの1歳児が3歳以上児の子どもたちと同じようなことをしてあそぶようになりました。子どもが「やりたい」という意欲を見せたとき、それをじっくり楽しめる、挑戦できる環境を保障すること。職員それぞれ「危険」の感じ方が異なることを理解し「あの子は大丈夫かな」と声に出し合うこと。適度な援助や見守りをしながら1歳児が感じる様々な気持ちに寄り添うことで、子どもたちの意欲がますます強くなることを実感しました。

子どもの姿を今までよりももう少しだけ見守ってみる

1歳児のSちゃん (1歳10か月) とMちゃん (1歳11か月) はタイヤブランコが好きで保育者に乗せてもらいあそんでいました。

ある日、Sちゃんが自分で乗り、向かい側にMちゃんも乗ろうとしました。Mちゃんがタイヤに片足をかけて乗ろうとしている間にSちゃんがタイヤの上に立ち上がったため、ブランコが揺れ始めます。私が危険を感じMちゃんの体を支えに行こうとするとMちゃんが「ジブンデ！」というので見守ることにしました。数分後、Mちゃんは座ることができ、やったー！　という表情でしたが、すぐに向かい側で立ち乗りをしているSちゃんを見て、Mちゃんも立ち上がり始めました。ブランコはさらに不安定に揺れ出しますが、その揺れも楽しんでいるような二人の表情に、そのまま見ていることにしました。そして二人でブランコに向かい合って立つと、「ミテミテ！」の大きな声と満面の笑顔です。「二人ともすごいねー」思わず声が出ました。

園には私のような他園で保育を経験した職員が複数います。「1歳児が子どもたちだけでブランコに乗ることも、立ち乗りもありえなかった」「ブランコは2歳児からしかあそべなかった」という職員もいます。ブランコだけでなく、生活のなかで、「こんなこと（前園では）できなかった」「危ないと止めていた」と他園保育経験者が話すと、現法人で長年働いている職員から「なぜ？」「何が危ないの？」と聞かれ、明確に答えられないこともあります。前の勤務園では子どもの安全を守ることが第一優先であったと思います。それが子どもの自らやろうとすることを「危ない」と止め、経験させずにきたのではないか。もし止めずに見ていたら、乳児の子たちも自身の力で新たな力を獲得し、おとなが思う以上にできることがたくさんあったのではないかと振り返ると、保育者が本当に子ども一人ひとりの育ちを見守りながら保育する力をつけることが大事であると実感しています。

また、子どもの表情や身体操作等をもう少しじっくり見ることで、子どもたちのとても得意気な「ミテミテ」や「デキタ」という誇らしげな表情が多く見られ、「すごいね」「そんなことできるんだね」と感嘆の声が思わず出てしまう。職員同士「見て見て！　すごいよ○○ちゃん（くん）」と声を掛け合うことも年々増えています。「褒める」というより、子どもの姿に心から驚き、感動して、思わずかけてしまう私たちのことばが子どものさらなる意欲につながっているのではないか。そして、実はこれが真の保育の楽しさなのではないかと思うのです。いつの間にか私は「楽しい」という視点を失ってしまっていたのではと、ここにきてあらためて思い返しています。

自分が何を大切にして保育をするのか考え続ける

昨今、子どもの育ちが弱くなっているといわれますが、子どもが自ら育とうとする姿は今も昔も同じ。変わったのは子どもを取り巻く環境なのだと思います。本当に大切にしたい子どもの育ちとは何か。それらを守るため職員集団が何を学び、どう育つのかを共有したいと思い、新園で乳児保育に取り組んできました。それは「私が本当にやりたい保育」を考えることでもありました。子どもがどの年齢であっても主体的にあそぶことやその年齢で体験させたいことを十分に保障することで、「この子（たち）は大丈夫、見守ってみよう」という子どもへの信頼感が自分のなかに大きく育ちました。その信頼感が自分の保育の根幹になっていくのだと今感じています。

常に子どもの立場に立ち、保護者へ子どもの姿を丁寧に伝え、園の保育理念への理解を求めていくとともに、「大切にしたい子どもの育ちとは何か」がぶれないように園全体で努めていくことが重要であると思います。そして、すべての保育者が「保育って本当に楽しい」と実感できるような保育の継承をしていくとともに、これからも日々の実践に励んでいきながらやかまし村の保育実践の発信も続けていきたいと考えています。

※本稿は、宮﨑憲子（２０２０）「乳児期こそ自ら育つ力を大事に」『季刊保育問題研究（３０２）』57-60頁の原稿に加筆・修正したものです。

提案3 じぶんたちできめる・ともだちとむかう

なかよし保育園（広島保問研） 寺尾幸子

園の概要

なかよし保育園は、広島市西区にある定員150名の保育園です。近くの建物を改装して分園を開設し、本園で乳児・分園で幼児に分かれて生活しています。

ちいぶたぐみスタート

1歳児は月齢で2クラスに分かれていて、ちいぶたぐみは10月～3月生まれの月齢の低いクラスです。進級児4名、新入園児5名、担任2名でスタート。5月に新入園児がもう1名増え、10名のクラスになりました。新入園児は保育園という新しい環境に飛び込み、不安で涙の日々。4月はとにかく散歩へ！　とたくさん外へ出掛けていきました。散歩に出ると涙が止まることも多かったので、花を見つけて一緒に見たり、指さしに共感したりと三項関係から信頼関係を築いていけるように心がけていきました。子どもたちの様子を見ながら、感触あそび、体育あそび、描画、クッキング、リズムなど「保育園って楽しい！」と実感できるようにいろいろなあそびに取り組んできました。

友だちとのかかわり

4月、進級児のかずま（仮名、以下同じ）とせんは、泣いている新入園児を気にして顔をのぞき込んだり、階段を上るときにも先に上ってみんなを「おいでー」と呼んだりと、友だちを気にする姿がありました。新入園児も少しずつ保育園生活に慣れ、ダンボールハウスに集ったり、階段を上るときには友だちを呼んだりするようになりました。もっと友だちを意識してかかわりが拡がってほしいと思い、給食の前に子どもたちに友だちのエプロンを配ってもらうことを始めました。「エプロンどうぞしてくれる人～?」と聞くと、出てきたのは0歳児時代に経験したことのあるかずまとあおいでした。あおいは歩行がまだ不安定で一人で椅子から降りられなかったのですが、机によじ登って出てこようとするほどのやる気でした。生活のなかではなかなか次のことに向かいにくいあおいでしたが、エプロン配りのときはとてもいきいきとしていました。始めてから1週間もしないうちに新入園のまこ、いちこも出てくるようになり、受け取る方も少しずつ配ってもらうことが嬉しいと感じ、「(ちょう)だい」と手を叩いてアピールするようになりました。

はじめての班づくり

エプロン配りが魅力的な活動になり、ほとんどの子どもたちが「やりたい」と出てくるようになった一方で、友だちとトラブルになりやすいいちこ、けんたや、あそびの場面になると友だちと共感しにくいかずま、まだ保育園に慣れず、友だちとのかかわりが少ないしゅう、こはるがいました。1歳児にとって10人という集団は大き過ぎます。〝安心できる居場所づくり〟〝友だちをもっと身近に感じて一緒が嬉しい楽しいと感じてほしい〟というねらいで6月にはじめて班(3人班二つと4人班一つ)をつくりました。班をつくってはじめの頃は、ほぼ全員が自分の班ではない所に座っていましたが、かずまは、自分の班と班の友だちもわかって自ら呼びに行っていました。その姿を見てしゅうもかずまの後を追って呼びに行くようになりました。他の子どもたちも少しずつ班の友だちがわかるようになり、担任が「あと誰がおらん？」と聞くと、班の友だちを指さして呼びにいこうとするようになりました。班で揃う前に、「○○ちゃんはどこ？」と聞いて友だちがより意識できるようにしたり、「○○ちゃんが呼んでくれたね、嬉しいね」というやりとりを大事にしていきました。毎日の積み重ねで、班の友だちが少しずつわかるようになり、喜んで呼びに行くようになっていきました。ぶーぶー班の３人（せん、けんた、こはる）は、しばらく経っても他の班に座ったりすることが多く、自分の班がはっきりとわかっていないようだったので、担任と一緒に友だちを呼びに行きました。

大好きお当番！

班をつくる前もエプロン配りをしていましたが、班をつくってからは、班の友だちに配るようにしました。生活のなかで「これ○○ちゃんに渡してくれる？」と言うとはりきって届けに行く姿があり、「友だちに何かをしてあげたい」「お手伝いがしたい」という気持ちが芽生えるこの年齢で、お当番を通して友だちと「どうぞ」「ありがとう」のやりとりのなかで肯定的なかかわりをつくっていきたいと思い、お当番を始めました。

はじめは「班の友だちにエプロンどうぞしてくれる人ー？」と聞いて、出てきた子どもにやってもらっていました。もともとエプロン配りは好きな活動になっていたので、すぐに出てくる子が増えました。一つの班から二人出てきたときは、一つのエプロンを二人で一緒に持って友だちに渡すこともありました。日に日にやりたいと出ていく子が増え、班の全員が出てきた日には「きょうは○○ちゃんおねがいね」と担任が決めるようになり、子どもたちは泣いて訴えるほど、やりたい思いが膨らんでいました。

わたしもやりたい

7月、まだ歩行を獲得していなかったあすかが、「当番してくれる人ー？」と聞くと、お尻を浮かせて立ち上がろうとしていました。ハイハイで前に出てきたあすかは、「（エプロン配ってもいいです）かー？」とはりきって聞き、ハイハイで班の机までいき、友だちにエプロンを配っていました。あすかは、身体の発達がゆっくりで活動に遅れてしまうことも多かったのですが、当番はみんなと一緒に向かって、やりたいという自分の要求が出せる時間になっていたと思います。

当番表をつくって

子どもたちの当番への期待が膨らみ、ほぼ全員がやりたくて前に出てくるようになりました。担任が指名して配ってもらう人を決めた日もありましたが、それでは平等ではないと感じたため、全員に平等に順番がくるように、当番表をつくることにしました。当番表を使って当番活動をすることで、当番表を見ることに期待し、「きょうはじぶんのマークがでてくるかな」とグッと集中する時間になっていきました。全体的にことばも少ないクラスでしたが、自分の班から当番表を見てほしくて、「ごっごっ（いちご）」「タイタイ！」とアピールする姿が出てきました。自分の番でないと泣いてしまう子もいましたが、毎日続けることで、自分の当番表を「みて」と主張するようにもなってきました。めくって自分の当番表を確認すると安心する子もいれば、それでも納得できずに椅子から降りて不満そうにふくれたり、やりたかった思いを主張する子もいました。しかし、担任が決めるのと、当番表で決めるのとでは、「自分にも必ず順番がくる」という安心感が全然違うと感じました。

はじめての班名決め

班をつくって2か月経ち、もっと新しい友だちとのかかわりを拡げたいと思い、9月はじめに新しい班をつくりました。1歳半を越えた子どもが増え、この頃から普段の生活のなかで「どっちのパンツ履く?」や「どっちのオマルに座る?」と聞くと、「こっち!」と指をさして二つのなかから選びとることができる子も増えてきました。そこで、自分たちで班名を選んで決めてみることにしました。

班のマークは、特にその班の子どもたちが好きな絵本や物、また発語しやすいものを用意しました。二つのマークを見せて「この二つから選ぶよ」ということを伝え、まず一人ずつに聞いていきました。

「にんじん班」(まこ、しゅう、こはる)

「にんじん」と「ももんちゃん」から選びました。しゅうは「じんじん(にんじん)」と言って迷わずにんじんを指さしました。次にまこに聞いてみると、両方を見比べて、にんじんを指さしました。最後にこはるは両方を指さしたので、もう一度聞いてみるとやっぱり二つとも指さしました。まこととしゅうに「こはちゃんに、にんじんでいいかきいてみる?」と、言うと「うん」と。担任も一緒に3人で「にんじんでもいい?」と聞くと「うんうん」とうなずくこはる。まだ自分で選びとることは難しかったこはるですが、友だちに聞かれることが嬉しかったようでした。にんじん班に決まり、「きーまった」と嬉しそうな3人でした。他の班も、見比べて「こっち!」と迷わず選ぶ子もいれば、どっちも指さしてまだはっきりと選びとることが難しい子もいましたが、選ぶときの表情はワクワク嬉しそうだったことを覚えています。

驚いたのはここからでした。ほとんどの子どもがすぐに自分の班がわかり、期待して自ら自分の班に集まっていました。はじめて班をつくったときは、自分の班がわかるまで時間が掛かったこはるも、今回は次の日からわかり、自ら自分の班に座っていました。前回までは自分の班がわからず、担任から声をかけることの多かったせん、けんたもすぐに自分の班がわかり、友だちにも目が向くようになりました。前の班で友だちを呼びに行った先で目的が途切れ、違う班に座ったりすることのあったまこも、積極的にこはるを呼んだり、「すわるんよ」と働きかけたりするようになりました。自分たちで決めた班にはより愛着があるようで、「そろった」も1回目の班より嬉しそうでイキイキしていました。「自分たちで決める」ことで、より自分の班がわかり、友だちにも目が向くようになっていったと思います。自分の思いが芽生えて「こうしたい」「こっちがいい」と自我を膨らませていく1歳児にとって、「自分たちで決める」ことでこんなにも姿が変わるのだと実感しました。

「あお、えんえん、とうばん」

当番の内容は、年間を通してエプロン配り、そしてコップ配り、最終的にはお皿配りへと発展させていきました。その度に子どもたちの意欲は高まり、やりたい思いを出すようになりました。お皿配りへ移行し、当番への期待がますます膨らんできたある日、まんじゅう班（あおい、はづき、しゅう）の当番表を見るとき、その日のお当番ははづきでした。それを見て、あおいは激しく泣き出しました。担任が「あおちゃんどしたんかね？」と子どもたちに聞くと、しゅうが「あお、えんえん、とうばん」と言ったのです。しゅうも、やりたくて激しく泣いていた時期があったのですが、毎日の積み重ねで〝自分にも順番が来る〟ことがわかり、自分の番じゃないと「（当番表）みて」と言えるようになってきていました。しゅう自身も当番が大好きでやりたい気持ちがわかるからこそ、あおいの気持ちに寄り添うことばが出たのだと思います。しゅうのことばを「しゅうちゃんが気づいてくれたね」とクラスに返すことで、やりたくて泣いている友だちの気持ちに少しずつ気づく人が増えていきました。

最後の班名決め

年間を通して4回班をつくり、2回目の班から自分たちで班名を選んで決めてきました。年度の後半になると子どもたちのほとんどが2歳を迎え、より自分が膨らんで自分の思いが強くなり、班名決めもなかなか決まらず、おもしろくなってきました。

「ボタン班」（はづき、まこ、こはる）

「ボタン」と「おおきなかぶ」から選びました。「マーク決めるよー」と言うと3人ともすぐに嬉しそうにやってきました。まず、まこに聞いてみると「もう決めてます」と言わんばかりに迷わずボタンを指さしました。次にはづきもボタンを指さしましたが、かぶも気になるようで目で追っていました。こはるは、二つを見比べて「おおきなかぶ」を指さしました。その指さしは、これまでとは全然違い、はっきりとこはるの意思を感じました。はづきはこはるがおおきなかぶを選んだのを見て、「やっぱりこっち」と思ったのか、かぶを指さして「こっち」と言いました。こはるとはづきと担任でまこに「かぶでもいい？」と聞いてみると、「かぶいや」とまこ。まこも相当ボタンへの思いが強そうでした。ボタンのマークを見せて「ボタンでもいい？」とまこが二人に聞くと、はづきは意外にあっさり「うん」と言いましたが、こはるはずっとかぶのマークを見て「こっち！」とかぶを指をさしていました。何回かやりとりを繰り返すと、まこの「こは、ボタンいーい？」の問いかけに、ついにこはるが「うん」と。あんなにかぶがいいと主張していたのでボタンのマークを見せて「こはちゃんボタンでいいの？」

と聞くと、「うん」とうなずくこはる。まこは、その瞬間表情がパッと晴れてとても嬉しそうでした。こはるも今回は自分の思いを主張し、そのなかで最終的にはまこに聞かれて、納得していましたが最初の班名決めのときのうなずきとは違うように感じました。

一年間を通して

「じぶんの思い」が芽生えて、自我を膨らませていく1歳児にとって、自分で決めること、班の友だちのなかで自分の思いを主張して、自分たちで決めていくことでこんなにも子どもたちが意欲的になるんだと実感しました。また、「1歳児だから…」や「この時期にはこの活動をする」など固定的にとらえるのではなく、子どもの姿を見て分析して活動を考えていくことの大切さをあらためて強く感じました。そして、当番活動で友だちにしてあげる活動がみんなにとって魅力的で、魅力的な活動だからこそより自分が膨らんでいくということを、この1年間を振り返って学びました。

※本稿は、寺尾幸子（2018）「じぶんたちできめる、ともだちとむかう」全国保育問題研究協議会第35回夏季セミナー要綱、36–39頁の原稿に加筆・修正したものです。

提案を読んで

三つの実践から学ぶ
―乳児が生活の主体となるために―

野村　朋

はじめに

乳児保育のなかで、重要なことの一つに「子どもの命と健康を守り、発達を保障する」ということがあげられます。保育所保育指針のなかでは「養護」と「教育」が統一されて展開すること、その際に「主体的」「自発的」に環境とかかわることの大切さが強調されています。

生まれたばかりの赤ちゃんは、一見弱々しく無力な存在に見えます。しかし乳児はけっして無力で受け身の存在ではなく、一人ひとりが豊かな可能性をもった存在であること、一方で乳児期の発達にはそれぞれの時期の独自性があり、発達に応じたかかわりが大切であることは、乳児保育にかかわる人はみな実感していることでしょう。

ここでは0・1歳児のクラスでの「主体性」に着目した実践を振り返ってみたいと思います。

（1）高瀬実践から学ぶ――主体性の尊重は自己決定から

保育では、そのような赤ちゃんを一人の人間として尊重しつつ、おとなが「ねらい」を持って保育を展開することが同時に行われなければなりません。特に0歳児の保育ではより丁寧にその姿勢が求められます。

高瀬実践は、そのような「ねらい」（「おとなの願い」）を持ちつつ、主体性をキーワードに子どもの「今」の姿から出発することにこだわった実践といえます。

①自己決定の源は

髙瀬さんは、子どもが主体的に生活するためには、「自我を大切にする」「自己決定（を大切にする）」「おとなが間を持ってかかわる」ことが重要とまとめています。では、0歳児にとっての自己決定とはどのようなことを指すのでしょうか？　1歳を超えて「ジブンデ！」と自己主張する場面での自己決定はイメージしやすいでしょう。髙瀬実践ではさらにそこに至るまでのプロセスが大切にされています。

たとえばNちゃんに対しては、周囲の子どもたちにさえぎられてしまって心地よくあそべない姿をとらえ、パーソナルスペースを確保する工夫がされています。そのことでNちゃんはじっくりあそびこむことができるようになりました。子どもが「今」できること・やってみたいことをおもいきり楽しむ、そしてそこにおとなが共感的にかかわっていくことでその喜びがさらなる意欲につながっていくことがよくわかります（Nちゃん以外の子どもにとっても、その空間が重要なスペースになることも重要な視点です）。

②「やってみたい」と心が動く

「楽しい」経験はさらにほかの活動も「やってみたい」という意欲に発展します。その意欲が主体性と自己決定の源といえるでしょう。

どろんこあそびや水あそびなどの感触あそびをたっぷり経験すること、食事やあそびが楽しい活動であることが、ハイハイをして自分からホールに向かう姿につながっています。誘導してしまうのではなく、先の見通しを示しながら子どもたちが自分で移動することを「待つ」ことがより子どもたちが自ら向かう力を引き出しています。

③子どもの「今」を尊重する

そして、間を持って待つためには子どもの育ちの見通しと信頼が必要です。髙瀬実践では、子どもの姿から保育者の制止のことばが多いことに気づいて、担任間で話し合い、環境とかかわりを見直しています。

「子どものやりたい気持ちに寄り添って、やりたいことをあそびに変えていく」ことは、日々の保育のなかではなかなか難しいことです。「子どものやりたいようにやらせて大丈夫なの？」「ダメなことはダメと教えなくていいの？」という声も出てきそうです。大阪保問研の乳児部会で実践検討をしたときにも、そうした疑問が出されました。

議論のなかで、単に子どもがやりたいからやらせるのではなく、「今は探索を楽しみたいんだな」「今、腕や足腰の力を発揮したいんだな」と子どもの今をとらえ、探索を十分保障したり、よじ登る活動を増やしたりというように、表面的な要求ではなく発達要求に応える活動内容の工夫がなされていることがよくわかりました。そして、活動を十分に保障することで、テーブルに登る、水道をさわる姿が変わっていくだろうという見通しを仮説的に持っての実践であったことが明らかになりました。主体性とは、人と人とのかかわりのなかで育まれていくものです。そして子どもの主体性を大切にするということは、そのプロセスをおとなが間をもって待ちながら丁寧にたどっていくことと、おとなが願いやねらいを持ち、おとなも主体的に働きかけることの両方が必要なのです。

④おとなが間をもつために必要なこと

「間をもって待つ」ためには、さらに「おとなが楽しく笑い合いながら（子どもの）育ちをともに喜び合う」ことの大切さも指摘されています。ともすれば忙しさに流されてしまいそうな現場のなかで、会議の時間やちょっとした時間で子どもの姿を肯定的に共有し、場面記録を通して子ども理解を深めることが、意識して行われていることも、この丁寧でありながら大胆な実践を支える大きな土台となっています。

(2) 宮崎実践から学ぶ——「やりたい」想いが芽生え、膨らむ環境とのかかわり

乳児保育の土台には安心と安全が不可欠です。しかし、昨今ではケガやトラブルを恐れて安心・安全(特に安全)にとらわれてしまい、子どもに経験させたいことが保障できないジレンマに陥ることも多く見られます。

この実践は宮崎さんがそのようなジレンマに悩み、「子どもたちが自分のしたいあそびをとにかく楽しむことを大事にする」「子どもの主体性を一番に考える」という保育理念にひかれて転職した園での実践です。

① 環境を通して子どもの主体的な意欲を育む

転職先の認定こども園やかまし村は、自然が豊かな環境と空間を分けるためにあえて段差が作られている木造園舎で、園舎裏が死角になっていたり、園庭も平たんな場所より築山や植栽が多かったりと保育理念に基づいたこだわりがたくさん詰まっています。ちょっと聞いただけだと「乳児には危険じゃないか?」「大丈夫なの?」といった声も出てきそうですが、環境のもつ意味と予測される危険にどう対応するかを職員間で共有しながら、丁寧な保育が展開されています。

0歳児のクラスでは、畳と板間の段差があります。平らなところが少ない園庭では三輪車あそびも難しく思われます。ブランコは不安定なタイヤブランコがあります。

宮﨑さん自身、以前勤めていた保育園では「危ない」と止めさせることが多かったといいます。しかし、提案で描かれているように子どもたちは困難に果敢に挑戦していきます。そして試行錯誤しながら主体的に取り組む中で「デキタ」喜びを感じています。危険を伴い、まだ難しい活動にチャレンジしていくのは、一つには活動や環境が「やってみたくなる」魅力にあふれているからです。もう一つの要因は友だちや年上の子どもたちの姿にあこがれて「ジブンデ」やってみたい思いが膨らむことにあります。そして三つ目には自分のことを信頼して見守ってくれているおとなとの関係があります。

② 子どもの姿を「もう少しだけ見守る」

乳児であっても主体性を大切に見守ることを大切にした実践ですが、単に見守るだけではありません。子どもの姿をとらえ、援助するところと見守るところにメリハリがつけられています。

たとえば、14㎝もある段差を前に、はじめは段差を降りられず、あきらめてほかのあそびをしていた0歳児のKくんが、友だちが降りていく姿を見て段差の前で泣いたとき、友だちについていきたい、ここ（段差）を降りたいという強い思いの表れと見て「一緒に行きたかったね」と保育者が抱っこで降ろしています。保育者の援助を得て、友だちについていくことができたことでKくんは段差を降りたいという思いをますます膨らませたことでしょう。

そして、その後はKくんの姿を丁寧に観察し、片手で床に触れるかどうか確かめる姿を「葛藤している」ととらえ、その葛藤を見守ることを大切にしています。おでこをぶつけて泣くことがあっても、さえぎったり抱いて降ろしてしまったりせずに見守ることは、勇気のいることだと思われますが、保育者同士でその意義を共有しながらKくんの挑戦を見守っています。そしてKくんの育ちを通して「0歳児が（一方的に）世話をされる存在ではなく、環境に自らかかわり、友だちの姿に刺激を受けながら、信頼するおとなを支えに自分の力で大きくなろうとする存在」だということがあらためて確認されています。

年上の子どもたちにあこがれ、転んでもすぐに立ち直り三輪車に乗る1歳児の姿や、タイヤブランコでのSちゃんとMちゃんのエピソードにもそのような「もう少しだけ見守ってみる」姿勢が表れています。この「もう少しだけ」の加減が実に難しく、それだけに子どもの育ちが見られたときの喜びが大きいのではないでしょうか。

③「褒める」のではなく「感動」「感嘆」のことばかけ

そうやって注意深い見守りのなかで子どもたちは主体的に環境に取り組み、やり遂げたことを「ミテミテ」と満面の笑顔を向けています。それに対して宮﨑さんたちは「すごいね」「そんなことできるんだね」と「感嘆の声が思わず出てしまう」といいます。そのことを宮﨑さんは、おとなのそのようなことばかけが子どものさらなる意欲につながっているのではないか、と分析されています。おとなはともすれば「褒める」ことで子どもを動かそうとしがちですが、そうではなく、子どもを一人の人格として尊重する姿勢がこのようなことばかけに表れているといえます。

④危険も楽しさも保育者同士で共有する

保育の現場では、宮﨑さんのように違う園での保育経験を持つ人、ずっと同じ園で働いている人など経験も立場も違う職員がともに働いています。「危険」の感じ方や、援助をするタイミングについても個々の違いがあることでしょう。危険で止めなければいけないのはどういうときか、それはなぜか、見守ることがよいのはどういうときか、子どもの姿を基に話し合っていくことが重要です。また、この実践のなかでは新人のY保育者と「子どもってすごい」と感動を共有し、Kくんの葛藤を見守ることのなかで「もっと子どものことを知りたい、思いに応えたい」と思うことが、保育の楽しさ、やりがいにつながっているといいます。子どもの育ちや変化に感動すること、その感動を保育者同士でわかち合うことが「保育の真の楽しさ」につながっていくという指摘は大切な視点です。

⑤ 保護者とともに

提案のなかでも述べられていますが、子どもを取り巻く環境は大きく変化しています。保育者が大切にしている理念が必ずしも保護者に伝わるとは限りません。一見、危険と思われるが発達に必要な活動と危険で止める必要があることを見極め、子どもが主体的に育つとはどういうことかを常に問い、実践していくこと（それを宮崎さんは「ぶれないこと」と表現されています）と同時に、保護者にその大切さが「実感」できるよう働きかけていくことが、これからも大きな課題となるでしょう。

(3) 寺尾実践から学ぶ――自己決定がさらなる意欲を生み出す

子どもたちは1歳の半ばごろからイメージの力が育ち、身振り動作やことばを使ってのコミュニケーションができるようになってきます。自分の行動に対してもイメージをもって行動し、「つもり」もはっきりともつようになります。自分の「つもり」と保育者や友だちの「つもり」のずれに気づき、自分のつもりを強く主張する姿も見られます。寺尾実践は、昨今「いやいや期」などと呼ばれる自分が芽生え育つ1歳児の時期に、班活動やお当番活動のなかで、自己決定と友だちへの関心に焦点を当てた実践です。

1歳児の「お当番」「当番表」「班名決め」とそこだけを聞くと、1歳児にそこまでできるのか、1歳児にとって班やお当番の活動は難しすぎるのでは？　おとなが主導してやらせてしまっているのでは？と疑問をもつ人も多いと思います。しかし、寺尾実践を丁寧に読むと、目の前の子どもの姿から出発し、ねらいをもった活動がきめ細やかに進められていることがわかります。ここでは、この実践の三つのポイントについて述べてみたいと思います。

①「自己決定」にこだわった実践であること

1歳児クラスの1年間は、1歳半の節を超え、発達の質的変化が起こる時期です。直立二足歩行、道具の使用、話しことばの獲得といったほかの動物にはない、人間としての能力が獲得される時期です。その最大の特徴は自分が芽生え、様々な能力が「自分」の意図のもとに展開されることです。寺尾実践はそのような自分が芽生えて膨らむ時期に、「友だちのなかで自己主張する」こと、「自分で決める」ことにこだわった実践です。そして、たとえば自分たちで班の名前を決めたことで自分の班がわかり、友だちにも目が向くといったように、自己決定が子どもの主体的な意欲を育むことが見いだされています。後半期の「当番活動」のなかでは「やりたかったのに当番じゃないからできなかった」という共通の体験から、やりたくて泣いている友だちの思いに気づく姿も見られるようになりました。

② 発達段階に沿った活動であること

とはいえ、いきなり自己決定を迫るのではなく、子どもたちの姿を分析して発達段階に沿った活動と働きかけが展開されています。

「当番活動」の前に、まずは土台となる友だちへの関心を育むかかわりがなされています。年度当初、友だちの存在を意識する力が芽生えているのを見逃さず、友だちとのかかわりを拡げていくことをねらいに「エプロン配り」の取り組みが始められました。保育者の「エプロンどうぞしてくれる人！」の呼びかけに応えた子どもが、一人ずつにエプロンを配ります。ここで大切なのは、エプロンを配る子どもはもちろんのこと、受け取る側の子どもたちも受け身ではなく「ダイ」（チョウダイ）と手をたたいてアピールする相互に主体的な活動となっていることです。エプロンを手渡す―受け取るという活動のなかで、単に「お友だち」ではなく「○○ちゃん」という一人ひとりがお互いに意識されていきます。

エプロン配りが子どもたちにとって「やりたい活動」となった一方で、まだまだトラブルも多い1歳児。その姿から「1歳児にとって10人という集団は大きすぎる」ということで子ども自身が把握しやすいように3～4人の班が作られました。はじめは班のメンバーがあやふやだった子どもたちですが、自分の班の友だちを呼びに行く子の姿や保育者の丁寧なことばかけで少しずつ班の友だちがわかるようになっています。

またこの時期は、普段の生活のなかでも「友だちに何かをしてあげたい」「お手伝いがしたい」思いが膨らみます。そのタイミングでエプロン配りを班のメンバーを対象とした「お当番」活動に切り替えています。ここでの「お当番」は、やりとりのなかで友だちと肯定的なかかわりをつくっていくというねらいで行われています。しかし、エプロン配りはみんなが「自分で」やりたい活動となっていたため、班の全員が前に出てきてしまうということにもなりました。

そこで子どもたちのマークをつかった当番表が導入されました。それでもやりたいと泣いて訴える子どももいましたが、多くの子どもは当番表で自分のマークもあることを視覚的に確認することで、「自分にも必ず順番が回ってくる」安心感＝見通しがもてるようになっています。

さらに大半の子どもが1歳半の発達の節を超え、「○○と△△のどっちがいい？」という問いかけに応えることができるようになった頃、班の名前も子どもたち自身で決める、という取り組みも行われています。「どっちがいい？」との問いかけに両方指さすなど、まだまだ確固たる自己決定は難しい子どももいるなかですが、そんな子どもたちも含めて、自分たちで班名を決めると明らかに以前より自分の班がわかり、友だちにも目が向くことが見いだされています。また、ほとんどの子どもが2歳を過ぎる頃には、自分の思いが強くなり、班名もなかなか決まらないことを寺尾さんは「おもしろくなってきました」と表現されています。子どもが主体となって自分の思いを出し、主張していくことを肯定的にとらえている実践者の姿勢がここに表れているのではないでしょうか。ただ、班名を自分たちで決める際に意見が分かれたとき、おとながどのように介入するかについては、もう少し議論が必要かもしれません。この実践では、子ども同士に思いを尋ね、それぞれの思いを共有しながら丁寧な働きかけのなかで納得と合意を得られるよう働きかけられています。「どちらがいい?」と尋ねられてジブンデ選び取る体験はこの時期の子どもにとって大事です。ただし、「班名決め」の場合のように意見が分かれたときには、おとなが主導しすぎず両者の意見を聞き合い考えることや、両方を総合するような第3の選択肢を示す方法もあるのではないかなど、さらなる議論と工夫が深められることが期待されます。

③ 目の前の子どもの姿に沿った魅力的な活動を展開していること

このように見ていくと、寺尾実践は「乳児のお当番活動」という一見大胆な取り組みですが、1歳児の「自己決定」にこだわりながら、丁寧に進められていることがわかります。そしてその活動は、子どもの姿をよく観察し、月齢の低い子どもも「ちょっとがんばったらできそう」で、「やってみたい魅力的な」活動となるように構成されています。さらにその活動が十分展開されて、どの子もやってみたいと思えるようになった時期を見計らって、ちょっと難しい、でもやってみたくなる魅力的な活動が導入されています。たとえば、お当番活動の内容もエプロン配りからコップ配り、最終的にはお皿配りに発展させるなかで、子どもたちにとってやりたい思いがますます高まる活動となっています。

おわりに

三つの実践を見ていくと、乳児が生活の主体となることの重要性が浮かび上がってきます。この三つの実践は、乳児が「自分から」やってみたくなるように、その時期の子どもにとって魅力的な環境構成や活動が工夫されています。また、子どもの思いや要求を代弁する丁寧なことばかけをしながら「用意して（計画して・見通しをもって）待つ」ことや、おとなから見ると危険だったり、やめさせたい行動もなぜ子どもがそうするのかを考えて「ちょっとだけ（長く）見守ってみる」「そのことをあそびにする」ことなどが大事にされています。そして子どもの挑戦や達成感を見逃さず、やってみたい気持ちや、できなかった悔しさ、できた喜びに心から共感することがまた新たな主体性を生み出していることがわかります。さらにそういった実践を進めていくうえで、保育者同士が丁寧に伝え合い、議論できることが実践の土台となっていることも共通して述べられている大切なポイントです。

2 一人ひとりを丁寧に保育する

提案1 おとなとの関係づくりと、そこから広がる友だちの輪
―Aちゃんとのかかわりを通して―

豊川保育園（東京保問研） 李綏陽

園の概要

豊川保育園は、「子どもたちに豊かな幼児教育を」という地域の保護者と保育者の願いが結びつき、1955年に東京都北区に開園しました。当初は幼児のみの受け入れでしたが、1962年には乳児室を増築し、3歳未満児の受け入れも始まりました。

1969年に0歳児保育（8か月以上）がスタート（1973年に一旦打ち切り）、1991年には現園舎での産休明け保育も始まりました。現在は社会福祉法人 豊川保育園として、2006年より東久留米市立ひばり保育園（公設民営園）、2010年より北区立桜田保育園（指定管理園）の運営を引き継いでいます。2018年4月からは、同じ北区内でとしまみつばち保育園の運営がスタートし、1法人4施設となりました。「豊かな心、確かな考え、丈夫なからだ」をもつ子ども、友だちとかかわる力を育てることを、保育目標に掲げています。日々保育をするなかで、おとなも子どもと同じ目線に立って思いを共有し、考え合っていくことを大事にしています。

進級してからのクラスの様子

女児11名、男児6名（進級児15名、新入園児2名：女児1名、男児1名）の2歳児クラスを、担任3名で保育しました。進級後、好きなあそびを見つけながら、そのあそびを友だちと一緒に楽しむ子、同じ空間のなかで並行あそびを楽しむ子など、一人ひとりのあそび方や楽しみ方に違いはあっても、共通して新しい生活に楽しさを見つけていく子どもたちの姿がありました。6月頃になると、クラス全体の様子は落ち着いてきていたものの、保育園生活のなかで、怒りっぽく、顔つきが以前に比べて暗いAちゃんの姿が気になり始めました。

Aちゃんの姿について

家庭背景：両親と祖母と暮らしており、進級後は、両親の職場異動で家庭が落ち着かない状態でした。送迎は主に父親が行っていて、平日は開園時間（7時15分）から18時15分まで保育園で過ごし、園から帰宅すると、食事・入浴後すぐに就寝するという生活を送っています。父や祖母の体調面を考えると、抱っこが難しく、母がお迎えに来られたときは「抱っこして～」と抱っこを求める姿がありました。そのような背景のなかで、Aちゃんが、スキンシップなどでおとなとかかわる時間を求めていると感じましたが、新年度の生活の変化で、家庭ではなかなか時間をもてていない状況でした。

園での様子：進級前は、友だちとかかわることが好きで、「一緒にあそぼう」と友だちを誘って病院ごっこやままごとであそびこんでいました。また、友だちや周りの人への関心もあり、自分より小さい子に優しくかかわったり、友だちの着替えを手伝ったりして、お世話する姿もありました。進級後は、些細な出来事で怒ったり泣いたりする日が続き、Aちゃんのあそびのなかに友だちが群れてくると、すっと抜けてしまうようになりました。また、職員と個々にかかわって静かにあそんだり、膝の上に座ってぼーっとして過ごしたりする姿も増え、表情の変化もあまり見られませんでした。

担任間での共有

クラス担任間の話し合いでも、Aちゃんの怒りやすく泣きやすい最近の姿は、気持ちの満たされなさからくるものではないか、と要因を考えました。そのため、Aちゃんの情緒が安定したうえで園生活を送れるように、まずは担任との関係をしっかりつけながら、様子を見ていくことにしました。そして、前年度からAちゃんの姿を見てきた私が、7月頃から個別にかかわる時間を意識的に持ち、もう一度関係づくりをしていくことになりました。

Aちゃんと意識的にかかわる

Aちゃんに対する私のかかわりを振り返ってみました。すぐに声を上げ、怒ってしまうことの多い最近のAちゃんに対して、気持ちを聞く前に「もう少し優しく言ってもいいんじゃない？」「怒らないよ」と、感情を抑えるようなことばがけが多くなってしまっていたことに気づきました。今のAちゃんの姿を考えると、まずは、自分の思いをわかってくれたり、安心できるおとなの存在が必要だと考えるようになりました。そのため、まず「どうしたの？」「お友だちに足踏まれちゃって痛かったんだね」などと、Aちゃんの気持ちを受け止めることを大切にしたうえで、友だちにどう伝えればよいかを一緒に考えたり、私自身もあそびに加わりながら、気持ちを切り替えていけるようにかかわっていきました。また、関係づくりをしていくうえで、以下の点も意識しながら日々かかわっていきました。

・Aちゃんの好きなあそびを一緒に楽しむ。
・連絡帳に書いてあることや、何気ないことを会話の種にしてやりとりする。
・スキンシップを取りながら、触れ合う時間を持つ。

意識的にかかわっていくなかで、Aちゃんと私のかかわりがこれまで少なかったことを実感しました。Aちゃんは、「一本橋こちょこちょ」などの触れ合いあそびも好きで、「もう一回！」と伝えてくる姿が印象的でした。乏しかった表情変化にも日ごとに笑顔が見られるようになり、「李先生おはよう」と言いにきたり、抱きついてきたりと、Aちゃんから私にかかわりに来るようになりました。そのような姿からは、ちょっとした関係の変化を感じることができ、素直に嬉しく思いました。これまでのAちゃんとの関係づくりを活かし、今度はおとなを糸口にして、友だちとかかわることの楽しさを感じながらあそぶ経験をしてほしいと考えました。

おとながねらいを立てて組んだ活動

① クラスの集まりで（9月）

全体では行わないちょっとした活動を通してAちゃんに〝楽しい〟〝嬉しい〟という気持ちを感じてほしいと思い、AちゃんとT君を連れて給食室へ行き、栄養士にその日使う食材を見せてもらいました。また、友だちが自分の話を聞いてくれたという嬉しい気持ちを感じ、その経験によって気持ちが満たされてその後もスッキリ過ごせればと思い、教えてもらった献立を集まりの場で二人に発表してもらう機会をつくりました。部屋に戻る前に、「みんなに今日のごはん教えてあげようか？」と聞くと、二人はすぐに頷きました。集まりで二人を前に呼び献立を話してもらうと、「（さつ）まいも」と話すTくんのあとに、Aちゃんは照れながらも「さつまいも（と）りんご！」とみんなに伝えていました。その後席に戻っていくAちゃんは笑っていて、とても明るい表情でした。Aちゃんの怒りやすい姿そのものを減らすよりも、楽しいと感じる経験をAちゃんが積み重ねていけるようにおとながかかわっていくことが、今のAちゃんにとって大切なのではないかとこの活動を通して感じました。また、この日以外にも、子どもたち数人や全員で給食室に行き食材を見て触ってみたり、献立を教えてもらったりと、栄養士とやりとりする活動は継続して行いました。

②少人数（6人）でのままごとあそび（9月）

友だちと一緒にあそぶ楽しさをAちゃんや他の子たちにも経験してほしいと考え、ごっこあそびが好きな子やAちゃんと一緒に楽しくあそべそうな子を中心に集め、少人数での「ままごとあそび」を行いました。あそび始めてすぐに、自分の使っていた物を取られたと勘違いして「Aが使うの！」と怒ってしまったAちゃんも、おとなも入ってお互いの思いを伝えることで理解しあそび始める姿がありました。「ままごと」であそぶことを楽しみにして張り切っていたAちゃんだったため、あそびたい気持ちがある分気持ちの切り替えも普段より早かったように感じました。少人数という落ち着いた環境のなかで、まずは思い思いのあそびを楽しんでいました。次第に、「料理をつくる人」「食べる人」、さらには「お母さん」などとそのときの気分で役割を行き来して、全体であそびを楽しむようになっていきました。Aちゃんも「先生とIちゃんの焼きそばでーす」と料理を運んできたり、私や友だちの方を向いて「みんなで食べたらおいしいよね！」とことばをかけたり、明るい表情で楽しそうにあそびこんでいました。少人数であそぶ機会をつくることで、子どもたちも友だちとじっくりかかわりながらあそぶきっかけになったと思います。

あそびのなかに入ってきたAちゃんと友だちとのかかわり

①美容院ごっこ（9月）

図鑑を読んでいたAちゃんが、他の子どもたちと「美容院ごっこ」をする私の膝の上に座りに来ました。「一緒に髪切る?」と誘うと「やーだ」と答えたため、膝の上にAちゃんもいる状態であそびを続けました。Aちゃんはあそびの様子をじっと見ていました。あそびに入ろうとはしなくても、おとなの膝の上であそびを見ている姿からは、Aちゃんのあそびたい気持ちやあそびへの関心があることが感じられました。しばらくして、「Aちゃん髪切ってみる?」と再び誘ってみると、今度は「先生と一緒に（切る）」という返事に変わりました。そのため、Aちゃんと友だちがやりとりする際の橋渡しを意識しながら、私も一緒に加わってあそんでいきました。すると、次第に「はいはーい、Aが切（ってあげ）るよ」と友だちのことばに返事をしたり、「目に入っちゃうので（動かないで）～」と声色を変えた口調で話しだしたりと、Aちゃん自身が自然に友だちとかかわってあそぶようになっていきました。Aちゃんが友だちとのかかわりを楽しみながらあそんでいるように感じたため、その後は無理に入らず、そばであそびを見守りました。自分の気持ちを理解してくれるおとながいることを感じながら、Aちゃんが安心して友だちとあそべるようにかかわっていきたいとあらためて感じた瞬間でした。

②Tくんとの「ままごと」（9月）

私とTくんで「ままごと」をしていると、Aちゃんが「何してるの?」とやって来たので、Tくんがつくってくれた〝味噌汁〟をAちゃんにも渡しました。Aちゃんが「おいしい」と言いながら食べていると、今度はそれを見たTくんもレモンを持ってきて食べ始めました。Tくんはレモンを食べると、

「レモンすっぱ！」と顔をしかめました。そのため、「お味噌汁飲む？」と先ほどの味噌汁を私が渡してみると、「あ、りんごジュースがいい」とTくんは手を引っ込めました。すると、Aちゃんはおたまでりんごを切るまねを始めます。そして、できあがった〝りんごジュース〟をTくんに渡しました。Tくんがレモンを食べ「レモンすっぱ！」と再び話すとAちゃんがジュースをつくって渡し…というやりとりがその後も繰り返され、二人で楽しそうにかかわる姿がありました。子どもたちがやりとりするなかで、「同じ」や「楽しい」という共通のおもしろさを見つけたときに、最近のAちゃんは傍観するように表情を変えませんでした。しかし、このときは、単純なやりとりを繰り返しながら楽しんでいるということを表情から感じとることができました。おとなも一緒に加わったり、ときにはそばで見守りながら、いろいろなあそびを通して友だちとあそぶ楽しさや心地よくかかわる経験をしてほしいと思いました。

意識的にかかわりを持つようになってから変化していったAちゃんの姿と、その後の姿について

おとなと個々にかかわりたい日は、Aちゃんの方から「絵本読んで」とやって来たり甘えてきたりする姿もありました。そうした姿からは、安心して担任に自分の気持ちを出せるようになってきたということを感じました。友だちの輪のなかに入ってじっくりあそぶ姿も増え、自由あそびの時間にも自ら「ままごと」であそび始める姿も見られるようになりました。友だちに対しても「この間も一緒に手つないだよね」「今日（食事の席）おとなりにしよー」と、穏やかにことばをかけてかかわる姿も増えました。

2月頃からは、3歳児クラスに進級することを楽しみにしながら「お姉ちゃんだから」「もうすぐ花

ぐみ（3歳児クラス）になるからね」と張り切って生活するようになり、普段の表情もとても明るくなりました。私とAちゃんの関係の変化が、Aちゃん自身の姿の変化にもつながったように感じます。

保育のなかで大切にしたいこと

Aちゃんとのかかわりを通して、友だちや身近なおとなに自分の気持ちを聞いてもらったり、「Aちゃんはそう思ったんだね」「Aちゃんも〇〇だったんだね」と気持ちに共感してもらったりする経験が、「今」のAちゃんにとって大切なのではないかと感じました。友だちとあそぶ楽しさや友だちと心地よくかかわる経験を重ねながら、Aちゃんやクラスの子どもたちのあそびがさらに充実するように今後もかかわっていきたいと思います。また、Aちゃんとのかかわりや日々の保育を通して、安心できるおとなや友だちの存在が子どもたちには必要不可欠だということを強く感じました。クラス全体の様子はもちろんですが、その集団のなかの一人ひとりに目を向け、その子に「今」必要なかかわり方や手立てを考えて丁寧に保育していくことを今後も大切にしていきたいと思います。

※本稿は、李綏陽（2018）「大人の関係づくりと、そこから広がる友だちの輪～Aちゃんとのかかわりを通して～」全国保育問題研究協議会第35回夏季セミナー要綱、28－31頁の原稿に加筆・修正したものです。

提案2

0歳児のやりたい気持ちを育てる
―人とかかわることが大好きなJくんの姿から―

ななくさ保育園（愛知保問研）　相川仁美・松木亮太

園の概要

ななくさ保育園は平屋の園舎で、0歳児ありんこのおへや（クラス）と1歳から5歳が一緒に生活する四つの異年齢のおへや（クラス：てんとうむし・とんぼ・ちょうちょ・ばった）があります。

0歳児ありんこのおへやでのJくん

①0歳児入園当初のJくんの姿

4月生まれで一番月齢が高いJくん。月齢の低い子のバウンサー（赤ちゃんの重みや動きによって、ゆらゆらと揺れて赤ちゃんをあやしてくれるベビーグッズ）を揺らしてあげたり友だちの顔を覗き込んだりと友だちに興味があるのを感じました。「おーい〇〇ちゃーん」と保育者が友だちを呼ぶ姿を真似したり、「おいでおいでー」の手招きをしたりしていました。「お散歩行くよ」と声をかけると、まだおもちゃであそんでいる友だちやハイハイでゆっくり向かっている友だちを手招きしたり、背中をそっと押してくれたりしていました。また、土曜日保育でほぼ毎週一緒に過ごしている4歳児の女の子が、「Jくんおいでー」と手を広げると向かっていったり、夕方大きい子と一緒にお散歩に行くと「マテマテあそび」を楽しんでいました。

②友だちとのかかわりのなかで増えるトラブル

6月後半から子ども同士でのかかわりも出てきて微笑ましく思うことも増えてきましたが、おもちゃの取り合いも増えてきました。8月頃からは、特にJくんの友だちをドンッと押す姿が気になりました。おもちゃの取り合いや友だちへの興味の現れであることを感じつつ、理由がわからないものもありました。邪魔されるのが嫌なのかと、あそびたいと思っているおもちゃでじっくりあそべる環境を用意しても、すぐにみんなのあそんでいるところに戻ってきました。Jくんの友だちとかかわりたいと思う気持ちを大切にし、お互いに心地よいかかわりにしていきたいという思いから、理由を探り対応を考えていきました。

ア．泣き声が不快なのかな?

友だちの頭を撫でているつもりが力の加減が難しくて押し倒して泣かせてしまったり、近づいただけで手を振り払われてしまい、受け入れてくれない友だちに怒ってしまったりするJくん。また、月齢の低い子がお腹を空かして泣いているときにも連続して友だちを押す姿がありました。それにより泣く子が増えて、さらにJくんのイライラが募るという悪循環でした。

イ．物への興味が薄く、あそびが見つけにくいのかな?

主活動などには、理由がわからず押す姿はほとんどなく、昼寝明けや夕方の時間などやることが見つからないときに連続して発生しました。

ウ．6月生まれのMちゃんに多い

友だちに興味いっぱいのJくんですが、そのなかでもMちゃんとJくんはお互いにおもちゃを取り合っていました。保育者から見たら、〝そのおもちゃMちゃんも好きだから、それを持って近づいたら絶対取り合いの喧嘩になるのになぁ…〟と思うのですが、なぜかお互いに近づいていきました。その後は、取り合ってせっかく手に入れたおもちゃも少し触ってあそぶけどすぐに他のあそびに行ってしまうJくん。何個も同じものがあるおもちゃも同じようにMちゃんのものを取りにいきました。Mちゃんと同じおもちゃが好きというのもあるけど、おもちゃを求めているというよりは、気になる存在のMちゃんが使ってるおもちゃだから欲しくなっているのではないかと気づきました。

この三つのことから、まずはJくんの不快をなくすよう心がけてきました。物足りなさを感じているようにも見えるJくんに、好きなあそびをじっくりできる時間と場所を保障し、夕方など少人数でゆったりあそべる時間を使って、保育者がじっくりとかかわってあそんできました。道路が描かれている大きいマットを敷いて車を走らせてみたり、「ぽっとん落とし」をしたりしました。どれもその場では楽しくあそんでいましたが、それ以降も自ら向かっていく姿はなく、好きなあそびにはならなかったようです。それよりもやはり、「マテマテ」や「いないいないばあ」など、人を介すあそびが好きだということがわかりました。Mちゃんも「いないいないばあ」が大好きで、Jくんが仕掛けると声を出して笑う姿があり、二人の間に保育者が入り一緒に楽しんできました。

また、三つに加え、大きい子のしていることへの興味が出てきていることを感じました。

9月にはありんこの部屋の窓からホールをのぞくことが増えてきたJくん。

ある日、朝からホールで大きい子たちが運動会に向けて「玉入れ」を楽しんでいました。それを見たJくんは登園後すぐに、「玉入れ」の楽しそうな雰囲気に惹かれて〝ホールに出たい〟と、指さししながら泣いてアピールしました。「Jくんも行きたいの？　いいよ」と、扉を開けると部屋を飛び出すように出ていき、大きい子たちと同じように「玉入れ」の玉を持って歩いたり投げたりして嬉しそうな表情をしていました。

1・2歳児のリズムに参加させてもらうと、それ以降はピアノの音が聞こえると窓から様子を見ていました。この頃から、Jくんが興味を示した大きい子のあそびを0歳児のありんこのお部屋にもち帰ってあそぶことが増えてきました。

③楽しいあそびで繋がる

そして、友だちへの一方的なかかわりよりも一緒にしたいという姿が見えてきました。9月ごろから移動のときに友だちと手を繋いで行きたくて手を握ったり、大きい子たちが「なべなべそこぬけ」をやっているのを見て、手を繋ぎに行ったりすることがありました。しかし、他の子はJくんが近づいてくるだけで、〝また押されるかもしれない…〟と思うようで、逃げられたり泣かれたり。お互いが気持ちよくかかわるためにどうすればいいか考えてきました。そのなかでも、やはりJくんはMちゃんにかかわっていくことが多かったです。でも、Mちゃんは歩行が安定してきたばかりで、保育者とも〝手を繋いで楽しいね！〟と思える経験が少ないことに気づきました。それからはJくんの思いを叶えるために、まずは保育者がMちゃんや他の子どもたちと「わらべうた」などで意識的に手を繋いで楽しくあそんできました。そして、保育者とMちゃんがホールや中庭に移動するときにも「てて行く？（手を繋いで行く？）」という手繋ぎの合ことばで声かけをして、Jくんが手繋ぎを求めに行ったときには「Jくんが Mちゃんと、てがいいんだって」と代弁してきました。Mちゃん自身も手繋ぎが楽しいものになってきたことやJくんの気持ちが分かったことで、1か月もしないうちにMちゃんが受け入れてくれるようになり、気づけば二人で手を繋いでいるという姿を見るようになりました。それから急速に距離が縮まり、ご飯を食べる席も隣にすると乾杯をしたり食べさせ合ったり、Mちゃんが両手を広げるとJ

くんが近づいていってぎゅーっとハグしたりするようになりました。Jくんも嬉しそうで、0歳児同士でもお互いに〝楽しいよね！〟〝嬉しいよね！〟と感じているように見えました。

ななくさ保育園では、0歳児たちは1～5歳児が一緒に生活する異年齢のおへやに移行していきます。移行に向けては、10月後半くらいから移行準備期間をとり、ア．へやの環境に慣れる期間を十分に取ってから移行すること、イ．好きな友だちや好きなあそびでこれから繋がりそうな子と一緒に移行すること、ウ．移行してからも近くにありんこの保育者がいて安心できるようにすること、を大事にしてきました。

異年齢のおへやに移行後も友だちをよく見ているJくん

①〝あんなふうにやってみたい〟がいっぱいある生活

異年齢のおへやに来て、始めは不安そうだったり、ありんこ時代の担任を求める姿がありました。しかし、思ったより泣く姿は少なく、逆にJくんがいろいろなことに興味・関心をもつ姿をたくさん見ました。

・便器でおしっこをする姿。おしっこが出て、自分で「オー」と言って拍手する。
・ご飯のお皿を自分で片付けようとする。ついでにMちゃんのもっていたお皿まで片付けようとして取り合いになる。
・同じありんこのRくん（2月生まれ）が「ハイハイ」していると、大きい子たちと同じように「おいでおいで」をしたり、背中をトントンしたり一緒に「ハイハイ」する。
・散歩では〝歩く〟という意思表示をする。

0歳児にとって異年齢のおへやは、目新しいことがいっぱいある「やってみたいことの宝庫」だったと思います。ありんこの部屋のドア越しに憧れのまなざしで大きい子たちのやることを見てきたJくんにとって、それが「日常的にできる」ということは、他の子以上に喜びがある様な気がしました。友だちのことをより意識しているJくんだからこそ、〝楽しそうな友だちの姿〟がたくさんある環境は意欲的な生活になったと思います。

②あこがれから始まるあそび

あそびの場面ではこんな姿がありました。

（節分が終わった夕方のこと）1歳児のKくんがままごとコーナーにあったお皿をレンゲで叩きながら、節分で見た「鬼」になりきる。すると、それを見たJくんが同じように真似をして、お皿をレンゲで叩きながら「鬼」になって、「節分ごっこ」が始まりました。その後、他の1歳児も同じように真似をして、「節分ごっこ」はKくん・Jくんを中心にお昼寝起きに、毎日恒例のようにやるあそびとしてしばらく続きました。そして、そのあそびは家に帰ってもやり続けるあそびになり、てんとうむしのおへやの小さい子たちのお決まりのあそびになりました。そこで、そうした楽しそうな姿を見てもらおうと、3月の公開保育でも「パパママを驚かす取り組み」としてやることにしました。

他にも――

・スカートを何枚もはいて「おでかけごっこ」

・お庭に続くテラスを使って、0・1歳児で「かくれんぼ」・「真似っこごっこ」

異年齢のおへやではいろいろな子が、いろいろなあそびを展開しています（「おうちごっこ」や折り紙、塗り絵やブロックあそびなど）。ありんこ時代のように保育者のやっていることだけが魅力的な活動になるのではなく（特に月齢の高いJくんにとっては）、魅力的な活動は日常のなかに多彩にちりばめられています。Jくんはおへやのなかでいろいろなあそびが繰り広げられるなか、一つ上の子がやる「節分ごっこ」に魅力を感じたようでした。一つ上の子がやっていたあそびだったからこそ、〝それ楽しそう！　やれそう！〟と思って入って行ったのかもしれません。そして、それが子ども同士でやっていたあそびだったからこそ、誰かが始めると真似をして、毎日楽しめるあそびになったのかなと思います。

③ありんこから引き継がれる課題—「友だちにちょっかい」を出す姿を探る—

移行後もMちゃんを押したり、持っていたものを取るという姿は引き続きありました。そのたびに「○○がしたかった？」「○○がほしかった？」と代弁してきました。また、同じテーブルの3歳児のお姉さんや5歳児のお兄さんが、二人がトラブルになると仲介に入ってくれて、聞いてくれるという場面もありました。そうしたかかわりを通してJくんはMちゃんのことを「アッピー」と名づけて、「アッピー行こ！」とあそびに誘う姿が出てきました。そうした姿を見て、保育者間では〝やっぱりMちゃんのことが好きなんだ、Mちゃんとかかわりたいからこその行動なんだ〟と確認し、保育者が間に立ちながらごっこあそびを展開したり、3人で一緒にあそんだりと楽しくかかわれるあそびをやってきました。

そうしたなか、4月頃からMちゃんだけでなく、隣りのとんぼのおへやの2歳児のWちゃんを押す姿も出てきました。しかし、一方でWちゃんとは二人で窓辺でジャンプして楽しむ姿もあります。その様子から「いろいろな子にちょっかいを出す＝関係の幅が広がってきている」と押さえて、保育者がことばで代弁することを大事にしながら最後は気持ちよく終われる方法を考えてきました。まだ押したりする姿はありますが、その都度その行動の裏にある気持ちを考えながら働きかけをしていきたいと思います。

Jくんから教えてもらったこと

昨年度のありんこの保育のテーマのなかに「好きなおとなが安心感になるように」とありました。しかし、Jくんの姿から、おとなとの安心できる関係が基盤になりつつも、0歳児同士でも好きな友だちを支えにしていけるということを教えてもらいました。

友だちに興味があるけれど思うようにかかわれず、Jくん自身も保育者も悶々とする日々が続きました。Jくんにかかわり方を伝えてきたけど、なかなかうまくいかず、お互い近づかない方がJくんもMちゃんも楽しく過ごせるのでは？　と思うこともありました。しかし、Mちゃんは押されたり何をされるかわからない不安から泣くけれど、けっしてJくんのことを嫌いではなく、目が合うと微笑んだり「いないいないばぁ」を仕掛けたりしていました。だからこそ、どうしたら気持ちよくかかわれるか探ってこられたように思います。Jくんのかかわりたい気持ちを大切に寄り添えたことは、私の保育者としての自信になりました。（相川仁美）

Jくんとのかかわりを通して私が学んだことは「子どもの〝やりたい思い〟や〝共感すること〟のすごさ」でした。0歳児で「節分ごっこ」という一つのあそびが園でも家でも半年間も続いたことにびっくりでした。それはJくんにとって本当にやりたいあそびであったこと、一緒に楽しめる友だちや保育者の姿があったことが大きいのかなと思いました。年齢に関係なく子どもってそういう力をもっているんだと学ばせてもらいました。

そしてもう一つ。保育者がどういう姿勢で子どもたちのやりたいことにかかわっていくかも大事なことだと思いました。異年齢では日々、上の子たちの姿を見て、いろいろなことをやろうとする姿があります。前述のあそびも直接保育者はかかわってはいませんが、〝やりたいことをしていいんだ〟という安心感があったからこそ、続けて楽しめたのではないかなと思っています。大切なのは「やりたい思いを〝どう〟大事にできるか?」ということだと学ばせてもらいました。

※本稿は、相川仁美・松木亮太(２０１８)「０歳児のやりたい気持ちを育てる〜人と関わることが大好きなＪ君の姿から〜」全国保育問題研究協議会第35回夏季セミナー要綱、40―43頁の原稿に加筆・修正したものです。

提案3

一人ひとりが自分を出せるように
―Rちゃんの育ちを通して―

第二さくら保育園（北埼玉保問研）　荒木美穂・豊田　唯

はじめに

第二さくら保育園は、1978年定員120名（現在90名）の認可保育所として始まり、40年が経ちました。開園当初から、すべての子どもの全面発達をめざし、また、父母の就労保障のため「産休明け保育」「障がい児保育」に取り組んできました。子どもをまん中にして、園と父母がともに学び考え、共感し合える関係づくりを大切にしてきました。

保育園の周辺は、野菜・花卉（かき）栽培が盛んな土地柄のため、四季折々の草花が花を咲かせる自然豊かな環境です。広い園庭に植えられた木々が夏には大きな木陰をつくり、子どもたちはカブトムシなどの虫捕りに熱中し、その季節のあそびを満喫しています。

クラスの概要

1歳児うさぎ組は、男児8名、女児9名の17名のクラスです。担任は正職2名とパート2.5名の4.5名です。職員は0歳児クラスからの持ち上がりなので、子どもたちとの信頼関係はできていました。

クラスの特徴としては、兄姉も保育園に通っているので保育園の環境・方針・子ども観を知る親が多いものの、乳児クラスから預けるのははじめてという家庭がほとんどです。また、家庭環境が複雑な子も多いクラスです。そのため、保育園で乳児期から大切にしていることを丁寧に伝えながら、0・1歳児クラスを過ごしてきました。担任も就職して間もない職員が多く、子どものことや発達のこと、日々の保育で大切にしたいことを伝え、話し合いながら思いを共有していきたいと努力してきました。

春から夏の生活では、発達の差があり、歩行が確立した子としていない子がいたので、園庭を使いきって自然のなかで探求心を深めてじっくりあそび、それぞれの子どもの動きを保障しました。

大切にしてきたこと

・水や砂でたっぷりあそび、感覚を育て、好奇心豊かに生活する

・「ジブンデ…」や「イヤイヤ」など、一人ひとりの自己主張を認め、あそびを通して友だちとの交わりを深める

・自分で自分のことをやってみようとする意欲を育てる

しかし、日々の生活は、砂や水、リズムあそびにプールと意欲もあり楽しいけれど、何となく自分を出し切れていないように感じる子どもたち。体力的なことなのか、自己主張をもっとしてもいい1歳児の子どもたちが、「ジブンデ…」や「イヤイヤ」が少ないなと感じていました。

懇談会を通してわかったこと

6月の懇談会では、園での様子を伝えたいと思い、ビデオを観てから休日の過ごし方を話してもらいました。すると、子ども中心の生活とはいえない現状が浮かびあがってきました。

・兄姉の習い事や生活に合わせる家庭

・自己主張を受け止める余裕のない日常
・子どもの主張への対応がわからず、鬼やおばけで脅してしまう

など、正直に話してくれました。その話を頭ごなしに否定せず、子育てをともにする仲間として聞き、私たちの感じている「自分を出し切れていない子どもの現状」を正直に話し自己主張の意味や大切さを伝えました。父母同士でも共感し合い情報交換でき、子どもとの日々のかかわりを振り返るいい契機になり、かかわり方に変化が出てきました。そこから子どもたちに変化があらわれました。より探索行動が広がり、食事のあともあそびに出かけ活動的になり、嬉しいことにお昼寝にもてこずるほど元気が出てきました。

自分を出しづらいRちゃんを通して

①0歳児クラスでの様子

生後11か月入所（2018年7月生）女児第二子、細身、環境・人に慣れず泣いていることが多く表情が硬い。動きが少なく座位で過ごす。食事のとき、おかわりしてたくさん食べるけれど、食卓から離れず大泣きして抵抗する。自分の気持ちを素直に表現できず顔をこわばらせ縮こまってしまうRちゃん。日々の生活のなかでも気持ちが満たされていない様子でした。

気持ちの硬さは身体の硬さからもきていると感じ、日頃からRちゃんの興味のある「マテマテあそび」や「一本橋こちょこちょ」を一緒に楽しみました。また、スキンシップをとり身体をマッサージし、笑い合うことで心をほぐし、安心感の快さを体得できるようにしました。子どもは安心感に包まれていると、情緒が安定し、のびのびと考え、次の行動に向かっていけるからです。「いっぱい食べた

ね。ごちそうさましようか？　ほら、みんなお風呂に入っているよ」とRちゃんの気持ちに共感し、先の楽しい見通しをもって心が動くのを待つようにすると、気持ちも満たされて食べ終えるようになりました。

このことは、子どもの気になる行動を解決するための方法ではなく、子どもにとって何が大切で、どうすることがよいのかを担任同士一緒に考え合うよい機会になりました。子どもの思いに共感し心の動きを待つことや、子どもの意思を尊重しかかわることの大切さを感じました。

②1歳児クラスでの様子

活動範囲も広がり、保育園の環境や人にも慣れてきましたが、内向的で自分の気持ちを出せず表情の硬いRちゃん。

たとえば、

・食事のときおかわりしたいと言えず気づいてもらえるまで待つ姿
・パンツやズボンを履くとき、身体が硬く思うように動かず手伝ってもらえるまで座っている姿
・描画も描きたい気持ちはあるけれど描けず、クレヨンを持ったままその場を離れない姿

などがありました。

自己主張を大切にしたい1歳児だけれど、Rちゃんが安心して自分を出せるようになるにはどうしたらいいのだろうか？　振り返ってみるとRちゃんは、ハイハイの時期も座位で過ごすことが多く、自ら動く楽しさを十分味わってきていなかったのではないかと考えました。そこで、0歳児クラスから「よく食べ、よく眠り、よくあそぶ」生活を大切にしてきたなかで、身体を使ってあそぶことを再度見直そうと思いました。Rちゃんは特に追いかけっこや水あそびが大好きなので、あそびのなかでキャッ

キャッと声を出して笑い合い、身体を使ってあそぶ工夫をしてきました。苦手な斜面のぼりも、なだらかな芝山で「マテマテあそび」や「ゴザ滑り」を繰り返し、楽しくあそぶ中で気持ちよく身体を動かせるようになり、パンツやズボンを自分で着替えられるようになりました。

Rちゃんは、花摘みや実を収穫することも好きなので心ゆくまでやり、「いっぱいとれたね」と心通わせ安心して自分を出せるおとなとの関係をつくっていきました。食事のとき、自分の気持ちを出せないところも、Rちゃんのことばを引き出すようにかかわってきました。一緒の食卓にいるみんなに「おかわり食べる人?」と聞くと、「はーい」と言えたり、「何かおかわりする?」と聞くと、指さして教えてくれたり、意識的にかかわるうちに気持ちもひろがってきました。

描画では、友だちと一緒に机を運び「ママ」「パパ」「おいも」とたくさん描くようになりました。今では「お尻フリフリ」と言っておとなとのかかわりを期待して、追いかけっこを自ら始めるRちゃん。安心して自分を出せるおとなとの関係のなかで気持ちよく動かせる身体が育ち、友だちへの興味がひろがってきました。泣いている子や悲しい気持ちの友だちへそっと近づき、顔を覗いて優しく誘うなど、他の子の気持ちにも共感できるようになりました。

Rちゃんを通して学んだこと

子どもは一人ひとり違う個性があり、さまざまな困難さや事情を抱えています。その子がその子なりの自分を出すためにはどうしたらいいのだろう？　と模索しながら保育してきました。Rちゃんを通して、当たり前のことですが、乳児期から子ども一人ひとりを意思をもつ主体として尊重すること。その子の成育歴やおかれている生活、日々の保育をとらえなおし、意図的に働きかけること。獲得した発達をあそびのなかで十分保障し気持ちよく身体を動かすことは、身体の機能的な動きはもちろん、心の育ち（自信・広がり）にも繋がること。また、安心して自分を出せると、のびのびとさまざまな体験ができ、さまざまなことに挑戦しようとする意欲に繋がることを学びました。

おわりに

子どもの豊かな育ちを保障するためには、発達を学ぶことや、一人ひとりを観察しその子の心を理解し共感するおとなの感性が求められます。

北埼玉保問研では、各年齢部会や保育者学校、政策部会・給食部会などで集団学習を続けています。私自身も魅力的な保育者となれるよう歴史・文化・社会に目を向けともに学んでいきたいと思います。また、さくら・さくらんぼ保育園の創始者の斎藤公子氏や先輩の保育者たちが、子どもたちの笑顔を願い運動し続け、保育思想の息づく環境を築いてくれました。その環境を守り伝えながら、より魅力的な保育環境を整える努力をしていきたいと思っています。

将来子どもたちが困難に出会ったとき、自分の力を信じ挑もうとする心や、それをやり遂げられる身体を子どもたちのなかに培っていけるよう「どの子も育つ」ことを信じて、一日一日を大切に子どもたちと向き合い過ごしていきたいと思います。

※本稿は、荒木美穂・豊田唯（2019）「一人ひとりが自分を出せるように —Rちゃんの育ちを通して—」『季刊保育問題研究（296）』55–58頁の原稿に加筆・修正したものです。

提案を読んで

三つの実践から学ぶ——一人ひとりを丁寧に保育するために——

柴野邦子

はじめに

2018年に開催された第3回目の乳児保育夏季セミナー（第35回全国保問研夏季セミナー）「一人ひとりが『生活の主体』として育つ乳児保育」での分散会の討論のなかで、忘れられない印象的な発言がありました。その一つが、認可保育所の保育者として定年まで働き続け、退職後ビル内に保育室がある保育所に縁があって勤務された方のお話です。あまりの保育文化の違いに働き続けることが難しかったという保育は、すべてが管理された保育だったということでした。あそびは異年齢児がただおもちゃに群がっているだけで、トイレに行くのも時間制。並んでトイレに行って、順番が来るまで壁にぺったんと背中をつけて待つのだそうです。誰も大切にされていないし丁寧ではない実態が報告されました。

もう一つは幼稚園に勤務する方からのお話でした。「4月から入園した3歳児が『僕は子どもはきらいです』と言って、あそばずずっと立ち尽くし何もしないでいました。最初に自分で見つけたあそびは『お地蔵さんごっこ』で部屋の隅でお地蔵さんになってずっと立っていました。クラスでは『しっぽとり』が繰り返し行われていて、それをお地蔵さんは隅っこで立ったままずっと眺めています。ずっとしっぽがとれず泣いて悔しがっているお友だちがいて、その子がある日やっとしっぽがとれてとても喜んだときに、お地蔵さんも一緒に笑って喜んでくれました」という事例を話してくれて、その子は突っ立っているだけに見えて、まなざしで参加していたことに気づき、そんな参加からかかわりがはじまることの大切さを話してくれました。

対照的なエピソードですが、一人ひとりを丁寧に保育するということはどういうことなのか、どういう保育をいうのかを、とても考えさせられました。今さまざまな形態で乳児保育が実施されていて、経営優先の企業立の小規模保育所や企業主導型保育事業の無認可保育所などかなりの勢いで増えています。「保育士が足りない」「近くに認可保育所が建って今後の経営に支障がでるから」と、通園している子どもがいるにもかかわらず、突然に廃園にしてしまうという事態も起きています。経営最優先で、その保育園を構成する子どもも保護者も保育者も誰ひとり大切にされず、企業の利益だけが大切にされているなげかわしい実態があります。

そのなかでどんな保育がされているのかは、園によってさまざまであるし、そのような環境のなかでも子どものために奮闘する保育者はたくさんいると思いますが、丁寧な実践の積み重ねや学びが保育の質を向上させ、職員全体で考え実践を振り返ることが「一人ひとりを丁寧に保育する」ことにつながっていくと思います。

それにはいろいろな視点があると思いますが、第3回目の乳児保育夏季セミナーの提案・討議では、子どもを丁寧に見る視点について、次の五つがあげられました。①その子のやりたいあそびがきちんと保障されている環境、②職員集団の連携、③子どもと信頼関係をつくる、④保護者とのかかわり、⑤子ども同士のかかわり、の視点です。先の三つの実践はこの「五つの丁寧」が相互に関連し合って豊かな保育の保障になっていることがわかります。

(1) 李実践から学ぶ

保育をしていくなかで「あれ？ なんかこの頃あの子表情暗くてどうしたかな？」と思うことがあり

ます。そうした子どもの変化に気づいたときに、背景も含め掘り下げてその原因を探ることが必要になってきます。家庭の状況を保護者の方から積極的に伝えてくれて、「今こういう状況にあるので、この子に変化があるかも知れないから保育園でも気にかけてほしい」と言ってくださる場合には対話がなりたち、注意深くその子を見ることができます。

一方で、家庭の状況を話すことにバリアのある方も少なくなく、信頼して話をしてくれるまでに長い時間がかかる場合もありますが、少しずつ関係を築いていく努力が必要です。子どもの背景にある家庭の状況を探りながらも、その子が保育園ではどういう姿になってほしいのか、どういうかかわりができるのかを探る丁寧さが必要になってきます。

李さんの実践を夏季セミナーで論議したとき、家庭とのかかわりについて質問が多く寄せられました。「保育園でのAちゃんの姿をどのように伝えたか」「伝えた後に家庭でのかかわりに変化があったのか」が問われました。保護者とのかかわりもとても丁寧にされていて、保育での様子を少しずつ話していく過程で、連絡帳や日々のやりとりのなかで家庭の様子を伝えてくれるようになり、休日にはAちゃん中心の生活をこころがけてくれるようになったそうです。

李さんの実践では、その子のことがよくわかっていて関係のとりやすい保育者が、もう一度しっかり関係づくりをしていこうとかかわっていきます。Aちゃんの変化に対してクラス担任で共有し少人数でかかわれる時間、決まったおとなとの時間など、まわりの保育者の理解がなければできないことも出てきます。しっかりとしたスキンシップをとる時間を設け「もう一回」という思いも保障したいし、ゆっくりとおしゃべりする時間もとりたいけれど、日々の保育のなかでは難しいのが現状です。しかし、一緒に保育するクラス担任にAちゃんの姿を同じ思いで理解してもらうことが大切で、そのためには、担任同士が話し合える時間もまた意識してつくらねばならないでしょう。また、子どもと保育者との関係をつけていくというねらいがあったとして、1対1にならないとそれが保障されないということではなく、子どもが複数いても「今の時間はちょっとAちゃん中心にしてみよう」と心を向けることは、1対1でなくても可能であったり、子ども同士をあそびを通してつなげることで楽しいと思えたり、保育者やお友だちと一緒にあそぶことで満足できるように、好きなあそびからつなげていく大切さをこの実践を通して学ぶことができます。そのために、意図して保育計画を立てて、Aちゃんがお友だちのなかで楽しいと思える活動をつくっていきます。そして怒りっぽいAちゃんの姿を否定するのではなく、楽しめる活動をたくさん経験させていくことで怒らないで過ごす時間が大切にされ、Aちゃんは保育者に信頼を寄せる姿に変化することができました。一人のおとなとの関係を大切にしながらも他のおとなともつなげ、楽しいあそびのなかで友だちとも繋がりがもてるように配慮したことが、Aちゃんが自信をもって進級できた姿につながっていったと考えられます。

(2) 相川・松木実践から学ぶ

4月の0歳児の部屋は、入園した一人ひとりの生活のリズムの把握や特徴を押さえるだけでも大変です。眠たいけれど新しい環境でなかなかぐっすり眠れない子がいたり、哺乳瓶に慣れずに思うように吸いたい要求が満たされない子がいたり、抱っこで1対1対応が多い時期です。そのなかで機嫌よくあそべる4月生まれは頼もしい存在です。そんなJくんであったはずなのに、あらら？　友だちとのかかわりは増えたもののかかわり方が気になってきました。

保育現場では、0歳児のクラスで月齢の高い子どもたちが歩き出し行動範囲が広がるときに、今まで穏やかだった保育室で物の取り合いが始まったり、まだねんねの赤ちゃんに抱きついたついでに力余って泣かせてしまったり、あらあらということがしばしばあります。そのときにその子の行動だけを止めたり排除してもなかなか状況はよくならず、その子の求めていることを明らかにして保育室の環境を変えたり、あそびを工夫したり、友だちとのかかわりをつないだりする対応が必要です。

ここではJくんの友だちとかかわりたい思いに着目して、大好きなMちゃんとの関係を保育者が意図的につないであげていますが、そのつなぎ方がとても素敵で、まずはMちゃんに人とのかかわりあそびを伝えて、Jくんとも自然にかかわれるように配慮しています。大好きなMちゃんにJくんが拒否されないように、MちゃんもJくんのかかわりにびっくりしないように、どちらにも丁寧にかかわっています。

1歳児から異年齢保育を行っているので、園としては0歳児のクラスのときは「おとなとの関係をしっかりと」ということを特に保育で大切にしているようですが、それぱかりを強調するのではなくJくんの友だちを求める姿を活かして、上の年齢の子のあそびにかかわることによって、Jくんがどんどんあそびを広げる保育展開がみごとだと思います。そうすることで、Jくんは友だちをすぐにドンッと押す困った子ではなくて、友だちが大好きな表現豊かにあそびを広げられる素敵な子どもになって、Jくんも友だちも楽しい日々になっていっています。また、異年齢だと上の子の活動もよく見えてくるので、同じことをしたいという気持ちも出てきます。「やってみたい」気持ちが保障されて満たされていくように異年齢保育のよさを活かした保育をされています。

ななくさ保育園では、0歳児が1歳児からの異年齢のクラスに徐々に移行していくのが10月ごろからのようです。まだ離乳食を食べていて授乳の必要な子もいるだろう時期に、「早くないですか?」「どうやって移行するんですか？」という疑問も論議のなかで聞かれました。実践にあるように移行は無理のないように丁寧にされているようですが、ななくさ保育園の保育理念として「みんなのことをみんなでみよう」というのがあり、年齢でその子を見るのではなく、その子に今何が必要かという視点で職員みんなで見ることを大切にしていることを報告のなかで補足されていました。おとなと子どもの関係も丁寧に見るけれど、そればかりでなく子ども同士、おとな同士の関係も丁寧につながり合ってこそ個が大切にされていることがわかりました。

乳児から異年齢保育のグループの構成に入れる保育園が見られるようになってきています。そのなかでは1歳児や2歳児が大きい子の真似をして生活やあそびをすることで満たされているので、同年齢のクラスに比べて、かみつきやひっかきなどのトラブルや「いやいや」とごねる姿が少なくなっているようです。Jくんもそうした異年齢のクラスのなかで、友だちをすぐに押してしまったり、おもちゃをとってしまったりするJくんではなく、「やりたい思いがいっぱいの人が大好きなJくん」として認められて育っていることがとても素敵だと感じる実践です。

(3) 荒木・豊田実践から学ぶ

第二さくら保育園では子どもの発達や保育実践に対する深い学びと研修がなされ、自園だけではなく地域の仲間とも共同で研修され、保育者自身も成長できる恵まれた環境で保育ができていることが素晴らしいと思います。保育実践を見直すときに、自園のなかで提案し検討したり、職員みんなで論議することはとても大切なことですが、他園の方とも一緒に検討することで、違った見方ができたり気づかなかったことに気づくことができたりするので、そのような機会を多くもつことで保育実践も豊かになっていくことでしょう。また、保育園をとりまく環境もすばらしく、自然豊かな地域のなかで四季を感じて楽しく散歩できるでしょうし、水や砂でたっぷりあそべたり、探索できる広い園庭でのびのび保育していることが垣間見られます。

この実践では11か月で入園したRちゃんに対して、生活やあそびのなかで、「ここが気になるからこういうふうに働きかけよう」ではなく、「Rちゃんにとってどういうふうにすることが一番よいか」という視点でかかわってきたことが報告されています。まずは安心できるように、保育者とのスキンシップや見通しがもてるようなことばかけを丁寧にしています。乳児保育を行うとき、特に食事や排泄などの生活の場面は忙しく、流れ作業的になってしまいがちですが、生活の主体者は子どもなので、一つひとつの動作にことばをつけてかかわることが、安心して過ごすことにもつながるのではないでしょうか？　また、座位が多くハイハイをあまりして来なかったRちゃんに対して、Rちゃんの好きな楽しいあそびのなかで、たくさん身体を動かせるようにしてきたことも大切なポイントだと感じます。そのかかわりのなかで、安心して甘え自分を出せるおとながしっかりRちゃんのなかで定着したときに、友だちとのかかわりが広がるだけではなく、その気持ちにも共感できる社会性もしっかり育ってゆくことがわかります。

（4）まとめ

3本の提案のなかには先にあげた一人ひとりを大切に保育する五つの視点のどれもが組み込まれており具体化されています。

一人の子どもを理解するためには複数の目で見るとより丁寧になること、伝え合うことで多面的な見方やかかわりができること、子どももいろいろな人とのかかわりで自分が大切にされている実感が育まれることなどが大切になります。

また、子どもとの信頼関係を築きながら見るという視点に対し、そこが何より大切なことだという意見があり、ことばで表現できない時期にしっかりと目と目を合わせて共感すること、子どものまなざしに気づき思いを感じとることの重要性が確認されました。丁寧に保育するとは、保育者と子どもが1対1でかかわらねばとか、その時間をたっぷりとらねば、スキンシップをたくさんとらなければということではなく、今、その子にとって一番大切なことは何かのポイントを押さえて、人とかかわる力や能動的な力を育てていくことではないでしょうか。

おわりに

はじめにのところで、「誰も大切にされていない保育園」の話を書きましたが、そのような状況のなかでも一生懸命乳児保育を行う保育者は日本にたくさんいるはずです。ビルのなかの保育園、園庭のない保育園、交通量の激しいところにある保育園などハード面でも厳しく、静かに睡眠する環境や発達に即した玩具などが整っていない保育園もあることでしょう。そういうなかでも保育者は一人ひとりの子どもを大切にしたいと願いつつ保育していかなければならないし、子どもたちは育っていかなければなりません。そのなかでできることは何か、また明日が楽しくなるようにするにはどんなあそびができるかを考えたり、子どもの成長に願いをもって小さな丁寧と小さな努力を積み重ねていくことが、一人ひとりの子どものしあわせにつながっていくのではないかと思います。

3 乳児があそびの主体になる

提案1 みんなでつくる0歳児の保育

おおぞら保育園・おおぞら夜間保育園（大阪保問研）山路啓太・関谷麻菜美・土岐あゆみ

園の概要

２００２年４月に大阪のＪＲ堺市駅から徒歩３分のところにおおぞら保育園（90名定員）とおおぞら夜間保育園（20名定員）が、同じ敷地内に併設して多くの人たちの協力と援助のなかで誕生しました。目の前には広い公園があり、裏側には保育の短大があるので学生と交流する機会もあります（２０２１年現在、短大は移転しています）。

４月の保育で大切にしたこと

０歳児クラスでは、４月～７月生まれの高月齢児６名と10月～１月生まれの低月齢児10名の２グループにわかれて過ごしました。０歳児クラスの保護者ははじめて保育園に子どもを預ける方が多いので、まず保護者が安心して子どもを預けて仕事に行けるように信頼関係を大切にしました。入園前から些細なことで質問をしていた保護者は、入園後も早朝（７時頃）は母の送り、お迎えは祖母で、保育者と顔を合わせることがほとんどなく母自身も不安がっていました。そこで、朝会えたときや土曜日に布団を取りに来たときなどに園での子どもの姿を伝えたり、母の不安を聞くようにしたりしました。

また、同じ目線で保育できるよう、保育者同士はもちろん、保護者とともに子どもの成長を考えていけるように保育をつくっていきました。そして、ずりばいやはいはい、歩行など身体のさまざまな動きについても、トレーニング的な活動にならないようにあそびを楽しみ、子どもが〝やってみたい〟〝動きたい〟と思えるように働きかけることを心がけました。

一人の気づきをみんなのものに ―あそびで子どもたちを変えたい―

手あそび、布あそび、ボールあそび、音の鳴るおもちゃを振る、「パッチンボード」であそぶ、歌をうたうなど、まずは保育者が楽しそうにあそぶよう心がけました。繰り返していくと子どもたちが笑ったり、手をたたいたり、まねっこをし、その姿に保育者が一緒に共感し合うことで子どももさらに笑ったり、まねっこが広がりました。うつ伏せが苦手だった子にはロールにした布を脇の下に入れ、うつ伏せの体勢で好きなおもちゃであそべるようにしました。子ども同士が円になり、そこに保育者も加わってあそぶことで顔が見交わせるようにしました。こんなに小さくても〝何かしているぞ〟と保育者や友だちをじーっと見ています。はじめは疲れてすぐに泣いてしまうこともありましたが、無理をせず少しずつ繰り返すことで身体もしっかりしてきて、あそべるようになってきました。あそべるようになってくると、自然と保育者や友だちと目と目を合わせて笑う姿が増えてきて、もっと楽しさを共感し合えるようになります。そして、うつ伏せが楽しくなることで寝返りにもつながり、さまざまな体勢であそべるようになってきました。

午前だけ、あるいは午後からだけの短時間の保育者を含めて7名の保育者がかかわり、さらに子どもたちの睡眠時間により生活リズムが変わってくるので、ゆっくりと保育者同士が話し合う時間がとれません。毎月のクラス会議のときだけでなく、子どもの姿を保育者同士で共有するために子どもを寝かしつけながら、また、職員の昼食時など、短くても話し合う時間を意識してつくっていくようにしました。

気になる文ちゃんの姿

話し合うなかで、気になる子どもとしてよく名前が出てきていたのが文ちゃん（10月生まれ、三男）でした。春の頃の姿は、入園時からずりばいができていたこともあり、ゆっくりあそび込むことや抱っこより、さまざまな場所へ移動する方が楽しいようでした。布あそびをしていても離れていき、触れ合いあそびをしても最後までじっとできないという姿でした。まずは保育者との関係をつくるために、他の子よりも意識して短い時間でも1対1でのかかわりをもつようにしました。意識してかかわることで保育者を求める姿も見え始め、そこから友だちと繋がれるようあそびや教材をつくっていきました。

子どもの大好きなおもちゃづくりから

教材については文ちゃんの姿からだけでなく、子どもの発達段階に合ったもので、保育者と子どもが一緒に楽しくあそべるものをつくるようにしてきました。最初につくったのは「牛乳パックサークル（牛乳パックに新聞紙を詰めたものをつなげ、布を貼り窓枠のようにしたもの）」です。はいはいがしっかりできている子どもが身体を使いながら楽しめて、常設できるものにしました。常設することで身体を動かすことが好きな文ちゃんもよくあそべるのではないかと思いました。すると思った通り段差を乗り越えてくぐったり、つかまり立ちや伝い歩きをしてあそんでいました。

牛乳パックサークル

ただ身体を使ってあそぶだけではなく、なかに入り枠から顔を出して、保育者と、あるいは子ども同士で「ばぁ」と目と目を合わせ笑い合うというあそびにも発展していき、何度も繰り返し楽しんでいました。文ちゃんも目的もなく動く（保育者には無目的に見えていた）のではなく、あそびながら共感し合うこともできました。

「牛乳パックサークル」以外にも「トンネル（牛乳パックに新聞紙を詰めたものを柱にし、アクリル板や段ボールでトンネル状にしたもの）」をつくりました。「トンネル」をつくったことで、太鼓のように叩く、何度も通り抜けるなどさまざまなあそびができるようになり、それぞれが自分の月齢や興味に合わせてあそぶことができました。保育者もその子どもの興味に合わせて声のかけ方をかえ、楽しさを共感するようにしました。運動会では、この「牛乳パックサークル」と「トンネル」をつなげた教材を使ってあそぶことを考えました。文ちゃんもこの教材が大好きで、朝登園したら「トンネル」でしばらくあそぶということが日課のようになっていました。

園で大切にしていることを伝え、保護者とともに考える

運動会に向けてのあそびのなかで少しずつ落ち着いてきた文ちゃんでしたが、運動会後は友だちを押し倒してしまう、髪の毛を引っ張る、食事のときは手の届く範囲の食器をひっくり返す、打ちつけるという姿がありました。動きが素早いので、保育者が側につき文ちゃんが行動を起こす前に止められるよう全員で気をつけて見るようにしました。

職員会議などで話し合うと、「文ちゃんは今のあそびが楽しくない、わからない、魅力を感じていないのではないか」という意見をもらいました。私（山路）自身その意見をもらったときは、今の姿は食事の時間に見られるもので、あそびの時間には関係ないととらえていたので、今一つ腑に落ちませんでした。

しかし、その意見についてクラス内で話し合うなかで、文ちゃんはやはり保育者との信頼関係が築けていないのではないかという意見が出ました。生活の場面で保育者がしんどいと感じてしまうことを変えるにはあそびが大切。そして、子どもがあそびに魅力を感じ、楽しいと思えるためには、そのあそびをしている保育者を好きでないといけない。春にも文ちゃんとの信頼関係について話していましたが、少し文ちゃんの姿が変わってきていたことで意識してかかわっていないことに気付きました。

そこでもう一度クラス全体で文ちゃんと信頼関係を築き深めるために、スキンシップを取ることにしました。朝登園してきたらギュッと抱きしめて挨拶をし、給食後や午睡後のちょっとした時間で触れ合いあそびを何度も繰り返し、1対1で保育者の膝に座りゆったりと絵本を読み、何気ないあそびのなかでも目と目を合わせるように話しかけ、共感し合えるように意識しました。

保育者との信頼関係のほかにも、友だちとのかかわり方について、家庭での文ちゃんへのかかわり方

が文ちゃんの姿に大きく影響していることが考えられました。文ちゃんや兄に対する母や祖父母のかかわり方に、荒いところが見られたからです。

ある日、同じ保育園に通う兄が、文ちゃんの首を後ろから羽交い絞めにして面白がることがありました。その出来事をきっかけに、文ちゃんの園での姿や、兄や母の文ちゃんへのかかわりが友だちに対する行動につながることを母に話しました。

また別の日、祖父母が迎えに来たときに、ジャンパーを着せようとする祖父母の頬を平手打ちする文ちゃん。それに対し、祖父母は「痛いやろ」とすぐにたたき返しました。そこで、祖父母にも、文ちゃんの園での姿と園ではどのように対応しているかを伝えました。母や祖父母には、①友だちのことを叩いたり押してしまうことがある、②友だちが気になってかかわりたいがかかわり方がわからない、③自分がされていることを友だちにしてしまうので文ちゃんが叩いたりしたら手を取って「なでなでするんだよ」などと言ってかかわり方を教えてあげてほしい、④すぐには変わらなくても繰り返し伝えてほしい、という4点を話しました。

子どもの姿や要求に合わせて ―発表会のあそび―

運動会が終わってからは、さまざまな身のこなしができるようになってきた子どもたち。そこで、自分たちで扱えるおもちゃを使いたいと考え、「コロコロ（ペットボトルを横に切り、底の部分を2個上下に組み合わせたものを芯にして、周りに同じものを6個くっつけたもの）」という教材をつくりました。あそんでいくなかで、歩いていない子も歩いている子も一緒に楽しめるように片手で持ってあそべる大きさのものや、上に乗ってあそべるように高さを低くしたものもつくりました。さまざまな大きさ

コロコロ

や形の「コロコロ」をつくったことで、あそび方も広がり、みんなが楽しめる教材となり、よくあそびました。

子ども一人ひとりが同じおもちゃであそべるように、「コロコロ」の他にも、みかん箱を使って「手づくり箱」をつくりました。この「手づくり箱」は保護者の方に家で布を貼ってきてもらい、一人ひとりのものにしています。高月齢グループは、この「手づくり箱」を使って生活発表会であそぼうと思っていました。しかし、それぞれ楽しんでいるのですが、なかに入ると出てこなくなったり子どもの力でひっくり返したりすることが難しい大きさだったので、生活発表会では少し改良した三角の箱（「お山イス」）であそぶことにしました。「お山イス」は「手づくり箱」に比べて小さいので、子どもでも扱いやすいものでした。

文ちゃんは「お山イス」にはじめは興味がないようでした。ほとんど「お山イス」に手を付けず違う所へ行こうとするので、保育者が一緒に押したり、友だちがしていることを伝えたりするなど繰り返しあそぶなかで、発表会の最終予行が行われる頃にはグループを引っ張ってあそびを楽しむようになっていました。はじめて見る教材のあそび方がわからず触ろうとしなかった文ちゃんでしたが、安心できる保育者や今まで一緒にあそんできた友だちが楽しそうにあそぶ姿を見ることで、気持ちがみんなとのあそびに向いたのだと思います。

文ちゃんと母の変化

発表会の取り組みをしながらも引き続き1対1でのかかわり、共感することを大切にしてきました。母と祖父母にかかわり方を伝えたことや保育者との信頼関係をつくってきたことで、友だちをたたくのではなく、なでるようになるなど友だちへのかかわり方が変わってきました。その他にも保育者の膝の上に座ることを求めてそこで落ち着いたり、抱っこを嫌がらなかったり、「ポットン落とし」で集中してあそぶ姿も出てきました。表情も優しくなり目がよく合うようになったと感じました。文ちゃんの変わってきた姿を母にも伝えると、「根気よく伝えていかないといけないですね」と母の変化も感じることができました。

お山イス

文ちゃんだけでなく他の子どもにも通じることですが、園でのかかわりはもちろんのこと、家でのかかわりも子どもに大きく影響します。子どものしんどい姿だけでなく、成長したときにどうかかわってきたかを含めて伝えることが大切だと感じました。

2歳児になった文ちゃん

その後、文ちゃんは2歳児になり、一年空いて、また私（山路）が担任になりました。1歳児クラスでも文ちゃんは丁寧にかかわってもらうことで落ち着いて過ごしていました。しかし、新しい環境やいつもと違う雰囲気が苦手な文ちゃん。2歳児になった今でも、文ちゃんの気持ちに寄り添いながら丁寧なかかわりを心がけています。

おわりに

子どもの発達や要求、そのときの姿、悩みに合わせて子どもへの思いを込めながらさまざまな教材をつくり、どの教材も常設したり子どもがすぐ取り出してあそべるようにしたりしてきました。子どもと保育者の関係をつくり、保育者が働きかけることであそびを楽しめることを大切にし、周りにいる子どもたちに共感関係を広げあそんできたことがよかったと思います。

※本稿は、山路啓太・関谷麻菜美・土岐あゆみ（２０１７）「みんなでつくる0歳児の保育」『季刊保育問題研究（２８３）』52-59頁の原稿に加筆・修正したものです。

提案2

両手で顔をかくせば子どもたちの世界

風の子保育園（京都保問研）　山本珠未・福田沙織

はじめに

風の子保育園は、京都市左京区にあり、産休明けから就学前までの90名定員の保育園です。京都大学に働き学ぶ人たちの手で共同保育所として開園以来、理事会、保護者と職員と一緒につくる保育園を目指しています。

どんぐりぐみは、1歳児11名のクラスです。4月は新入園児が2名、進級児が9名。年度途中に2名の退園があり9名の集団となっていきました。保育経験3年目と5年目の私たちは、1歳児クラスの担任をするのははじめてでしたが、「お互いの思ったこと、気づいたことはその都度話し合って、子どもたちの成長を一緒に感じ、喜び合って保育をつくっていきたい」と話し合い始まった1年でした。

春の姿 ―あっ！　ダンゴ虫みーつけた―

新年度は、環境の変化に戸惑い、場所見知りや人見知りで泣く子はもちろん、持ち上がりの保育者を求め泣きぐずるRの姿もありました。対応に悩みながらも、気持ちを受け止め、保育者や友だちと同じ場所にいることで、彼の気持ちがあそびの方へむくようにとかかわってきました。予想外にも新入園児の2人が園庭に興味を示し、何か見つけては指さしをしてその発見を伝えてくれていました。この姿がみんなに広がっていくといいなと思い、「葉っぱあったね」「アリ、ダンゴ虫いたね」とことばをそえ、返すことを大事にしていました。思い思いにあそびながらも、特に子どもたちが興味を示したのがダンゴ虫。はじめは、幼児の子どもたちが見せてくれたり、ダンゴ虫の歌をうたったりしながら、一緒に探していました。そのうちに、動くダンゴ虫を見つけて「あっ！」と嬉しそうに声をあげて、追いかけたり、指でつついたり、つまもうと夢中になっていきました。そうしたなかで、覚えたばかりのことば「ワンワン！」「ハッパ！」と言ってダンゴ虫を指さし、「ダンゴ虫を見つけたよ」ということを一生懸命伝えようとする微笑ましい姿がありました。まだことばが充分に使えなくても、覚えたことばや指さしや表情を通して、「いたねぇ」と共感してもらうことを喜んでいるようでした。そうしたなかで、Rも〝僕も、触ってみようかな…〟と保育者から少しの間離れてあそぶ姿が増えていきました。

まっすぐ、まっすぐ歩いたら

6月になり、落ち着いて過ごせるようになってきました。高月齢の友だちがしていることに対して、憧れの気持ちが出始め、真似をしてあそんだりしながら、少しずつ友だちの姿を意識し始めているようでした。「お散歩行くよ～」と声をかけると、保育者と一緒に「おいで～！　○○ちゃん」と友だちを誘って、友だちの帽子を間違うことなく取って「どうぞ」と渡しにいってくれたりするので、他の子どもたちの気持ちがお散歩へ向きやすくなりました。散歩先は近くの鴨川です。東岸につくと、目的地の舞台（通称）を目指します。そこまでの緩やかな草地のでこぼこ道や傾斜、砂利道は、変化にとんでいてこのクラスの子どもたちにとって歩き応えがありました。四つ這いになったり、転んだりしながらも、また起き上がっては、短い道のりをじっくりと時間をかけて歩きました。目的地がわかると、お散歩ワゴンから降りて目的地を目指して、自らの足で歩いていく。そんな歩く経験も大切だなと、子どもたちの姿を見て実感しました。

舞台につくと、看板の裏に隠れて「いない、いないばぁー」と顔をだすことがひとつのあそびとなっていました。保育者と一緒に隠れては、近くにやってきた友だちや保育者にむけて「ばぁー」と顔をだすことをおとなと一緒に、そしてだんだんと、友だちと同じことをしてあそぶ楽しさを感じだしたようでした。また、「ばぁー」と顔をだすと必ず返してくれる「○○ちゃんいたー」「みーつけた」のやりとりも大好きになっていきました。

「みーつけた」でつながる子どもたち

プールあそびを満喫して迎えた9月には、友だちとの関係も深まり、互いに名前を呼び合ったり、〝自分で！〟の気持ちや、できることが増え、子どもたち自身の成長も見られました。

ちょうどその時期、読んでいる絵本に、『ころちゃんはどこ』『かくれんぼももんちゃん』がありました。『ころちゃんはどこ』と同じように「○○ちゃん」と名前を呼ぶと、「いないよ」と両手で顔を隠して、しばらく間をおいて「ばぁー」と顔を見せてくれます。その後、みんなで「○○ちゃんいたー！」と笑い合っていました。また、名前がよばれると「いなーい！」と言って机の下に隠れだし、周りの子も自分の名前が呼ばれるのを期待しながら次々と机の下に隠れる。そんなノリの良さも可愛らしい姿でした。

『かくれんぼももんちゃん』の絵本は、「かくれんぼあそび」が大好きになっていく子どもたちにはぴったりなお話です。「もーいいかい」「まーだだよ」「みーつけた」のお決まりのやりとりが好きで繰り返し読んでいました。そうして、園庭でも隠れる側、見つける側になって、「かくれんぼあそび」がになってきました。

始まりました。保育者と一緒に繰り返しあそんでいくなかで、友だちとかかわり合う姿が見られるようになってきました。

ある日のエピソードです。お散歩ワゴン置き場を通りかかると、突然Sがワゴンの裏にするりと入っていきました。〝もしかして…隠れてる？〟と気づいて、「あれ？　Sがいないね。どこいった〜？」と福田保育者。そのことばを聞いてじーっと身を潜めるS。周りの子どもたちも一緒になって探し始めました。はじめにMが「あっ！」と言って発見すると、Yも「いたー」と抱きつきにいき、嬉しそうに笑う2人。違うところに探しにいっていた子どもたち3人と保育者も一緒に「みーつけた！」と喜びます。園庭奥に探しに行っていたAは「なーい！（いなかったよ）」と言いに戻って来てくれました。これまで、保育者主体で茂みやログハウスのなかに子どもと一緒に隠れるあそびが主でしたが、この日を境に子ども発信の「かくれんぼあそび」が始まるようになっていきました。

「かくれんぼあそび」で響き合う

秋冬にかけての散歩が一段と楽しくなり、鴨川の西岸で道草散歩をしながら、あそびを見つけていきます。木の実やどんぐり、落ち葉を夢中になって集めたり、セミの抜け殻や棒も拾っていました。棒を見つけては「ごぼう！　ごぼうあった！」「へびだぞ〜！」とRI。もちろん、みんなに広がっていきます。大きな土手（芝生の斜面）もお気に入りで、登っては「3、2、1　それ〜！」の掛け声で友だちと一緒にかけおりたり、お尻でずりずり滑ったり、息ぴったりで、楽しい笑い声が響き合っていました。春先と比べて、おとなと子どもの共感関係から、子ども同士で共感し合い、おもしろいことはどんどん共有されていく姿をとても嬉しく思いました。

どんぐり組のかくれんぼ

お決まりの「かくれんぼあそび」も、ますます楽しいものになっていきました。茂みを見つけては自分で隠れにいき、見つけてもらうことを期待し始めました。友だちと一緒に茂みのなかに入っているだけでも楽しくて、Rたちの笑い声が聞こえてきます。大好きなおとなを支えにしながらも、秋頃から友だちとのあそびに自ら入っていくようになりました。また、一緒に共感し合える友だちの存在はもちろん、散歩先の自然環境や道草散歩もRの気持ちを緩和させ、情緒も安定し、夢中になってあそぶことができたのだと思いました。

Yは、普段は友だちと一緒にというよりは、自分のペースでじっくりと道草散歩を満喫する方でしたが、珍しく自分からあそびをおもしろいものにしていく、いつもと違った一面が見られたのです。「かくれんぼあそび」が続くなかで突然、Yが両手で顔を隠して〝見つけて!〟と期待している様子。保育者の「あれ? Yくんがいないね」ということばを聞いて、見つけにいったはずの子どもたちが、〝なんか面白そうなことしている〟と2人…4人…7人とみんな同じ場所に集まって、真似して、両手で顔を隠して隠れているつもりになっていたのです。「みーつけた」と見つけにいくことよりも、友だちと同じことをして隠れることの方が楽しくなってきているようでした。

でもそこは、枝だけの木の後ろで、子どもたち全員の姿が丸見えなのですが、両手で顔を隠せば子どもたちの世界。〝誰にも見えていないはず…〟〝上手に隠れているでしょ！〟と言いたげな、可愛らしさいっぱいの姿がありました。可笑しさをこらえながら、担任2人で「あれ、みんないないね」「どこいったんやろうな」と言っている間も隠れているつもりの子どもたち。しばらくして、「みーつけたぁ！」に反応して、嬉しそうに手をはずして「ばぁー」と顔を見せてくれます。見つかったら終わりではなく、次の隠れ場所を見つけては、自然と身を寄せ合って、〝見つけて！〟と期待するのでした。ときには茂みから出てきたかと思ったら「おばけだぞ～」とおばけになって追いかけたり、逃げたり、隠れたりするあそびにも発展していきました。

みんなでたくさんあそんで心満たされた子どもたちが、友だちと手をつないで連なって、河川敷を帰っていく姿からも、「友だちと一緒って楽しいね」という思いが伝わってきました。

まとめ

繰り返し同じ場所であそぶことで、〝あー楽しかった〟〝また行きたいな〟〝ここではこんなあそびができる〟と期待をもちながら、日々の散歩を楽しむことができました。1年を通して「いないいないばあ」が形を変えて少しずつさまざまな「かくれんぼあそび」に発展していき、どの子も自ら友だちを求めてあそびに入っていく姿に大きな成長を感じました。また、子ども発信で、一人ひとりが主人公になれるあそびにもなりました。子どもたちとともに暮らすなかで、子どもと一緒にあそびをつくっていく楽しさを味わうことができ、散歩先等で新しい世界に出会ったときの子どもたちの発見や思いつきには、おもしろさがたくさん詰まっていて、たくさんの驚きもありました。

1歳児期の子どもの「かくれんぼあそび」は、幼児のそれとは少し違って、かくれたつもりになり、見つけてもらう楽しさや、探して見つけたときの楽しさを積み重ねていくことが、友だちと一緒が楽しいと感じる気持ちやあそびの豊かさを育んでいくということを学ぶことができました。

※本稿は、山本珠未・福田沙織（2017）「両手で顔をかくせば子どもたちの世界」『季刊保育問題研究（284）』、70－73頁の原稿に加筆・修正したものです。

提案3

一緒がうれしい！ 一緒がたのしい！

新田保育園（愛媛保問研） 松本望穂

園の概要

新田保育園は、新居浜市のなかでも四国山脈の麓に位置し、周りは公園やグラウンド、山、川など自然に恵まれたところにあります。定員90名（在籍104名）で、延長保育（12時間開所）、統合保育を実施しており、統合保育には古い歴史があります。

新年度の子どもの姿

2歳児うさぎ組は進級児12名、新入園児5名の計17名（男児9名・女児8名）を、3名の保育者（先輩保育者、1年目の保育者、持ち上がりの私）で保育をしています。4月当初、うさぎ組に進級した子どもたちは、環境が変わった気持ちの高ぶりで部屋のなかを走り回ったり、部屋から出て行ってしまったりと、椅子に座ることもできないような状況でした。戸外に出ても、スコップをもって振り回したり、玩具の取り合いをしたりといったトラブルが同時にいくつも起こるので、その話を聞くのが精一杯といった状態でした。そこで、青空のもと、自然のなかで気持ちよく過ごせるようにとクラスの保育者と相談をして、散歩に出かけることにしました。

公園で出会った木のおばけ

進級してはじめての散歩にワクワクする子どもたち。公園内の道を歩いているとどこからか「だれだ〜」という声が！　子どもたちはびっくりです。「きゃーなんかこっちから声がしたよ‼」それは保育者が仕掛けたものだったのです。「え？　なに？　どしたん？」子どもたちが集まってきます。「こっちよ！　こっちのほうで声がしたの！」私に合図をしたのを見て、今度は私が声を低くして「だれだ〜」と言うと、「きゃー」大騒ぎの子どもたち。

保「ねえ、今なんか聞こえたよね？」

子「だれだ〜っていいよったよ！」「○○もきいた！」「せんせーあれじゃ！　あのきがいったんじゃ」「もっかいいうかも！」

静かになる子どもたち。

「どこにいくんだ〜」

子「きゃー‼」

子どもたちに「ねえねえ、どこに行くんだったかね？」と聞くと「あすれちっくひろば！」

保「それならそう言ってみる？」

子「あすれちっくひろばです！」

「そうかーきをつけていけよ〜」

子「はーい」「ばいばーい」

その日はたくさんの木と話し、木の節を指さしては「きの

木の目
「公園で出会った木のおばけ」

めじゃ！　めめがついとる！」と盛り上がりました。

大興奮で満足して園に帰った子どもたちは、おなかがペコペコで、給食をたっぷり食べるとぐっすりと昼寝をしました。

「きゃーっ」と夢中になって逃げる子どもたちの顔が輝いていたこと、怖がる女の子の手を、いつも部屋を走り回っていた男の子がつないであげていたことが思い出され、とても嬉しくなりました。

翌日からは毎日のように「せんせーさんぽいこーよー」と誘う子どもたちと散歩に出かけては、木のおばけごっこでたくさんあそびました。

公園に現れた小人

5月になり公園内を探検して歩いていると、子どもたちがごっこあそびで盛り上がるなか、「あそこになんかおった」「おばけかもしれん」と聞くと怖がる子どもたちもいました。友だちと手をつないで勇気を出す姿、それを応援する子どもたちもとてもステキだったのですが、次はみんなが笑顔になるものが見つからないかなぁと保育者間で話していました。

その頃、木のおばけは先生がしているのでは？　と子どもたちに言われていたこともあり、公園内でテニスをしていたおばさんたちにおばけの声をしてもらったりもしていました。その日もおばさんたちとのやり取りを楽しんでいると、たまたま通りがかったおじさんに「おじさんはここで小人を見た」と言われたのです。急なこと

小人の落とし物が見つかる岩
後ろはテニスのおばさんたちがいるテニスコート

に、私たちもびっくりしたのですが、「え？　どこで見たん⁉」と子どもたちは盛り上がっています。「こびと」というものは2歳児には少し難しいのではとも思ったのですが、子どもたちがとても興味をもっていたので、新しい公園の「なにか」はかわいい小人になったのです。

園に帰るとさっそく小人の出てくる絵本を読みました（『こびとのくつや』）。

5月末になり保育参加が始まると、保護者も一緒に散歩に行き木の声をしてもらったり、私たちが準備をしておいた小人の落とし物（服）を一緒に発見したりもしました。大好きなお父さん、お母さんと一緒にあそぶことでさらにごっこあそびが盛り上がります。小さい服や靴下が見つかると楽しくて、〝次に行ったらまた何かが見つかるんじゃないか〟〝小人さんは落とし物さがしてないかなぁ？〟〝いつも落とし物が見つかる岩の近くの木が何かを知っているんじゃないか〟と子どもたちのイメージはどんどん広がります。

保「それなら聞いてみる？」

子「こびとさんみましたか？」「見たぞ～」

子「こびとさんはどこにいきましたか？」「あっちにいったぞ～」

木のおばけに言われて行った先には木の名前が書いてある立て札が。

子「これなんてかいとん？」

保「こびとさんおりましたってかいとんよ！」「こびとさんのいえこっちですってよ！」

「こびとはあっちにいったよ」

「それじゃあ、行ってみる⁉」

毎日散歩に行くなかで、子どもたちの歩く距離はどんどん長くなり、体力もついてきました。

うさぎ組海賊団

夏、『コロンかいぞくだん』という絵本が大人気でした。この本は、1ページ目でいきなり海賊船が沈み、島に流れ着くところから始まります。海賊団が島を探検してお宝を探すという話です。プールで宝拾いをしてあそぼうとすると、

子「ころんせんちょうやん」「ころんせんちょうのたからやん！」と大盛り上がりに。これはおもしろいと絵本のまねをして、

保「こぶんたち、宝を集めて船長のところに持ってくるんだぞ！」と言うと、

子「へい！　せんちょう！」

とごっこあそびが始まりました。その日から私は船長と呼ばれ、「海賊団ごっこ」に。園内を探検していると、「わにだ！　みんなきをつけろ！」の声が。見るとIくんが廊下にある模様を指差しています。この声にのり、わざと模様を踏んで、

保「うわーしまったー！　わにに食べられたー！」と叫ぶと、

子「たいへんだ！　みほせんちょうをたすけろ！」とみんなが力を合わせて引っ張り助けてくれました。

子「だいじょうぶか？」

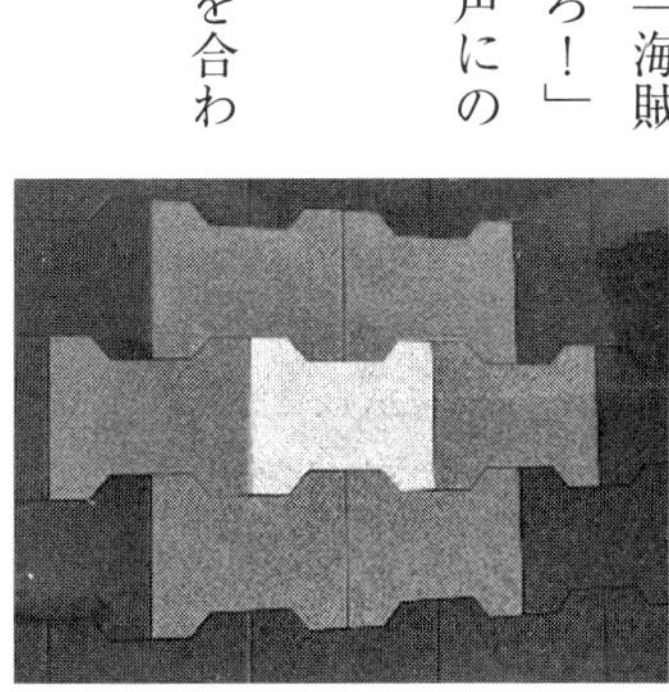

廊下の模様…
ちがう！　これはわにだ！

保「ありがとう！　でも足を噛みつかれてしまったよー」
子「おれがせんちょうをまもってやるからな！」
みんなすっかり「海賊団ごっこ」の世界に引き込まれていました。それからも秋になり散歩に出かけるようになると、高い石段を登ったり、石橋を渡ったり海賊団になりきりました。旗をつくったり、海賊船をつくったりと「うさぎぐみ海賊団」としてたっぷりとあそびこんだのです。

この「海賊団ごっこ」に一番興味を持ったのは、Ｉくんでした。Ｉくんは賑やかなクラスのなかでも特に気になる子でした。自分だけの世界に入り込んでいる様子で、自分の思いだけで友だちにかかわった結果、友だちを押したり、手を引っ張ったり、集団であそぶときには配慮のいる子です。そのＩくんが「海賊団ごっこ」の世界ではみんなと一緒にあそんでいます。「わにがでたぞー」と走り回ったり、「あそこにおたからがある」と声をひそめて慎重に歩いたりする姿はとてもいきいきしています。海賊団の製作にも積極的に取り組み、そんなＩくんの姿をクラスのみんなの前で認めていきました。Ｉくんは少しずつですが生活面でもいやいやが減り、みんなとトイレに行ったり、給食の準備をしたりとクラス活動にも意欲的になっていきました。みんなとイメージを共有しながらあそぶことが〝友だちと一緒がうれしい〟そんな思いを育てていくんだなあと、またそうした楽しいあそびが生活面にも影響を与えるのだと実感したときでした。

おおかみとこやぎ

ある日『おおかみと7ひきのこやぎ』の絵本を読んだ後、いつものように散歩に出かけました。私の今日の役割は最後尾。子どもたちの後ろを歩いていると、前を歩く子が嬉しそうに木に隠れて小さい声で「おおかみがくるよ」と話しています。なるほどよーし、今度は「おおかみごっこ」が始まったな！

保「くんくん、うまそうなこやぎのにおいがするなー。ん？　きっとここだな！　トントントンお母さんだよ、開けておくれ」

子「ちがうよ！　おかあさんじゃないよ！」「おまえはきっとおおかみだろう！」と楽しそうな子どもたち。

保「本当だってお母さんだよ。あけておくれよー」

子「はーい、がちゃがちゃ」

保「食べちゃうぞー！」

子「きゃー」と「おおかみとこやぎの追いかけっこ」が始まりました。

食べられて泣いてしまう子もいたり、おおかみに戦いを挑む子もいたりしました。

またある日、うさぎ組の扉の前には数人の子どもたちが「おおかみがくるよ…」と期待して待っています。期待に応えておおかみになるときもあれば、
保「トントントン」

子「だれですか」

保「新聞の集金でーす」

子「えー」「なんでよー」と大笑いすることも。

子どもたちの楽しそうな姿を見て「おおかみと7ひきのこやぎ」を発表会であそぶことにしました。

子どもたちの想像力はとても豊かです。おおかみになりきっている子は黒い服の袖の中に手を隠して、黒い手のつもりをしています。また、「おかあさんのこえはそんながらがらじゃないよ！」と言われる

と、うがいをして声をきれいにしています。子どもたちの柔軟な発想を引き出していきながら、うさぎ組だけの「おおかみとこやぎ」をあそんでいきました。

発表会後もあそびは続きました。うさぎ組の前にある乳児園庭で、二人の女の子が倉庫の戸をトントンとたたいています。この二人は4月に木のおばけが怖いと言っていた低月齢の女の子たちです。「なんか声がしたよ…」「おおかみがおるかも」怖がるそぶりもちょっと楽しそうです。「よんでこよーや！」と走り出した二人が呼びに行ったのは、保育者ではなく他の子どもたちでした。たくさんの子どもたちが倉庫の前に集まり、「おーい、おるんですかー」「おおかみさーん」と呼びかけています。すると一人の男の子が「あけておくれ。おかあさんだよ」とおおかみに変身！

おおかみとやぎのやり取りを楽しんだ後は追いかけっこになりました。

春に散歩に出かけていたときにはまだ高月齢児の後をついて行っていた低月齢児。発表会の頃には、自分から積極的にあそびに入ったり、自分があそびを広げてリードしたりするような姿がよくありました。子ども同士であそぶことも多くなり、うさぎ組の子どもたちがつながっていっていると感じました。

おわりに

一年間を振り返って、子どもたちとたくさんあそびながら、子どもの思いに気づき、共感してみんなに伝える、そんな保育者の働きかけがあそびをより深めていけたと思いました。まだまだトラブルも多い2歳児ですが、保育者や友だちと一緒に同じイメージのごっこの世界で楽しみ、自分の思いを出したり、少しだけ友だちの思いにも気づいたりしながら、〝友だちと一緒がうれしい！〟〝友だちと一緒がたのしい！〟そんな子どもたちの笑顔を大切にこれからもたくさんあそんでいきたいと思います。

※本稿は、松本望穂（2017）「一緒がうれしい！　一緒がたのしい！」『季刊保育問題研究（284）』50–53頁の原稿に加筆・修正したものです。

提案を読んで

三つの実践から学ぶ
―乳児があそびの主体となるために―

松田千都

保育所の保育において、あそびは子どもたちの毎日に「楽しさ」をもたらす大切な活動です。楽しいあそびのなかで〝もっとやってみたい〟とねがう心のはたらきは、子どもの発達を推し進める力となり、子どもが主体となって生き生きと生活を築くことにつながっていきます。保育所保育指針で「保育の目標」として謳われている「子どもが現在を最もよく生き、望ましい未来をつくり出す力の基礎を培う」こととも重なる考え方といえるでしょう。また、「子どもが自発的・意欲的にかかわれるような環境を構成し、子どもの主体的な活動や子ども相互のかかわりを大切にすること。特に、乳幼児期にふさわしい体験が得られるように、生活やあそびを通して総合的に保育すること」という「保育の方法」に関する記載を見ても、あそびが保育内容における重要な柱として位置づけられていることがわかります。

確かに、あそびには子どもの発達を促すさまざまな要素が含まれているため、あそびを通して「乳幼児期にふさわしい体験が得られるように」保育をつくることは重要と考えられます。けれども、ここで大切にしたいのは、その「乳幼児期にふさわしい体験」は、今、目の前にいる子どもたちの姿から出発するものでありたいという視点です。

乳児保育分科会では、「どんなに幼くても発達の主人公は子どもであり、保育者の援助・指導の下で、子どもが主体的に行動できる生活や活動を保障することによって、子どもは豊かな発達を遂げていく」というとらえ方を重視してきました。あそびにおいては、子どもの思いに寄り添うことを基本に、子どもの心を揺り動かす楽しいあそびを検討して、発達の特性を踏まえて子どもの主体性を大切にする保育者のかかわりや、子どもが自ら働きかけたくなる保育環境づくりについて考え合ってきています。また、「友だちと一緒が楽しい」と思える経験を積み重ねることが、個を大事にすると同時に集団づくりへの取り組みにつながるものととらえています（中川：2017、乳児保育分科会運営委員、2018）。

あそびのなかで「今」を十分に楽しむことによって、子どもの発達は「未来」に向かって動き、まわりの世界とのつながりも豊かになっていくものと考えます。本節で紹介された三つの実践には、あそびのなかで子どもたちが主体となり、「今」をたっぷり楽しんで育ちゆく姿と、それを支えるためにたくさん考え合う保育者の姿が表れています。ここでは三つの実践の内容に触れながら、各年齢の楽しいあそびをつくるために大切なことは何かを検討したいと思います。

(1) 山路・関谷・土岐実践から学ぶ

おおぞら保育園・おおぞら夜間保育園の実践は、子どもたちがあそびのなかで身体のさまざまな動きを楽しめるように、そして、子ども自身が「やってみたい」「動きたい」と思えるようにと取り組まれた0歳児クラスの保育の記録です。「あそびで子どもたちを変えたい」ということばがあるように、3人の保育者が「楽しいあそびには子どもを変える力がある」と信じて保育をしてきたことがうかがえます。

1年間を通して見ると、0歳児クラスには産休明けからほぼ2歳までの子どもが在籍し、常に発達差や成育歴による個人差を考慮した保育内容を考えていく必要があります。一人ひとりに著しい発達的変化が見られる上、年度途中で新入園児を迎えることも少なくありません。他のクラスに比べると保育室で過ごす時間が長いという特性もあるため、保育室の環境構成がそのときそのときの子どもの発達や興味・関心に合っているかどうかが、子どものまわりの世界への働きかけの量や質を大きく左右します。

この実践の特徴の一つは、このような0歳児クラスの状況を背景とし、「子どもの発達段階に合ったもので、保育者と子どもが一緒に楽しくあそべるものを」とさまざまなおもちゃが手づくりされ、子どもたちの姿に合わせてそれが改良されていった点にありました。高山（2021）では、子どもの発達課題に合った環境を構成しようとする場合、適切な素材や道具を選択するには、①個々の子どもの行動をよく観察して把握すること、②発達の道筋を理解していること、③素材の種類と性質を理解していることの3点が必要であるとされています。このようなおもちゃを手づくりするためにどれほどの時間や手間を要するかは想像に難くありません。けれども、ここでおもちゃづくりに注がれた労力は、おとなたちの間で子ども理解を深め、共通認識のもとで保育を進めるためにも大切なものでした。保育のねらいを定め、おもちゃをつくり・つくり変えていくプロセスがあったことによって、子どもたちみんながあそびを楽しめるようになったのだと思います。

また、この実践では、子どもがおもちゃに対して自らどのようにかかわっていくか、また、それを使うことを通して子どもと保育者のつながり、子ども同士のつながりがどのように豊かになっていくかということにも注目し、保育者のかかわり方が検討されていった点にも特徴がありました。たとえば「コロコロ」や「お山イス」は、子どもが自分で扱いやすいように工夫された結果繰り返し使われるようになり、あそび方が広がってみんなが楽しめるものになっていきました。

子どもが落ち着いてあそび込むようになるためには、保育者との信頼関係も欠かせません。特に文ちゃんに対しては、信頼関係を深めるためのかかわりが続けられていました。文ちゃんは、保育者との関係の深まりに支えられるだけでなく、友だちの楽しそうな姿を見ることで心が動き、同じおもちゃであそぶようになっていきました。保育者間の話し合いや家族との話し合いなど、あそびの場面にとどまらない手立てが講じられていたことも注目したい点です。

おおぞら保育園・おおぞら夜間保育園の実践は、おとなが思いを一致させて、子どもたちが楽しめるものを保育者自身がつくり出し、子どもが自ら働きかけやすく応答性の高い環境を構成していった事例としてとらえることができるでしょう。

(2) 山本・福田実践から学ぶ

1歳児期には、友だちのしていることへの関心や友だちにかかわりたい気持ちが高まり、友だちの動作やことばを「まねっこ」することが楽しくなります。目の前にない物事をイメージする力が生まれ、行動を起こす前に〝〜しよう・〜したい〟という意図(つもり)をもつようになるので、〝こんなふうにあそびたい〟という思いが行動やことばに表れることも多くなります。

風の子保育園の実践では、1歳児クラスの子どもたちが、友だちのしているあそびに自分の「つもり」を寄せていき、〝一緒にしてみたらこんなに楽しかった〟という経験を積み重ねていく様子が描かれています。子どもたちが「いないいないばああそび」「かくれんぼあそび」を通してつながり合い、さまざまな形であそびが発展していった結果、「どの子も自ら友だちを求めてあそびに入っていく姿」が見られ、「子ども発信で、一人ひとりが主人公になれるあそび」になっていったと記されています。

ここでは、このように子どもたちがあそびの主体となり、〝友だちと一緒が楽しい〟と感じられるあそびの展開過程を支えたものについて考えてみます。

一つ目は、「かくれんぼあそび」をテーマにした絵本が繰り返しみんなで楽しまれていたことです。「誰か（何か）がどこかに隠れている・それを誰かが見つけにいく」というわかりやすい動きの要素や、「もーいいかい」「もーいいよ」「みーつけた」といった特有のフレーズが何回も出てくる絵本です。「絵本の世界を身体で楽しむ」（長瀬：２０１４、88頁）といわれる１歳児が真似をしたくなる、楽しく印象的な内容です。絵本という文化を共有する活動が、１歳児のあそびに生かしやすいかたちで保育に取り入れられていたといえるでしょう。

二つ目は、絵本の世界と現実の世界をつなぎ始めた子どもの行動を保育者が意味づけ、あそびのなかで子どもたちをつなぐ働きかけをしていたことです。ときには保育者が子どもに誘いかけ、ときには子どもの発信に保育者が応えるようにして、絵本でおなじみの「隠れる・見つけにいく」という要素があそびに積極的に取り入れられていきました。

三つ目は、「いつも」の期待と安心感が、日々の保育を通してクラスのなかに醸成されていったことです。絵本の要素と人とのつながりに関しては、保育者が一緒にあそんでいくなかで、「隠れたら見つけてもらえる」「見つけてもらえたら笑い合って楽しくなれる」という経験を重ねたことによる安心感があげられます。「見つかってしまう」ことがマイナスイメージを伴いがちな一般的なかくれんぼとは違い、「見つけてもらえる」ことを期待して楽しむことは、１歳児クラス特有のおもしろさでしょう。

また、あそびの環境に関しては、春から続けられてきた鴨川への散歩のなかで、穏やかな自然や季節の変化に触れ、「ここは知ってるところ・ここは楽しいところ・こんなあそびができるところ」といった期待と安心感を持ちつつ、新鮮な変化を味わってきたことがあげられます。子どもたちが次々に同じ場所に集まり、同じように顔を隠して隠れているつもりになるという何ともかわいらしい姿がありました。よく知っているあそびのなかで、友だちの「つもり」と自分の「つもり」が重なることを楽しむ姿は、保育者やまわりの環境に安心して包まれていたからこそ現れたものだと思います。

1歳児クラスの子どもたちは、生活のなかで経験したことを別の場面で再現することを楽しみ始めます。その展開を支えるためのヒント、それを友だちと一緒に楽しめるようにするためのヒントをこの実践から学ぶことができます。

(3) 松本実践から学ぶ

2歳児クラスでは、動作や出来事のつながりがわかり始めた子どもたちが、ことばを使って想像の世界を広げ、イメージを共有してごっこあそびを楽しみ始めます。みんなで読んだ絵本、一緒に体験したクッキングなどの細部の内容や流れが再現されてごっこあそびになる場合もあれば、生活のなかで思いがけず出会った出来事から想像がふくらみごっこあそびが広がっていく場合もあります。一つのあそびでみんながぐっと盛り上がることがある一方、目の前の状況によってイメージがうつろい、子どもの「つもり」が自ずと変動してしまうこともある時期です。

新田保育園の実践では、そうした特徴から「何でもありを楽しめる2歳児」(小川・瀬野：2019、128頁)ともいわれる2歳児クラスで、「木のおばけ」「小人」「海賊団」「おおかみと7ひきのこやぎ」などのイメージを共有したごっこあそびが広がっていき、子どもたちがその楽しさのなかで生き生きとつながり合う様子が紹介されています。保育者自身も楽しさの渦のなかにいたことがうかがえるこの実践の展開過程は、どんなことに支えられていたのでしょうか。

一つ目には、戸外環境の活用があげられます。公園での散歩中に出会った木々は、保育者による仕掛けや子どもたちの想像から「木のおばけ」になりました。突然知らない声が聞こえたとき、「あのきがいったんじゃ」と信じることができる子どもたちには、木の節がおばけの目に見えてきます。木の名前が書いてある立て札からは、小人の情報を読み取ります。自然物や人工物との出会いによってどんどんイメージが広がる子どもたちです。地域の人たちとの出会いでは、あそびを楽しくする協力や情報も得られていました。

近年、東京大学大学院教育学研究科附属発達保育実践政策学センター（Cedep）を中心に、戸外環境に関する実証的研究が進められています（秋田他：2019など）。「環境を通して行う保育」に価値を置く日本の保育において、園庭や地域等の戸外環境で、子どもがどのような事物と出会い、いかなる経験を積み重ねているのかという経験の質は、保育の質に直結すると考えられています。園庭がない園、狭い園も数多くありますが、近隣の公園などを活用して「子どもたちが安心して繰り返しあそびかかわれる場があること」の大切さが指摘されています。そして、こうした地域のなかの場は、園の塀や囲いという境を超えて、地域に子どもが出て地域の人とつながる場という意味で、「拡張された園庭」と名づけられています。

風の子保育園の実践で活用された川、この実践で活用された公園などは、それにあたるものでしょう。拡張された園庭では地域の人との触れ合いが生まれ、園と子どもたちの存在が地域に根差すことにもつながります。新田保育園の実践では、そこでの活動に保護者も加わり、ますます盛り上がる展開となりました。拡張された園庭は、「ちょっと知っているけど、ちょっと知らない場所」でもあり、あそびを支えるほどよく新鮮な環境だと考えられます。

二つ目に、みんなで読んだ絵本のもつ力があげられます。２歳児は、登場人物に自分を重ね合わせ、共感したりドキドキしたりしながら絵本を楽しむようになります。長瀬（２０１４）では、経験したことのないことを想像する力が育ち始めたばかりだからこそ、絵とことばの力を手がかりに想像やイメージをふくらませることのできる絵本が重要だと述べられています。この実践でもそのような絵本が選ばれていたことによって、印象的なおはなしの流れやセリフが子どもたちの心に残り、あそびの展開に生かされています。突発的な出来事でも〝するっ〟とあそびに組み込まれ、おもしろさのスパイスとして効果を発揮していく様子からも、〝大筋こうなってこうなるんだよね〟と共有されている基盤があることの意義がうかがえます。

三つ目に、保育者自身のあそびを楽しむ姿勢と、２歳児の心性にフィットしたかかわり方をあげたいと思います。子どもたちに通底するイメージがあるなか、ふとしたタイミングで子どもから発せられることばがありました。それを保育者が敏感にとらえてあそびの一員として反応することで、まわりの子どもたちも自然と巻き込まれていくようなかかわり方が随所に見られました。この点について実践記録では、「子どもたちとたくさんあそびながら、子どもの思いに気づき、共感してみんなに伝える、そんな保育者の働きかけがあそびをより深めていけたのではないか」とまとめられています。自分の思いつきや発信が保育者に丁寧に受け止められ、うれしさや楽しさにつながることを経験した子どもたちは、あそびや生活のなかで、友だちに対しても積極的に発信していくようになります。単に「子どものあそびに対するノリがいい」というだけではなく、２歳児の特性を理解したうえで、目の前の子どもたちの興味・関心の向く方向にアンテナを伸ばし、自然な流れのなかで子どもたちをつないでいくことが大切なのだと思います。

新田保育園の実践では、２歳児があそびを通してまわりの環境からどのような意味を受けとり、また、どのような意味を付与していくのかを知ることができます。それを保育の環境構成に生かすとともに、その道ゆきに同行する保育者の楽しいあり方についても考える機会にしていければと思います。

【引用文献】

・秋田喜代美・石田佳織・辻谷真知子・宮田まり子・宮本雄太（２０１９）「園庭を豊かな育ちの場に　質向上のためのヒントと事例」ひかりのくに

・小川絢子・瀬野由衣（２０１９）「２歳児」心理科学研究会編『新・育ち合う乳幼児心理学――保育実践とともに未来へ』有斐閣、１２３‐１４４頁

・高山静子（２０２１）『改訂　環境構成の理論と実践～保育の専門性に基づいて』郁洋舎

・中川伸子（２０１７）「乳児保育の実践からみえる到達点と課題」『季刊保育問題研究（２８３）』８‐22頁

・長瀬美子（２０１４）『乳児期の発達と生活・あそび』ちいさいなかま社

・乳児保育分科会運営委員（２０１８）「一人ひとりが『生活の主体』として育つ乳児保育　より豊かな乳児保育について考え合う」第35回全国保問研夏季セミナー報告・基調提案『季刊保育問題研究（２９４）』１１９‐１４２頁

4 小規模保育所での乳児保育

提案1 子どもの心の揺れにむきあって
―葛藤し続け成長する保育者―

小規模保育所なのはな（愛知保問研）　西出悦子

はじめに

小規模保育所なのはなは、名古屋市の東部に位置する天白区にあり、隣接して本園である野並保育園があります。なのはなは1歳児の新入園児5名と2歳児の在園児5名の、合わせて10名で新年度がスタートしました。4月当初、2歳11か月からハイハイしている1歳1か月までと月齢差がありました。保育者は担任2名と、4月から6月までは5時間パート保育者の、合わせて3名で保育していました。

今年度は、子どもたちが個性豊かに自分の気持ちを安心して出せるようにしたいと思い、ゆるやかな担当制にしました。2歳児2名と1歳児3名を私が、2歳児3名と1歳児2名をF保育者が担当することにしました。担当制といっても1歳児の保護者からの受け入れと食事や睡眠の生活面の援助を担当し、その他のあそ

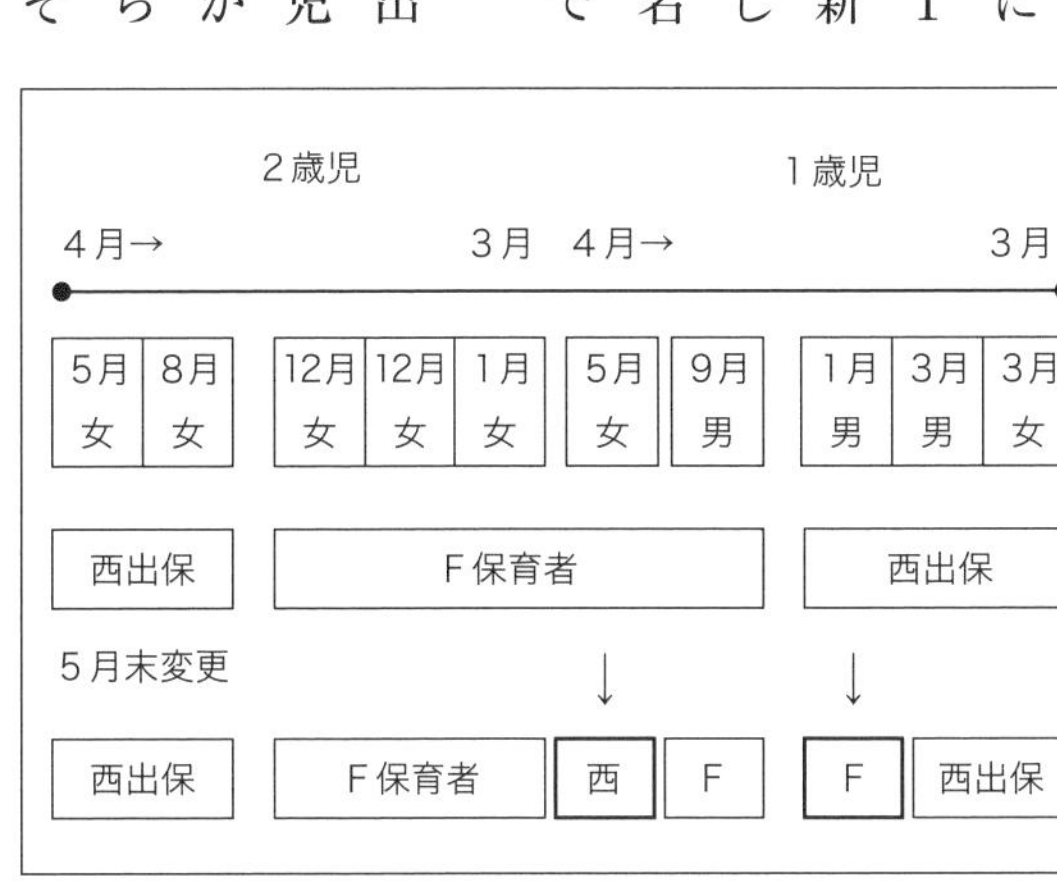

びや活動はその場に応じて保育することにしました。

在園児の2歳児

4月当初、2歳児はお姉ちゃんのように世話をしたいと張り切る子どももいましたが、環境が変わったことで子どもたちは落ち着きませんでした。2歳児が、新しい1歳児と私を受け入れられるのは5月の連休明けになると思い、一緒に楽しくあそぶことを大切にしました。しかし、1歳児の保育時間が長くなるにつれて、保育者が1歳児の世話のために2歳児と一緒にあそぶことが減ったり、1歳児にあそびを邪魔されたりして、2歳児はなかなか落ち着きませんでした。そして2歳児は登園すると保育者とのかかわりを求めて絵本を持ってきて「読んで」と言うようになりました。また、1歳児が泣いて抱っこされたりベビーカーに乗っていたりする姿を見て、2歳児は甘えたり泣いたり、かみつきが起こったりと新しい環境を受け入れるまで心を揺らしていたようでした。

そこで、昨年度から好きだったままごとあそびを充実させました。コップやスプーン、皿を増やしてもらい、次はかばんをつくり増やしていくうちに友だちと「一緒」を楽しむようになり、ままごとあそびは盛り上がり、子どもたちは落ち着いてきました。

新入園児の1歳児

新入園児の1歳児は、入園式を前後して慣らし保育を始めました。登降園時は担当保育者が保護者対応をするようにしました。給食はアレルギー児もいるのでいつも同じ子どもを担当し、食べ方や食べる量、好き嫌い等を把握し、その変化を共有するようにしてきました。6月頃までハイハイしている子どもや、食事をしながら眠くなる子どもなどがいて、生活リズムの違いで給食の始まりから午睡までは毎日時間に追われていました。子どもの様子や子どもと保育者の相性も考慮し、5月末に担当の見直しをしました。1歳児の給食や睡眠は担当制を継続していましたが、9月からは2歳児の給食の席は自由にしました。

かみつきはだれもが心痛い

2歳児のR②（以下、①は1歳児、②は2歳児を示す）のかみつきは昨年度から続いています。今年度は小さい子が加わってあそびの邪魔をされていると感じるようです。R②は語彙数が少なく自分の気持ちを上手に表すことができませんでした。R②は今年入園してきたA①とM①を噛むようになりました。R②には噛んだことはいけないことを伝え、R②にとって一番言いやすい「R②の（私の）」というように何度も話しました。また、噛んだ子どもに「ごめんね」をしてから、噛んだときの気持ちを保育者がことばにしていきました。ヒヤリハットの事例記録から、R②は朝のあそびの時間にかみつきが多いことがわかり、朝はじっくりと付き合うことにしました。6月頃、R②は自分の気持ちを保育者に表現したり、「R②の（私の）」と言ったりするようになり、かみつきが減ってきました。それでも噛んでしまったときは、自分で「はっ」と気づいて、口をそこから離すことをするようになりました。また、噛んでしまったときに叱られると思っておもちゃを投げ、泣き出し、自分でもどうしようもなくなっている表情が見られました。そのときはあまりことばをかけず、〝かみつきはいけないとわかっているんだよね〟と一緒に悲しい気持ちになる私でした。そして、R②はかみつきを止めた私を気にする素振りがあったので、私はその悲しい気持ちを視線に込めたり、ぎゅっと抱きしめたりすることもしました。今はA①と気が合い、よくあそんでいます。R②のおしゃべりははっきりしないところはありますが、ことばで伝えようとするようになっています。R②は機嫌が悪いときは、保育者に抱っこされてうれしそうなのに叩こうとすることがあります。私は〝もっと素直になったらいいのに〟や〝何がしてほしいの〟などいろいろな気持ちで、R②のことを思い葛藤していました。

今度は、R②に噛まれていたA①も自分より小さいM①やK①を噛むようになりました。A①の背景や気持ちを考え、思いを代弁したり、A①がわかるように友だちの行動をことばにしたりしていきました。7月

に入ると水あそびが始まりかみつきは収まりました。水あそびが終わると、M①が友だちのあそびに興味をもちかかわろうとするようになりました。M①が友だちの持っているおもちゃをさわろうとすると「だめ」と阻止されるため、M①は友だちの頬をつまむようになりました。つままれた子どもは、「いたい」とは言うもののM①の手を払いのけずにじっとしています。子どもたちはM①が年下であるからか我慢しているようでした。ヒヤリハットの事例記録から、登園してきたとき、給食後、午後のおやつ後が多く、友だちとかかわりたいM①の行動をことばにして周りにもわかるようにしました。そうすることで1か月もしない間に頬をつまむことがなくなりました。

子どもたちのかみつきが起こると私たち保育者も心が痛いです。一人ひとりの行動の背景や気持ちを担任間で話し合い、対応してきました。

子どもの気持ちもわかるけど

プールあそびはどの子どもも楽しんでいました。私は子どもたちと水あそびを楽しみました。2歳児は水鉄砲に「みずいれて」と頼んでいる隙に保育者の後ろに回って水をかけたりしてきました。1歳児もその様子を見て笑ったり真似したりして「一緒」に楽しみました。

プールあそびが始まった頃、H①はプールあそびをおしまいにしようとすると、もっとあそびたいと大騒ぎしてプールから出ようとしませんでした。「明日も入れるから」とことばで伝えるのですが、H①は〝今あそんでいたい〟ようで保育者のことばが伝わっていないことはわかっていました。他の友だちはまたあそべることがわかったので、心残りでも終えていました。プールの水を抜いてH①の体をふきながら「明日もあそぼうね」というやり取りが1週間くらい続きました。その間、H①は心を揺らしていたと思います。H①のあそびたい気持ちはわかりますが、話すことで伝わるのか、とりあえずおしまいと伝えるべきかなどいろいろ考えました。2週目からは毎日楽しめることがわかってきたようで、2〜3人の友だちとたらいの水を捨てる手伝いをする「特別感」で「おしまい」と気持ちを切り替えることができるようになりました。

保育者も葛藤し成長する

子どもは自分の気持ちが伝わらないときに心を揺らしています。一度に数人の話や気持ちに応えることができず、「待ってて」や「今はできないから後で」と余裕のない返事をすることもありました。最近、2歳児は自分の思いを伝えると後からでも保育者が応えてくれることがわかってきたようです。まだ、友だちとのやり取りでぶつかるときはありますが、自分の気持ちを保育者や友だちに素直に表して

すっきりしています。1歳児もイヤイヤ期で心を揺らしています。〝まだあそびたい〟とさわいだり、何でもイヤイヤをして本人も何がなんだかわからなくなったりしています。子どもの「今」の葛藤を大切にして、〝泣いてもいいよ〟〝守ってあげるから〟と子どもの心の揺れを受け止め、ぎゅっと抱きしめたり、「そうだよね」と声をかけたりいくつかの手立てを示しています。

戸外あそびにも悩みました。保育者は二人なので安全面で不安だったり月齢差で生活リズムに時差があったりと、なかなか遠出ができませんでした。なのはなには砂場や小さな滑り台など整った園庭はありましたが、毎日同じ園庭では2歳児は少し退屈だったと思います。また本園から1歳児や2歳児があそびにきて手狭に感じることもありました。反対に本園の園庭にあそびに行きましたが、広く慣れない場所に不安を感じる1歳児もいて日々悩みの種でした。活動に時差をつけたり担当制にしたりと保育の工夫をしたものの、何かしっくりこない保育にも悩みました。プールあそびを終えた9月からは、いちばん小さかったM①も体力がつき、友だちの真似をして手をつないで散歩に出かけられるようになり、戸外あそびの範囲が広がり楽しめるようになりました。

保育者もまた葛藤し続けています。子どもにおとなの思いを「どのように伝えたらいいのか」明確なことばや方法を見出せず、子どもも私も納得できないままその場を収めることもあります。連絡帳を書いたり掃除をしたりする時間を確保しようと、子どもの気持ちを尊重する前におとなの都合に子どもを合わせようとすることもありました。また、月齢差のある子どもを二人の保育者で保育する難しさに悩みました。

長年保育者として経験を積んできましたが、保育を振り返ることが多く、毎日子どもたちの思いに応えているかと葛藤しています。

年度当初から保育者同士の話し合いを設ける時間が少ないままスタートし、毎日の保育に追われていました。それでもお互い子どもたちの笑顔を見ると一緒に笑顔になることができ、保育の悩みも含めて保育を楽しむことができています。保育者が保育を楽しむことは、子どもも保育園を楽しむことにつながると思います。登園し母親が「行ってきます」と声をかけても手を振るだけのそっけない態度で、早く友だちとあそびたいようです。また、迎えに来ても〝帰りたくない〟〝もっとあそびたい〟と保育園が大好きです。

子どもたちは、大好きな場所だからこそ、自分の気持ちを安心して出しています。保育者が「…したかったんだね」と子どもの思いと一致することばにしてあげたとき、また視線だけで思いを伝え合えたとき、子どもの葛藤が和らぐように思います。それと同時に今度は、保育者が次の手立てをどうしていくかという葛藤が起こります。その手立てを示し、子どもたちが納得したとき、保育者の葛藤も和らぎ、喜びとなって「明日の活力」になっていると思います。

※本稿は、西出悦子（2020）「子どもの心の揺れに向き合って　葛藤し続け成長する保育者」『季刊保育問題研究（302）』60–64頁の原稿に加筆・修正したものです。

提案2

共感からはじまる保育

なのはなガーデン（静岡保問研）　望月綾子

はじめに

なのはなガーデンは、2014年4月からNPO法人なのはなが運営している小規模保育所です。人間らしく生きる力を育てることを願い保育を進め、乳幼児期は五感を使った豊かなあそびとあたたかい人間関係のなかで育つ経験を大切にして保育しています。特にこの時代は人間の心とからだが育つ土台の時期であり、どんなに小さくても一人の人格を持つ人間として向かい合っています。

園の様子

各クラス担任はいますが、0歳児から2歳児各6名が大きなきょうだいのように暮らしています。

2歳児の様子（ほし組）

持ち上がり5名、4月から1名入園し6名。担任2名（正規・非常勤）。全員長時間保育を受け、4名は土曜日保育を受けています。

一緒にあそぶことを大事にした春の頃

私は、4月から他の部署より異動してきました。子どもたちからは、何を誘っても断られてしまうことが多く、どうしたらよいだろうと思っていたのですが、昨年度から持ち上がりのゆり保育者とあそんでいる姿や、散歩へ行くとき、0歳児から一緒に過ごしていた末保育者のクラスに行ったり、昼寝のときもお気に入りの中森保育者を呼ぶ姿を見て、保育者との間に信頼関係ができていることを感じました。そして、散歩で子ども同士が手を繋ぎたがったり、あそび場面でも友だちを誘ったりする姿から子どもの横のつながりができていることを感じていました。

そこで、とにかく子どもに交じってあそびを一緒に楽しむことや、子どもたちの「気持ちに共感する」ことを大切にすることから始めようと思いました。

子どもって本当にすごいと感じたエピソード 「せーの！ たにちゃん‼」（ちょこっと記録6月）

マカロニきなこがおやつに出てたくさん食べるほし組。〈保育者の心の声、以下同様：みんなマカロニきなこすきだよね〉。たくさんおかわりもして、からっぽ。

ちひろ「おかわりちょうだい」〈あげたいけど、もうナイなあ〜〉

保育者「もうないの〜」と言うとちひろの顔がみるみる歪んでいく。そして、泣く。

保育者「食べたいよね」「今度いっぱいつくってもらおうね」と伝え、ちひろは、保育者のゆりさん（一緒に担任している保育者）のところにかけ寄り泣いている。〈ごめんね〉

階段下に目をやると　はやとともかが二人でいる。〈何しているのだろう〉

保育者が近づいていくと、

はやと「たにちゃん（給食の先生）、ちひろちゃんがマカロニサラダ食べたいだって」〈きなこがサラ

ダになっているよ〉

ももか「ちひろちゃん泣いちゃったの」とはなしている。〈すごいな〜。谷ちゃんに伝えたいのだろうな〉

保育者「それ、谷ちゃんに言ってたの？」

はやと「そう。せーのってする」

ももか「よぼう」

はやと「せーの！　たにちゃん」

ももか「たにちゃーん!!」

谷ちゃん「はーい」と返事。

まだ来ていないけど、

はやと「ちひろちゃんがマカロニサラダ食べたいだって」

ももか「マカロニサラダ食べたいだってあるかな？」

そこに谷ちゃんが下りてきて、

さくらこ「おいしかったよ〜」

谷ちゃん「ありがとう」

ももか「マカロニサラダ ちひろちゃん食べたいだって」

はやと「ちひろちゃん泣いちゃったんだよ」と話しているところにちひろがくる。

谷ちゃん「泣いちゃったの。いっぱいつくったけど足りなかったんだ。どのくらい作ればいい？」

「このくらい？」（小さめのジェスチャー）「このくらい？」と大きめのジェスチャー付きで聞くと、ちひろの涙も止まり「いっぱ～い」って両方を広げて言う。
谷ちゃん「わかった。今度そうするね」
みんな「お願いね」「よろしく～」と笑ってあそび始めた。

考察

2歳児にこのやりとりができるなんて、子どもは本当にすごいと思います。ちひろが自分の気持ちを自己主張できることの素敵さ、そしてその気持ちに気づく子どもたちの行動、ことば、すべてにびっくりさせられた場面でした。そしてこの力は、今までの保育の積み重ねであり、保育者が大切にしてきた日常の生活やあそびのなかで育っていくことを実感しています。子どもは、即願いがかなわなくてもその気持ちを受け入れてもらった経験（共感）を通して〝自分は大切にされている〟〝思いや願いを伝えてもいいのだ〟という心が育ち、自己肯定感の感性的土台をつくり、やがて心とからだの主人公になっていくのではないかと思います。

また、給食の先生が丁寧に声をかけてくれることは、保育者だけで保育が行われているわけではないことをあらためて感じさせてくれました。

後日、マカロニきなこが出た際、保育者から「この前ちひろちゃんが言ったから、いっぱい食べられるね」と言われ、たくさんおかわりをして満足なちひろでした。

思いもよらないあそびの始まり：「うわ～たのしい!!」（ちょこっと記録5月）

雨が降りそうだったのでいつ降ってきても外であそべるように、外にブルーシートの屋根をつけようと、とも保育者とブルーシートを広げていると…

ちひろ「うわぁ～」と言ってシートに乗ってくる。保育者「ちひろちゃん上に乗らないで」〈というものの…こんな魅力的なもの乗ったりしたいよね〉さくらこは、にこにこして中に入ろうとしている。〈やっぱりそうだよね。あそぼう！〉

シートを大きく動かすと、ちひろと、さくらこは、にこにこして「うわ～!!」「うみ～」と言って中で動くシートを見上げている。何回かしていると、ほし組だけでなく、るんるん組（1歳児）のだいきとけいたも中に入ってくる。ゆり保育者、しな保育者、ゆう保育者もシートの角を持って動かすと、より動いて中に入っているみんなは、声を上げて喜んでいる。〈ほんと楽しそう〉

さくらこ「さくらこもみんなみたいにぼさぼさになりたい」〈髪の毛？ さくらこ結んでるからみんなみたいにならないのか。そういうのを見てるっておもしろいな〉保育者「さくらこちゃんぼさぼさになりたいって～」と言ってシートを髪の毛にするように動かす〈髪の毛をほどいたかは忘れた〉さくらこ「ぼさぼさ～」と嬉しそう。

ももか「ももかちゃんお家にしたい」というので、保育者「おうちになるよ～」とシートのなかにみんな入ってお家になる。中では、みんな顔が近づいていい顔をしていた。雨も降ってきて、保育者「今度は屋根になりまーす」とシートは屋根になった。

考察

はじめは雨除け用のブルーシートであそぼうなんて思ってなかったので、ちひろが踏んだときには、思わず止めました。でも、本当にちひろの表情が楽しそうで、さらにさくらこが嬉しそうに入ってくるのであそぶことにしました。思いもよらないあそびが始まり、子どもの表情がとっても楽しそうで、シートを動かしている保育者も楽しいエピソードでした。そして、あそびはおとなが目的やねらいをもって楽しく活動を創ることもありますが、こうして偶然に生まれるあそびを子どもと一緒に創っていくこともとても大切で、特に乳児期はこうした偶然始まるあそびが多いと実感しています。

保育者の期待どおりにいかないけど、それがあそびになる「♪で~た、で~た、月が~」（ちょこっと記録9月）

お月見の次の日のお散歩。お家の窓に飾ってあるお月見のポスターを見て、保育者「昨日まんまるお月様見たぁ??」と呟く。〈昨日、お団子つくった話教えてくれないかな~（私は、お休みだった）、なんて期待して〉

ちひろ？　さくらこ？「みて、おつきさま」と言っている声が聞こえるので、保育者が振り向くと電柱を見ている。保育者はわからず〈??〉と思うがよく見てみると、電柱の柄〈危険をしらせるもの??〉のなかに○で黄色いものがあった。

保育者「ほんとだ。おつきさま」と言い、「♪でーた、でーた、月が」とおつきさまの歌を歌うと、保育者の方を見て一緒に踊りながら歌うほし組。

さくらこ「みて、あそこにおつきさまとおなじいろ」保育者は〈??〉とまた一瞬わからないが、ごみにかけるカバーの色が黄色。保育者「ほんとだ」というと、ももか「♪でーた」と歌を歌い始める。

保育者「あっ！　あそこのライトもまんまる」というと、ちひろ「♪でーた」と歌う。

歌い終わると…

ちひろ「あったよ～」と走って、まんまるお花の前で歌をうたっているとお家の人が出てきて、さくらこ「おつきさまあったの～」お家の人「いっぱいさいてね～」と話をする。

ちひろ「あったー！」さくらこを追いかけるように、ももかもついて走っていく。ももか「ここも！」と3人が見ているのは黄色いまんまるの花。

ゆり保育者と歩いてくるはやと。〈はやとは、楽しくないかな⁇〉はやと「♪でーた」と口ずさんでいる。〈はやとも一緒の雰囲気にいるのだな〉保育者も一緒に歌う。

看板の黄色・枯れたまんまるのあじさい・おうちの窓・お月様を探し、そのたびおつきさまの歌を歌って、なのはなガーデンまで帰ってきた。

考察

保育者がお休みの日に、お月見団子をつくっていたほし組だったので、「お団子つくったんだ～」という話が返ってくるかな？　と勝手に期待して話を始めたのですが、そのことについてはまったく反応がありませんでした。でも、子どもたちは、おとなには思いつかないおつきさまのイメージを共有し合って、それにおとながのっていくことで、子どもたちの生き生きした楽しいあそびになっていきました。保育者のイメージに子どもがのって楽しく展開することもありますが、思ってもみない子どものイメージに保育者がのって展開することもあり、指導は一方的ではなく応答的なことだと実感します。

おわりに

とにかく4月からあそびで一緒に楽しむことや、子どもたちの気持ちに共感することから始めようと

おおかみ、やっつけた！

子どもと過ごしてきました。

そのなかでの6月のエピソードは、子どもたちが自分の思いを伝えて、自分の人生をつくっていく姿にことばがありませんでした。幼児期の保育が長い私にとって、乳児期の保育は、自分の気持ちに共感しことばにしてくれるおとながそばにいることで、幼児期に自分の気持ちをことばで伝えていくことに繋がっていくんだなと保育の土台を感じました。さらに、共感は子どもの世界に自ら触れて、一緒にとことん楽しむとき（体感を通じて）、子どもと心が通じ一緒に心を動かすことなのだろうと思いました。それは、子どもがより安心して、自分を思い切り出せる環境へ繋がっていくものだと思いました。これからも余計なことを言ったり悩んだりしながら、子どもとともに楽しい時間を共有（共感）していけたらと思いました。

※本稿は、望月綾子（２０１９）「共感からはじまる保育」『季刊保育問題研究（２９６）』62–65頁の原稿に加筆・修正したものです。

提案を読んで

二つの実践から学ぶ―小規模保育所での乳児保育をとおして―

亀谷和史・遠田えり

（1）西出実践から学ぶ

近年、小規模保育所からの提案が増えつつあるなか、今回の西出さんの実践には、２点、これまでになかった問題提起があると思います。

第一は、西出さんの勤めている分園は本園（定員３０２名）に隣接する小規模保育所（定員10名、３歳未満児保育）ですが、年齢差（月齢差）が１年10か月もある、いわば乳児での「異年齢保育」ともいえる集団での実践である点です。

第二に、タイトルに「心の揺れ」「葛藤」とあるように、これまでの提案や実践記録では避けられがちであった、保育者自身の「負の感情」や「葛藤」に視点を当てて、さまざまな工夫や手立てをとおして、子どもたちとともに乗り越えていった実践である点です。

第一の年齢差によって、子どもたちへの保育者のかかわり・対応が規定され、そこからも第二の多様なレベルの「葛藤」が生じてきます。「一度に数人の話や気持ち」に応えられず「待ってて」等と「余裕のない返事をする」ことは、日本の保育士配置基準の制約を感じもします。しかし、「葛藤」は「外的条件」によると同時に、子どもたちの側にも、各時期における発達の「内的矛盾」とその克服としてあります。西出さんは子どもたちの方の「心の揺れ」や「葛藤」も丁寧に把握しています。

具体的には、４月から９月までの時期を時系列にそって追いつつ、緩やかな担当制の下、①年度始めの２歳児へのままごとあそびでの工夫（おもちゃの投入や「マイかばん」づくり）、見立て・つもりあそびの充実、②新入りの1歳児への対応（担当の見直し等）、③R②の噛みつきへの対応、④R②からA①、M①への噛みつきの連鎖への対応（気持ちの代弁等）、⑤プールあそびにこだわるH①の気持ちの切り替え（水を捨てる手伝い）など、適切で的確な手だてや対処を行うことで、各時期での発達の「課題」＝「内的矛盾」を克服し、双方が「葛藤」をどう乗り越えていったかを記述しています。

さらに、子どもたちの「葛藤」や「心の揺れ」に寄り添い、③で「一緒に悲しい気持ちになる私でした」とあるように、「負の感情」に共感し、また「私はその悲しい気持ちを視線に込めたり、ぎゅっと抱きしめたりすることもしました」と、丁寧に「受け止めて」いるところが素晴らしいといえます。このような経験を経ることよって、やがて子どもは「自分の気持ちを安心して出せる」ようになります。

長年経験を積んだ保育者でも自ら「葛藤」し、さらに、子どもの「葛藤」を共有・共感し、そして具体的手立てを講じることで、自らの「葛藤」をやわらげて乗り越えていきます。この繰り返しの過程が保育者と子どもと双方の成長へとつながり、保育者仲間と友だちと一緒が楽しい、喜びに満ちた明日の活力が保育者にも子どもにも生み出されるのではないでしょうか。（亀谷和史）

（2）望月実践から学ぶ

静岡・望月さんの提案は、0歳から2歳児、各クラス6名の小規模保育所で、異動して2歳児クラスを受け持つことになった担任の「ちょこっと記録」の実践です。

信頼関係をつくるために、まず子どもの気持ちに共感することからと、少人数ならではの細やかな視線で子どもたちの気持ちを受け止めます。2歳児が泣いてしまった友だちの気持ちを代弁して給食担当者に伝えられたことを通し、自己主張できることの素敵さとともに、子どものなかに気持ちを受け入れてもらった経験が積み重なっていることも感じます。子ども同士、子どもと保育者、そして給食担当者も含めて、乳児期に大切な共感関係が園全体で築かれているのは、ゆったりとした家族のような集団があってのことでしょう。

共感する思いは柔軟な保育にもつながります。2歳児ならではの子どもの発想を柔軟に受け入れ、雨除けのブルーシートを海や家に見立てて、思いもよらないあそびを即興で楽しんだり、散歩先でイメージを共有した「お月さま」を子どもがいろいろな所に発見していったりすることで、互いに楽しむ世界がどんどん広がっていきました。子どもの発想を楽しみ、一人ひとりの発想がおとなの意図と違ってもそれを受け入れて発展させるためには、保育者の余裕も必要でしょうし、少人数の保育ならではの利点でもあるのでしょう。

子どもの世界を一緒にとことん楽しみ、子どもと心が通じることで一緒に心を動かす「共感」が、子どもの気持ちをより引き出すことになるという考え方は、どんな保育園でも大事にされていることだと思います。

しかし、1歳児6対1という認可保育所の保育士配置基準ではどうでしょう。現場の良心的な対応で、望月実践のように3対1などの保育士配置を行なっている園もあると思います。しかし、近年、基準ギリギリの保育園もなくはありません。

今回の提案が2歳児6人に2人の保育士配置であることも鑑み、子どもの気持ちを余裕をもって受け止められる乳児クラスの保育士配置をすべての保育所に、と切に願います。（遠田えり）

(3) まとめ—発達の質的転換を踏まえた大切な課題—

近年増加している小規模保育所は、園庭のないビルの一部でも「認可」開園できること、3歳未満児だけの集団で幼児とのダイナミックな交流がなく、発達的な相互関係がもてないことなどが、デメリットとして指摘できます。

しかし、少人数ならではの良さもあります。ゆったりと丁寧なかかわりがもてること、少人数で目くばりができ、より個別の発達的な対応や工夫などを行えること、また保育者同士で、事例研究(検討)などより密度の濃い保育カンファレンスも行えることなどです。

両実践に共通する点は、どの時期であっても保育者との信頼関係を築いていった点、そして、感覚運動的あそびから、ことばの発達への架け橋としても重要な「表象」や「象徴」などの認知機能の発達と深くかかわっている「見立て・つもり」あそびを大切にしている点があげられます。「表象」とは、目の前に存在しない事物や現象のイメージを頭の中に思い浮かべる心の働き、あるいは思い浮かべられたイメージそのものを言います。そして、「象徴」とは、ある事象をそれとは異なる事象で代表したり置き換えたりする心の働きです。

ここであらためて、1歳後半から2歳代の発達の特質と、それを踏まえた保育実践の工夫や保育者が心がける事柄に関してまとめてみます。この時期は、あらゆる側面で、生物学的な「ヒト」から「ひと」へ、さらに「人」へと社会化・個性化が進む時期です。

1歳半前後になると、かなり自由に移動できるようになる(運動機能)とともに、身振り・表情によるコミュニケーション(感情・社会性機能)に加えて、ことばの理解も進み、自らもことばを盛んに発するようになります（言語・認知機能）。

これらを統合していくと同時に、新たな水準での自我・人格の主張（自己主張）が始まっていきます（人格機能）。いわゆる第1反抗期、「イヤイヤ期」ともいわれ、唯一無二のその子の人格（自己意識）が保てるようになって、安定し、定着・獲得されていくのです。

反抗期とか「イヤイヤ期」というと、一見困った時期のように受け止められますが、近年、この時期の活発な探索活動性に注目し、ポジティブな視点から「ブラブラ期」と提唱する研究者もいます（川田：2019）。

この自我の発達のプロセスは、1年以上かけて、徐々に、また急激に変容して獲得されていきます。自己主張はするのですが、親しいおとなへの甘えもまだまだ続き、どうでもよいようなちょっとした事柄に固執するようにもなっていきます。保育の場面でも家庭でも、本人の思いを尊重し、本人が納得いくまでじっくりつき合うことが求められます。

しかし、そのような過程を通して、自分は自分であって独立しているという意識は統一され、獲得されていきます。

次に、認知機能の側面から発達の特質と保育の工夫・ありかたについて見ていきます。

この時期の認知面でのあそびの変化は、いわゆる感覚運動的な刺激—反応の活動を楽しむあそび（種々の運動あそび、感覚あそび）から、イメージの世界を獲得していくことで、あるモノを別のモノに「見立て」たり、自分が、別のある人物や動物（事物）などの「つもり」になりきるあそびを行うようになっていくことです。あそびの質が、感覚運動的なあそびに加えて、「表象」をベースとした「象徴（シンボル）機能」を駆使する「見立て・つもり」のあそびへと変容していきます。ここで「つもり」あそびと言われているものも、第三者からみれば、子どもが自分自身をある人・モノに「見立て」ている行為であり、それゆえ「見立て・つもり」あそびとセットにして言われます。

「なりきりあそび」という言い方もあります。3歳ごろになると、代理のモノがなくても、やりとりやなりきることだけで「見立て・つもり」あそびは成立します。たとえば、子どもが「ハンバーグ、どうぞ」と言って、手のしぐさだけでハンバーグを差し出してくれたりします。保育者は架空のハンバーグを手で受け取って「あー、おいしい」と言いつつ、もぐもぐ食べる「ふり」・「しぐさ」をします。すると子どもは、「もうひとつどうぞ」と言ってきます。

なにげないやりとりですが、積み木などの代理物を省略して、今・ここの現実にはないモノ（ハンバーグ）のイメージを心の中で再現する、あるいは、食べるふりによって身体的な感覚を再現することを、この時期の子どもは自発的に行うようになっていくのです。

このことは、認知機能の素晴らしい獲得であって、0歳代には見られない発達の質的な飛躍ともいえる変化なのです。

保育者は、子どもと一緒になって想像し、身振りやふり・感情表現（あーおいしい！）といった身体表現を駆使してこの「見立て・つもり」あそびに参加し、子どもが熱中してあそべるようにする（充実させ発展させる）ことが求められます。

しかし、現実のさまざまな生活上の体験や経験があるからこそ、このような「見立てつもりあそび」や「ごっこあそび」も充実し豊かになっていきます。何も体験・経験しないところからいきなり「見立て・つもり」あそびに発展することはありません。

保育の現場では、どのような現実生活の活動も大事な体験であって、それが共有されているから集団での「見立て・つもり」あそびへと発展するのでしょう。「見立て・つもり」が始まったら、保育者としては精いっぱい一緒に楽しんであそんで、そのイメージを他の子どもたちとも共有できるようにしていきたいものです。

また、家庭でも同様で、なにげない日々の生活を充実させることで、この時期の発達が実は豊かに促されていくことを、保護者にも日々の送迎時に、また連絡帳などをとおして伝えていくことが大切です。（亀谷和史）

【引用・参考文献】

・川田学（２０１９）『保育的発達論のはじまり』ひとなる書房
・浜田寿美男訳編（１９８３）『ワロン／身体・自我・社会――子どものうけとる世界と子どもの働きかける世界』ミネルヴァ書房

5 保護者との連携と保護者の子育て支援

提案1 父母と手をつなぎともに育ち合う

くわの実保育園（北埼玉保問研） 宮前奈々江

はじめに

くわの実保育園は埼玉県北部の秩父市にあり、産休明けから就学前までの定員80名の保育園です。ここ数年0・1歳児から入園する子どもが増え、私の担任している0歳児クラスには今年も6名の赤ちゃんたちが入園してきました。在園児1名を含め現在は7名のクラスですが、年度途中の入園も見込まれ秋頃には15名ほどになる予定です。

風が吹き抜ける0歳児室

0歳児室は、園舎のなかでも一番陽当たりがよく風通しのいい場所にあります。園舎内はすべて檜の床で、窓は木製の掃き出しの素通し窓で、腹這いの姿勢からも園庭を見渡せます。0歳児室前の庭には、芝生の小高い山と木製の水道があります。段差を下りてすぐにあそび始められるようになっており、自ら外へ外へと子どもたちが向かっていけるようになっています。室内にはハイハイをたくさん引き出すため、ハイハイ板や戸板・机を使って斜面をつくります。子どもたちの様子を見ながら、発達や月齢に応じた斜面です。自ら動きたいという意欲が出てきた子どもたちは、その斜面を行ったり来たりにゆれる。そんな気持ちのよい環境のなかで、子どもたちは五感を働かせてあそびます。

0歳児保育で大切にしていること

感覚器官が育っていく0歳児期は、快・不快の感覚を育てることを大事にし、産休明けの子どもは紙おむつを使わず布おむつを使っています。おしっこが出たら「気持ち悪いよ」と泣いて訴える赤ちゃんに、「おしっこ出たね」「取り替えようね」と笑顔で話しかけながらすぐに取り替えてあげます。そのときに、水でぬらした布おむつでお尻を拭いて水刺激します。おむつを取り替えてもらった赤ちゃんは、ニッコリとまた笑顔になり穏やかにあそび始めます。紙おむつでは、おしっこが出た感覚がわかりにくくその快・不快が育ちにくいと考えるからです。生後6か月を過ぎて手足が自由に動くようになってくると、布おむつから活動しやすい布パンツにします。運動しやすくすると同時にますます快・不快の感覚も育ってきます。

布パンツになり活発に活動できるようになると、0歳児の庭の芝生に這っていって水あそびを始めます。0歳児の子どもたちはみんな水が大好きです。水道に這って行き、桶にたまった水をバシャバシャと水面を叩いてはとっても楽しそうに水あそびを始める子どもたち。少しくらい顔にかかってもへっちゃらで、水に手を伸ばし夢中になってあそびます。水刺激をたっぷり受けた子どもは、自律神経がたくましく育っていくので保育のなかでも大切にしています。水あそびをたっぷりした子どもは、次第に泥あそびに興味を示すようになります。月齢の高い子どもたちは0歳児の庭を越えて行動範囲をどんどん広げ、築山の下まで這っていき泥あそびを始めます。子どもたちは泥・砂・水など自然に変化するものが大好きで、泥んこに手を入れてはその感触を飽きずに楽しんでいます。

「0歳児期に水や泥でたっぷりとあそび、お腹いっぱい離乳食を食べて、ぐっすり眠って」の生活のなかで健やかな子を育てていきたい。自分でやりたい！　という意欲のある子に育てていきたい。そのためには一人ひとりの発達をよく見て、自ら動ける身体づくりをと思い日々保育しています。

父母とのかかわりで大切にしていること

保育士13年目の私は、0歳児を担当するのは3回目。昨年までは0歳児から担任してきた子どもたちを年長まで持ち上がり、年長担任として過ごしてきました。基本的に0歳児で担任した保育者が子どもたち、そして父母と関係をつくりながら、年長期までの発達を見通して保育していきます。入園当初、紙おむつは使わずおしっこが出るたびにパンツ・ズボンを替え、全身泥んこになっての泥あそびでの山のような洗濯物等くわの実の保育方針に戸惑う父母もいます。まずは日々の子どもたちの様子を丁寧に伝え、行事に参加してもらうことから子どもたちの発達にとって何が大切なのかを理解してもらえるようにと思っています。

朝夕の送迎時には、保育室に直接きてもらいそこで衣服の支度やシーツ交換をしてもらうので、その時間を大切にしてその日の様子を丁寧に伝えます。「今日こんなことができるようになったよ」「こんな所が変わってきたよ」と一人ひとりの様子を伝えるととても喜んでくれたり、「うちの子そんな所があったんだ！」と気づいてくれたり、そこで子育ての相談を受けることもあります。「うちもこうなの」と他の父母も加わって話をしたり、父母同士の関係ができる場でもあります。一日の様子を個人ノートでも伝え、毎日家での食事内容・時間、入眠起床時間も父母に記入してもらいます。そこで家庭の様子を知ることもあります。クラスだよりでは自分の子どもだけでなく、同じクラスの子どもたちの様子も知りともに成長を喜んでもらえるよう、保育で大切にしていることも伝えられるよう心がけて書いています。年2回土曜日保育の日を利用して、懇談会も行っています。懇談会をしている間子どもたちの保育をし、参加しやすいようにしています。懇談会では、保育園の様子はもちろん、保育で大切にしていること、子育てのなかで大切にしてほしいことを伝えます。こちらから伝えるだけでなく、父母が家庭の様子や悩みを話す時間もつくり、子どもの見方を一致させてともに子育てができるようにしています。

新入園児を迎えて

今年も、保育園全体では13名の新入園児が入園してきました。入園を控えた3月には、個別に入園説明会を行い、妊娠時から出産の状況・成育歴（首の座り・寝返り等）・生活リズムを細やかに聞かせてもらいます。入園のしおりも渡し、保育園の様子も見てもらって、用意していただくものを伝えます。入園式には、全体の前で新入園児を紹介し、在園児のリズムを見てもらったあと、子どもを預かります。その間父母には園長から保育園で大切にしていることを伝えます。一度で伝わるものではありませんが、最初に話をすることで園の雰囲気を知ってもらうきっかけになっていきます。

今年の新入園児のなかには、夜寝る時間が夜中の12時~1時という子ども、2歳で歯がボロボロの子ども、そして何より大変なのは食事で、野菜をたっぷり使ったくわの実の給食が食べられない子どもが大半という状況でした。そして、それを取り巻く父母ももちろん子育てがはじめてという方ばかり。お休みの連絡が園長のLINEに来てしまったり、保育料の支払いのことや細々したことが伝わりづらく園長が市役所と父母の間に入りながら連絡をとる方もおり、4月はまず子どもたちが保育園に慣れることとともに父母へのかかわりも細やかに行うことを保育園全体で大切にしていきました。

子どもたちも、最初の一週間は慣らし保育をお願いし、半日でお迎えにきてもらい、だんだんと保育園に慣れながら過ごしていけるように配慮して過ごしていきました。

発達がゆっくりなKちゃん

0歳児の子どもたちは、7名みんながくわの実に兄弟が通っている子どもでしたので、保育方針には理解のある方が多かったのですが、上に兄弟がいる分、夜寝る時間が8時半~9時半と遅くなる子がたくさんいました。入園してから日々の様子はもちろん、0歳児の保育で大事にしていることを伝えながら、子どもも父母も保育園大好きと、安心して預けられる場となってくれるようにかかわってきました。

保育をするなかで、発達がゆっくりなKちゃんの姿が気になるようになってきました。年長児に兄のいるKちゃんですが、兄は2歳児で入園したため0歳児保育を経験するのははじめての父母でした。入園初日、生後9か月で入園したKちゃんはうつぶせにすると腕で突っ張ることができず、床に顔をつけてただ泣いている姿がありました。うつぶせになり、しっかり自分の身体を支えることで、顔の周りの筋肉も発達しあごの力もついていくと考えています。そして、仰向けであそんでいた世界から、うつぶせになることで自分から周りを見ることにつながり気持ちも外へ向かっていくので保育のなかでも大切にしています。

Kちゃんは、自分の腕で身体を支え突っ張っていられないので、あごの力も弱く離乳食を噛んで飲みこむことも大変。手づかみで離乳食を食べられないため、保育者が抱っこして離乳食初期のように煮物を細かくつぶしてスプーンで口に運んであげることから始めました。Kちゃんの母に入園前までの様子を聞くと、家庭で過ごしていたときはほとんどおんぶか抱っこで過ごし泣くたびに母乳をあげていたとのことで、うつぶせにする経験がほとんどありませんでした。寝返りはすると言っていましたがほとんどせず、発達がゆっくりなことも「個人差があると思って」とあまり気にしていなかったようでした。

Kちゃんと父母への働きかけ

Kちゃんにしっかり発達を保障しなくてはと、9か月にはなっていましたが、まずは仰向けで胸の前まで手を上げておもちゃであそび、そのときに足もあがってくるようにと6、7か月頃に立ち戻ってのあそびを大切にしていきました。

寝返り・旋回もほとんどしませんでしたが、うつぶせであそぶ時間も大切にしていくなかでKちゃんの様子が日に日に変わり、そんな様子を見てKちゃんの父母も喜び家庭でもともに頑張ろうとうつぶせでいる時間を増やしてくれました。仰向けのあそびから寝返り、うつぶせのあそび、旋回へと発達しべタ這いも始まったKちゃんでしたが、そこからなかなか進まずジーッとしていることが多くなってしまいました。お迎えに来たときにそんなKちゃんの姿と、Kちゃんよりも1か月月齢の小さいYちゃんが四つ這いでぐいぐい斜面を登る姿を比べて、「Yちゃんはどんどん動けてすごいな」と言うお父さんのことばに、「Kちゃんも少しずつ力をつけているよ！　今日はこの斜面を2回も下りてきたんだよ」と具体的に伝え、Kちゃんの変化にも気づいてもらえるよう声をかけました。また、発達には順番があること、それを抜かして発達してしまうとその後の発達にもつまずきが生じやすいことも伝え、今だんだんと順を追って発達してきたKちゃんの姿が大事なことも伝えていきました。

手づかみ食べの離乳食

「自らの手で離乳食を口に運び、食べたい！」という意欲も引き出していきたいので、離乳食は自分の手で食べることも大切にしています。10時半過ぎになると、ハイハイで食卓に集まってくる子どもたち。野菜たっぷりの離乳食をもぐもぐと自らの手で食べ始めます。しかし、Kちゃんは食事面でも手づかみ食べを嫌がり、お皿を目の前に出してあげてもなかなか手が伸びず食事量も増えてきませんでした。それでも歯がためのゴボウは手で持てるようになり、煮物の玉ねぎも自分の手で口に運べるようになったときにはKちゃんの母とも喜び合いました。夜の授乳の回数も多く「家であまりご飯を食べてくれない」と悩むお母さんに、夜中は授乳せずトントンして寝かしつけることをがんばってもらい、「お母さんが夜がんばる分、保育園では昼間たくさん身体を動かして、運動量を増やしてKちゃんの食事の量も増えるようがんばるよ」と話しました。家庭だけに求めず、保育園の方針を具体的に伝え、ともに頑張ろうと、希望が持てるようにと考えました。今もKちゃんの発達をみながら、細やかに様子を伝えかかわっているところです。

思いが伝わらず悩んだこと

保育士13年目、もちろんいつも父母との関係がうまくいくことばかりではありませんでした。最初に年長担任をしたときのこと、父母同士の関係が悪くなり、そのとき私も上手に対応することができず悩んでしまうこともありました。子どものことをもっと見てほしいと思うあまりに厳しく言いすぎてしまい、逆にその思いが父母に受け入れてもらえないこともあり父母への伝え方の難しさを感じたこともあります。しかし、より素敵な子どもに育ってほしいという思いを持って子どもたちに向かっている姿は、いつも父母は見てくれているもので、飾らず素直にこちらの思いを自分のことばで伝えることで、ときに厳しくとも伝わっていくのではないかと感じています。数十年前くわの実で子育てを経験した私の母から「保母さんに言われたことはいつも頭の片隅にあって、すぐにできなくても頭に残っているものだよ」と言われました。私自身も2歳児と4歳児の子育て真っ只中。仕事と子育ての両立で忙しい毎日ですが、子どもたちは保育園が大好きで、自然のなかでのびのびと大好きな仲間とあそぶ姿を見るたびに保育園の有り難さを感じます。

くわの実にも、貧困やうつを抱える父母の家庭で育ち、真正面から自分を受け止めてもらえない子どもが増えていることを実感します。そんな時代だからこそ、「保育園に来ると楽しい」「真正面から自分を受け止めてくれる保育者がいる」と子どもが実感できること、そして発達を保障したっぷりあそんで食べてぐっすり眠れる保育園の必要性を感じます。そして、父母に対しては一緒に成長を喜び合い、ときにはその子どもにとって大事なことを考え合い、健やかに育ってほしいという共通の思いを持って父母と一緒に子育てをしていく保育園の重要性を感じています。

おわりに

昨年度卒園していった年長の父母たちも、卒園式前には毎週土・日曜日集まってはエイサーの練習を行い、当日一致団結して子どもたち、そして保育園のために、と素敵な踊りを見せてくれました。0歳児の頃はまだよそよそしかった父母たちが、子育て仲間となり保育園のために、子どもたちのためにと力を貸してくれる縁の下の力持ちとなってくれました。卒園後もときどき集まっては、学校の話や悩みを話し、会えばホッと安心できる存在となっているようです。今年度の０歳児の父母たちとまだ関係づくりは始まったばかりですが、目の前の子ども一人ひとりの変化や様子を丁寧に伝えながら、子どもを真ん中に父母と手をつなぎともに育ち合える関係づくりを目指していこうと思っています。

※本稿は、宮前奈々江（２０１８）「父母と手をつなぎ共に育ち合う」全国保育問題研究協議会第35回夏季セミナー要綱、44−47頁の原稿に加筆・修正したものです。

提案2

生活困難な家庭への保育と支援

のぎく保育園（愛知保問研）　和田亮介

はじめに

熱田福祉会は、名古屋市内で四つの保育園、一つの学童保育所、一つの地域子育て支援拠点事業所を運営している社会福祉法人です。熱田福祉会では、子どもの発達と働く保護者の支援を法人全体で大切に考え実践しています。

この実践では、けやきの木保育園で出会ったあやちゃん親子から、「保育園の役割ってなんだろう」「保育園にできることってどんなことだろう」と、職員みんなでたくさん考えたこと、気づかせてもらえたたくさんのことについて報告します。

あやちゃん親子との出会い

けやきの木保育園は、名古屋駅西側の駅裏にある産休明けから就学前までの130名定員の保育園です。駅に近く長時間開園していることから、様々な就労形態の家庭が広範囲から入園してきます。生後6か月で入園したあやちゃんの生活は、社会問題となっている「子どもの貧困」そのものでした。入園時、職員会議のなかで成育歴と家庭状況の報告があり、ニュースで聞くような内容に職員みな心がざわつきました。みんなであやちゃん親子がこれまで抱えてきた予想できうる困難さやしんどさを考えた後、「保育園だからこそ、できることがいっぱいあるはずだよね」という園長の一言にみんなの表情がキュッと引き締まったことを覚えています。

尖る気持ちの裏側にある本当の願い

0歳児から保育園生活を送ってきましたが、3歳児クラスに進級する頃のあやちゃんは、一言でいうと荒れていました。生活の節目でもあそびの途中でも関係なく、ちょっとしたことで怒鳴りちらし、保育者に対しても友だちに対しても暴言が止まりませんでした。尖る気持ちに寄り添おうとしてもまったく寄せ付けず、ますます目を尖らせて睨みつけるばかり。まるで人とのかかわりをあきらめているように見えました。そうした姿を職員総動員で受け止め、あそびを通して友だちと楽しかった経験が積んで行けるような保育づくりを大切にしていきました。格闘するような毎日のなかで、あやちゃんには大好きな友だちができました。大好きな友だちの存在は、人に対するあきらめの気持ちではなく、人とつながりたい願いを膨らませてくれました。

〝同じ時代に生まれ、同じ発達要求を持っている友だちとつながりたい、わかり合いたい〟。それが子どもたちの一番の願いであり、保育園はその支援ができる場所だと、あやちゃんの姿から強く感じました。

生活の不安定さと保育園でできる支援

職員みんなでの丸ごとの受け止めと、大好きな友だちができたことで、少しずつ保育園があやちゃんにとって安心できる場所になっていきました。その一方で、髪の毛を何日も洗っていない、なんど声をかけても毎日の持ち物を用意できない、着替えなどを入れてくるリュックサックすらないなど、生活の不安定さからくる苦しさは続いていました。仲間のなかに居場所を見つけ始めたこの時期に、「自分だけ○○がない…」という事実が、あやちゃんを再び苦しい気持ちにさせてしまうのでした。うつむき、尖るその姿に、あやちゃんの背負っている現実の重さを感じました。

子ども同士、仲間のなかで確かに育っていく力がある一方で、自分の力だけではどうすることもできない、社会の壁にぶつかっている子どもたちがいます。そんなとき保育園にはできることがたくさんあるはずです。少なくとも、かけることばは「しかたがないね、あきらめな…」ではないはずです。あやちゃんのうつむき尖る姿が浮かび上がるたびに、職員みんなで自分たちにできることはどんなことがあるかを考えました。場所や物などの具体的な支援から、気持ちの居場所となれるような目には見えない支援まで試行錯誤していきました。クッキングの前日には、エプロンとバンダナの絵が描いてあるペンダントを園長がつくり、お迎えのお母さんの目の前で「いい？　あやちゃん。これを見て思いだすんだよ。玄関のドアノブにかけるんだよ。そしたら家を出るときに思い出すからね」と首にかけてあげました。毎日の持ち物の絵が描いてあるペンダントも、リクエストを聞きながらあやちゃんと一緒につくりました。バザーの前日に集まったリサイクル品のなかにリュックサックを見つけた職員は、あやちゃん親子を会場まで連れて行き、「あやちゃん、リュックがないってこの前言ってたもんね。どれにするかママと選びなよ♪お母さん、選んだら持ってきてね。ちゃんと確保しとくからね」と伝え、後でそのリュックサックの中に職員たちであやちゃんに似合いそうな洋服を選んで詰めていきました。ちゃんとバザー当日に100円で買ってもらいました。

いろいろな支援の形があると思います。大切なことは、どんな支援の形であったとしても、保育園と子どもだけのやりとりにせず、必ずお母さんを巻き込むことだと考えました。「こうやって、どんなことも一緒に考えるからね」というメッセージをお母さんにも肌で感じてもらうことを大切にしました。実際は、うまくいくことの方が少なく、相変わらず着替えを持ってきていなかったり、エプロンを忘れたりすることは続きました。でも、「みて！ このリュック！ バザーでママに買ってもらったの♪」と、嬉しさいっぱいの表情で教えてくれるあやちゃんの姿を見ると、この笑顔を守るためにも、親子を支えていこうと職員みんなでまた思えるのでした。

脆くはかない自分を信じる心

仲間のなかで、あやちゃんの安心感や自己肯定感がずいぶん育ってきていることを感じながらも、その力はまだまだ脆くはかないものだと感じる出来事がありました。

4歳児クラスに進級した5月、同じクラスの友だちとケンカになりました。はじめこそ、いつものように激しく怒っていたあやちゃんでしたが、話をしていくうちに心の中でお互いに謝った方がよいことにも、ちゃんと気づいているようでした。そんな姿を嬉しく感じた、そばにいた職員たちが思わず笑ってしまった瞬間、あやちゃんから笑顔は消え、いつもの尖った防御の姿に戻ってしまったのでした。「笑われた！」「どうせみんなあやのこと嫌いなんでしょ！」 穏やかに自分の気持ちにも友だちの気持ちにも向き合う力は付いてきているものの、あっという間に崩れてしまう安心感。さらに、「子どもの方が悪いもん」「だってさ、しょうがないじゃん！ 怒ったりしちゃうんだもん！」と叫ぶのでした。「子どもだから」「子どものくせに」と、どれだけ叱られてきたのでしょうか。そのたびに感じた〝もっと大きくなりたい〟〝子どもじゃなければこうはならなかったはずなのに…〟という思い。背伸びをしながら〝こうありたい自分〟に近づこうともがき、そのたびに〝どうせ自分なんか…〟とあきらめる気持ちを抱いてきたのでしょうか。たった5年しか生きていない幼い子どもが抱えるには大きすぎる苦しさがそこにはありました。

苦しい生活から生活保護受給へ

あやちゃんのこの苦しさの根本に、ギリギリの生活を精一杯生きている母と子の関係が深く影を落としていました。特にこの時期のお母さんの生活は壮絶でした。朝は、あやちゃんの手を引きながら走って登園してきて、園の玄関にグッとあやちゃんを押し込み、誰とも一言も話さずに仕事へと向かっていきました。駐輪場から玄関までの間にあやちゃんの靴が片一方脱げてしまってもお構いなしで、後から他のお母さんが拾ってきてくれることもありました。

あやちゃんはというと、手に賞味期限ギリギリで値引きシールが貼られた菓子パンを握りしめて玄関に立ちつくし、「あやちゃんおはよう」と声をかけてくる友だちに、目を吊り上げて「見んなよ！」と凄んで見せ、寄せ付けまいとするのでした。そういうときには、事務室であたたかいお茶や牛乳を出して朝ごはんの時間にし、気持ちを立て直してから再びクラスに送り出してきました。

6月になると、あやちゃんのお母さんは足を引きずって登園するようになり、お迎え時には、一度腰を下ろすと立ち上がるにも大変そうな姿がありました。受診を勧めても「仕事を休むことができない」と無気力に言うだけでした。そこで園長は、足の治療のためには生活保護を受給する必要があるのではないかとあやちゃんのお母さんに提案し、申請の窓口には職員も同行しました。必要書類をそろえれば生活保護を受給できる見通しが立ち「よかったね」と声をかけると、ようやく「はい」とホッとした笑顔を返してくれました。そして、「どうしたらいいのか、もうわからなかった…」と胸の内をはじめて話してくれました。

生活の安定と親子の変化

お母さんが仕事を辞め、生活保護の受給が始まると、親子の様子に変化が見られるようになりました。親子がゆったりとかかわる時間が増え、あやちゃんが変わり始めました。これまでどんなに放り込まれるように登園しても、けっしてお母さんに対して感情を出さずにいたあやちゃんが、別れ際にはじめて「ママがいい！」と後を追いかけ、お母さんもまた「かわいい」とそんなあやちゃんの姿を受け止めることができたのです。そこには、いままで見ることのできなかった親子の情動がありました。友だちと育ち合いながら、安心感や信頼感を少しずつ積み上げてきたけれど、どこかに拭いきれない不安感や、自分への自信の無さがあやちゃんにはありました。しかし、5歳を前にしてようやく自己肯定感の土台となる母と子の愛着関係が追いついてきたことをこの姿から感じました。お母さんの体調がすぐれなくて登園できない時期には、職員が交代で自宅まで保育園の自転車で迎えに行くなどの援助もしてきました。こうして、決まった時間に保育園に通い続けることができるようになると、仲間のなかであやちゃんが輝き始めました。4歳児クラスの12月に行われたクリスマス会の劇ごっこでは、同じ物語の世界を仲間と共有し、友だちと息を合わせて生き生きと役を演じているのでした。あんなに尖って自分を守ることに精いっぱいだったあやちゃんが、友だちのなかに確かな居場所をつくり、誇りある表情でクラスの一員として輝いていました。

12月末、あやちゃん親子は転居し、お母さんはずっと関係を続けてきたあやちゃんのお父さんと結婚することになりました。生活保護によってできたゆとりによって、あやちゃんとお母さんは人として当たり前にしあわせに生きる力を取り戻しました。保育園最終日には、親子の周りに温かい人の輪ができて笑い声が響き渡っていました。そして最後の最後のサプライズ。お母さんが事務室に顔をだし、「婚姻届の証人の欄に書いてもらいたいんです」と言うのです。保証人の一人は、ご自身のお母さん、もう一人にけやきの木保育園を選んでくれたのでした。お母さんの人生にとって、このけやきの木保育園は単なる通過点ではなく、人生の転換点というか、人生を託した場というか、自立のために踏ん張った確かに生きた手応えを得た場所になったのではないかと感じ嬉しく思いました。

おわりに

子どもたちは、それぞれの家庭の事情を背負って保育園にやってきます。しかし、保育園では、どの子も同じご飯を食べ、同じように叱られ、同じように大切にされます。たとえ荒れた姿だったとしても、その姿の裏側にある本当の願いや背景を探りながら受け止め、友だちのなかに居場所ができることを応援していきます。手のかけ方は違っても、みんな同じように大切にされることが、自分と同じように人のことを大切に思える心を育ててくれるのだと思います。

そんな保育園だからこそ、おとなの姿にも同じように思いを馳せてきました。子育てや仕事の大変さ、その人自身が抱えている生き辛さに寄り添いながら、「本当はよりよく生きたいと願っている」という姿に信頼を寄せて、子育ての主体者となるように応援してきました。

保育の日常はたくさんの人の輪のなかで展開されています。0歳児クラスの頃からずっと職員たちは無愛想なあやちゃんのお母さんに話しかけ続けてきました。保育づくりもお母さんとの関係づくりもうまくいくことばかりではありませんでしたが、〝あやちゃんのことも、お母さんのことも大切に思っているよ〝困ったときは一緒に考えるからね〟という思いを込めて、保育を通じてかかわり続けてきました。そして、毎日のかかわりのなかから親子の生活をつかみ、体調の変化や心の動きに気づき、必要な援助を常に職員集団で模索してきました。

保育園は毎日通うところだからこそ、親子のなかに生活の一部として存在し、「自分のことを、わが子のことを、一緒に悩み考えてくれる人がいる」という日常をつくり出すことができたのだと思います。そして、困難に直面したときに、毎日少しずつ積み重なっていった日頃の関係が力を発揮したのだと思います。

「保育でしあわせになる。保育園って、そういうところなんだよね」と職員会議で発した園長の一言の意味の深さをあらためて職員みんなで考えました。保育って、子どもだけではなく、親も保育者も生きる意欲を育める場所なのだとあやちゃん親子との5年間を通して感じています。

※本稿は、和田亮介（２０１８）「保護者理解と保育園の役割 ―保育園は人とつながり、しあわせになる場所―」全国保育問題研究協議会第35回夏季セミナー要綱、32‐35頁の原稿に大幅な加筆・修正を加えたものです。

提案を読んで

二つの実践から学ぶ
―保護者との連携と保護者の子育て支援を進めるために―

永谷孝代

はじめに

子どもの育ちや子育てにかかわる社会の変化はめまぐるしいものがあります。社会の多様なニーズを受けて、保育における事業も大きく変化してきました。２０１７年に改定された保育所保育指針では第４章に「子育て支援」の項が挿入され、国の子育て支援が拡充されつつありますが、制度や事業の対象とならない親子や誰にも頼ることができずに子育てしている家庭もたくさんあるのが実態です。こうした社会状況のなかで、保育園でも生活困窮家庭や子育て不安・虐待など様々な背景を抱えた家庭が増えています。

ここで紹介されている２本の提案は「保育園は子ども・保護者の命のとりでで」であり、「当たり前に人間らしく生きる権利を誰もが持っていること」「その実現のために保育園が果たす役割」について保育園一丸となって真正面から保護者や子どもと向き合ってきた実践です。

(1) 宮前実践から学ぶ

① 宮前実践の重要なポイント

くわの実保育園は、子どもにとってよりよい環境を考えて、床は檜づくり、自然の風が吹きぬけ、太陽の光がふりそそぎ、鳥のさえずりが聞こえ、草花が風にゆれる、そんな素敵な保育園です。宮前さんの実践は０歳児の実践です。宮前実践の重要なポイントは次の４点です。

ア．子どもの成長を真ん中に保護者と喜び合う関係づくりを丁寧に取り組んだこと
イ．一人ひとりの発達に寄り添いながらの子育て支援
ウ．地域に根ざした保育園づくり
エ．保護者と一緒に保育基準を守る運動

② 子どもの成長を保護者と喜び合う関係づくり

入所して間もない頃の0歳児。担任や保育所にも少し慣れて自分から気になるところへ動き始めました。

くわの実保育園では、0歳児期の発達を押さえ、「快・不快の感覚を育てること」を大切にして、園では布おむつを使用しています。また、「水や泥でたっぷりとあそび、お腹いっぱい離乳食を食べて、ぐっすり眠っての生活」「自分でやりたい意欲のある子どもに育てるために自ら動ける身体づくり」を目指して保育を進めています。

0歳児ではじめて入園した保護者は、紙おむつは使わずおしっこがでるたびにパンツ・ズボンを替え、全身どろんこになっての泥あそびで山のような洗濯物に最初は戸惑うそうです。しかし、子どもたちにとって何が大切なのかを理解してもらうために、ていねいに保護者への対応をし、「今日こんなことができたよ」と子どもの様子を毎日伝え、クラスだより、年2回土曜日保育の日を利用した懇談会、行事への参加などを通して、子どもの成長を保護者と保育

者が一緒に喜び合える関係を粘り強く築いていくことで、園の保育への理解も深まっていきます。

子育てにおける社会状況の変化のなかで、いろいろな情報や便利グッズが出回っている昨今、子どもの成長にとって何が大切かの価値観も多様になってきました。そのなかで、布おむつの大切さや、感覚を育てること、食べて寝ることの大切さの意味をまずは保育園の実践で保護者に伝えていくことが重要です。

また、家に帰っておふろに入れない子や夕食にお菓子しか食べられない子、子どもだけで夜を過ごす子等、生きていくことに精一杯の家庭もあります。そうした家庭の保護者の背景に心を馳せながら、一緒にできることを考え合おうとする保育園の姿勢が保護者や子どもの気持ちを開く一歩になることを実践で確認することができます。

③ 一人ひとりの発達に寄り添いながらの子育て支援

発達がゆっくりのKちゃんの姿を保護者に丁寧に伝えながら、保育園で大切にしていることや日々変化する子どもの姿を保護者と一緒に喜び合うことで、家庭でも少しずつ工夫するように変化していきました。

くわの実保育園では、園の方針を家庭にだけ求めるのではなく、子どもの姿や成長を伝え、保護者と一緒に喜び合える関係をつくること、そのうえで園の方針をより具体的に伝えることを大切にしています。保護者・保育者が子どもを真ん中に一緒に考え合い、ともに育ち合える保育を職員のなかでも確認し合い継承し続けていることで、保護者への信頼関係も深まっています。

④ 地域に根ざした保育園づくりと保育運動

くわの実保育園では、保育園を卒園していった保護者が、保育園のためにと、忙しい中で練習してエイサーを卒園式に披露してくれるなど、子どもたちのために、保育園のためにと団結してくれる関係を園の歴史のなかで築いています。また、埼玉県では保育士の配置基準が1歳児は4（子ども）対1（保育士）（国は、6対1）となっています。毎年、県や市に対して、保育者と保護者が連帯して運動を粘り強く継続しているからこそ、守り続けている配置基準です。保育者の労働は過重です。その負担軽減のために、くわの実保育園では保育者の実労は7時間10分で休憩が90分あり、そのなかに事務時間が含まれていることが、２０１８年に開催された第3回乳児保育夏季セミナー（第35回全国保問研夏季セミナー）の分散会討議のなかで報告されました。保育者も元気に笑顔で働き続けられる働き方を追求していくことが、子ども・保護者の笑顔につながっていくのではないでしょうか。

子どもを真ん中に父母と手をつなぎともに育ち合える関係づくりを大切にし、保育の質を守り続けているくわの実保育園の実践は、国の規制緩和等の攻撃にあきらめることなく、父母と手つなぎしてよりよい保育を追求していくこと、保育園は地域とともに育ち合う関係にあることが重要だということが確認できます。

(2) 和田実践から学ぶ

① 和田実践の重要なポイント

生後6か月で保育園に入園してきたあやちゃんは生活困難な家庭で、社会問題になっている「子どもの貧困」そのものだったと報告されています。あやちゃんは3歳になっても、生活リズムは安定せず、友だちに対しても暴言が止まらず、尖った気持ちをぶつける姿は、人とのかかわりをあきらめているように見えました。そんなあやちゃんの「尖った気持ち」がどうしたら和らいで、安心して保育園に通えるようになるのか、日々格闘しながら取り組んでいます。その内容をまとめてみると次の6点の重要なポイントがあります。

ア．あやちゃんの尖った気持ちの背景を理解しようと努力したこと

イ．和田さん（担任）一人の悩みにせず、職員総動員で丸ごと受け止め続けてきたこと

ウ．楽しい「あそび」を通して、保育園であそぶことが楽しいと思えるように工夫したこと

エ．大好きな「友だち」ができたこと

オ．保護者と一緒に子どもの成長を確認し合ったこと

カ．国・自治体の制度と結びつけ、生活水準の引き上げにつなげたこと

② 生活背景の理解と保育園での生活・あそび

一言で「生活困難な家庭」といっても、それぞれ抱えている問題は違います。子どもの尖った気持ちの背景にある生活の問題を理解しようと、職員があきらめずに努力することが大事です。和田さんは「丸ごと受け止める」ということばで表現していますが、丸ごと受け止めるには保育者も忍耐力が要ります。行きつ戻りつする子どもの、保護者の、気持ちに寄り添いながらじっくり待つ姿勢が求められます。そして、担任一人で受け止めるのでなく、職員一丸となって、同じ状況を理解し、同じ方向を確認し合って、保育を進めることで保護者と保育園の信頼関係へと深まってきます。

信頼できる人との関係を深めることと同時に進めたいことは、「保育園に来たら…」という楽しい生活やあそびの工夫です。そのなかで、あやちゃんも「友だち」とあそぶことの楽しさを見つけ、大好きな友だちができてきます。自分が芽生え始めた子どもが信頼できるおとなを基盤に少しずつ、世界を広げていくように、あやちゃんも安心できる担任（保育者・保育園）から友だちへと世界が広がっていきます。

③ 保護者と一緒に子どもの成長を喜び合う

幼児期になると、子どもは自分の家庭状況を理解し始めます。友だちと同じように必要な物を用意してくれなくても、けっして母親を詰ろうとはしません。「どうせ…」とつぶやくあやちゃんのことばは心の声なのでしょう。〝友だちと同じようにしたい〟そんな願いをことばに出してしまうと苦しむのは母親だということを幼児期の子どもでも理解し始めます。そして心の奥にぎゅっと押し込んで毎日を過ごしています。友だち関係を築いていくうえで、自分（子ども）だけでは解決できない「社会の壁」にぶつかっている子どもがたくさんいます。

和田さんの実践のすばらしいところはそこであきらめてしまうのでなく、「保育園としてできることは何か」と職員みんなで知恵を寄せ合って前に進んだことです。貧困のなかで保育園で使用する物を用意できない母親の気持ちを傷つけないように配慮しながら、自己肯定感を高め、親子の人間としての尊厳を守りたいという保育園の姿勢が伝わってきます。

④ 誰にだってしあわせになる権利がある

保育園のなかだけでは、苦しさの根幹は解決しません。「人として当たり前に生活する権利があるんだよ」「誰だってしあわせになる権利があるんだよ」という保育園の思いが、母親の生活保護受給に対する気持ちへとつながっていったのではないでしょうか。子どもたちは保育園に家庭の事情や生活を背負って通ってきます。どの子も安心して生活でき、健やかに成長し、当たり前に健康でしあわせに暮らしていく権利があります。保育園はその権利を保障する最初の出会いの場所ではないでしょうか。

おわりに

子どもが生活の主体となる保育とは、子どもも保護者も権利の主体として尊重され、しあわせになる権利があることが守られる保育です。子どもを真ん中に家庭の、生活の、背景に心を寄せ、見えないものを見ようとする保育者の姿勢が、子育て支援の根幹を築いていくのではないでしょうか。保育園が子どもや保護者の命のとりでになり、一人ひとりがしあわせに暮らしていく権利が保障されるまで、私たちはあきらめず父母と一緒によりよい保育を追求していきたいものです。

第4章

これからの時代の豊かな乳児保育に向けて

1 「保育所保育指針」と乳児保育の現状と課題
―戦後、乳児保育の歴史から今を読み解く―

韓仁愛

乳児保育の原点に立つ

歴史を遡ると保育所の保育は、母親の働く権利と子どもの保育を受ける権利を同時に保障することを目指し発展してきました。なかでも、乳児保育は、働く母親にとっては必要不可欠な事業でした。初期の乳児保育は母親の都合が優先されていましたが、保育を受けていた乳児にとっては、多少の差はあるにしても、安全で安心できる場であり、友だちと一緒に過ごすなかで結果として発達を保障する場となっていました。

１００年以上の乳児保育の歴史のなかで、第二次世界大戦前は保育所の数は少なく、母親は子育てと仕事の両立が難しい状況のなかで、わが子の命さえ守ることができない場合もありました。戦前の乳児保育は宗教団体や慈善事業家・団体による貧困家庭のための民間保育施設、貧困対策としての公立託児所、婦人労働者を確保するための工場内託児所などがありました。しかし、その数は少なく、乳児保育の前例がほとんどないなか、保母は試行錯誤しながら乳児を対象にした実践を積み重ねてきました。

１９６０年代初期は、「三歳児神話」論が登場し、乳児は家庭で、特に母親が育てることを重視する政策の下、働く母親はわが子を保育所に預けることに後ろめたさを感じながらも「心を鬼」にして働く時代でした。しかし、どの時代でも乳児保育の必要性のみならずそれに対する期待も限りなくあったと考えられます。保育所における乳児保育は、子どもが健やかに発達する権利・教育を受ける権利と親の仕事と子育てができる権利との双方を保障することでした。そして、親と保育者、保育関係者、研究者らは両権利を同時に保障することを目指し、協働してきたことが日本の乳児保育の実践の誇りです。

しかし、現代における生活の変貌、少子化現象、親の労働状況の変化に伴い、待機児童解消を目指すなかで、乳児保育の原点が揺るがされ、これまで築き上げた保育が逆流するという動きとなっています。そのなかで、「何のため」「誰のため」の保育であるかを再確認するためにも、保育の歴史に学び、子どもの保育を受ける権利と親の働く権利の両保障をより充実する今日の乳児保育の課題を明らかにしていく必要があります。

乳児保育における公的保育制度の行方——歴史的な視座から——

乳児保育における公的保育制度への動きは、（1）細民対策としての公立託児所—大正期—、（2）共同保育所の運動と乳児保育の保育所づくり—戦後直後からの措置制度開始—、（3）保育運動と革新自治体による乳児保育の公共化—1960年代後半—、（4）ベビーホテル問題と公共の責任—1990年代前半—、（5）乳児保育の普遍化時代を迎えて—2000年以降—、の五つの時期に区分できます。以下、各期の公的保育制度の取り組みの概略を検討します。

（１）細民対策としての公立託児所 ―大正期―

地方から若者らが出稼ぎのために大都市に集まる社会現象のなかで、都市に貧民街が広がり社会問題となりました。そして、細民及び貧困対策として１９１９（大正８）年、大阪市に2か所の託児所が設立され、この動きは、京都からさらに全国へと広がります。貧民救済が主目的でしたが、乳児の受け入れに対する保育内容、保育時間、保育料の規定も定められ、乳児の衛生環境を憂慮した健康診断、無料または安い保育料、保育室の諸環境が完備されました。１９３０（昭和５）年には乳児を保育する所は１１０か所、１９３６年には１６３か所と徐々に増加しました。大阪の愛染橋保育所（１９０９年～）のように「家計困難なる労働者の為に」福祉の一環として開所した民間保育所とともに、市民の最低限の生活を保障する視点から公立託児所が設置されました。

（２）共同保育所の運動と乳児保育の保育所づくり ―戦後直後からの措置制度の開始―

戦後１９４７（昭和22）年、児童福祉法の公布により子どもの福祉の視点が新たに設定され、翌１９４８（昭和23）年、保育所を含む「児童福祉施設最低基準」が施行されました。公が必要と認めた案件については公費を給付する措置制度による保育が開始されました。秋田美子ら、戦前に実践経験を積み上げた人々による乳児保育の実践は引き継がれますが、戦後の生活再建上厳しい社会状況の下では、保育所の数が不足し、保母数も少なく、「乳児は預けられるだけでありがたい」と言われる状況が続きました。

そのなかで、親と保母がともに産休明けから預けられる共同保育所づくり運動が都市を中心に始められました。1953年東京大学職員組合婦人部によって作られたゆりかご保育園が共同保育所の最初と言われています。当時、出産後も働き続けたい組合員の願いが当局に受け入れられず、親たちが保母を雇い、間借りで保育を開始しました。

1960年代の「高度経済成長政策」による働く婦人の急増により、乳児保育への要求はさらに増加していきました。当時、乳児保育の受け入れ枠は少なく、施設・設備も不十分で、働く母親たちは妊娠・出産を理由に退職を余儀なくされました。働く母親たちは自ら保育所づくりの主体となり、乳児保育の実施枠を増やす保育所づくりに取り組みました。1950年代後半以降は、公立保育所の数は私立保育所のそれを上回っていましたが、乳児保育の受け入れ枠が少なかったため、その受け入れ先として、共同保育所に大きな期待が向けられました。

「三歳児神話」を生み出した1960年代初期には、『児童福祉白書』（1962〈昭和37〉年）や「保育問題をこう考える（保育の7原則）」（1963〈昭和38〉年）等、国をあげて母親による家庭保育を重視した政策が進められました。そして、集団における乳児保育の是非が問われるなかで、働く母親たちは「ポストの数ほど保育所を」のスローガンを掲げ、保育所づくり運動を一層高めていきました。

（3）保育運動と革新自治体による乳児保育の公共化 ―1960年代後半―

1962（昭和38）年に実施した第5回統一地方選挙で、横浜、京都、大阪、北九州の四つの大都市と全国78都市で革新市長が誕生しました。1967（昭和42）年、美濃部亮吉が東京の都知事となり、革新都政が誕生し、「七つのゼロ」と「八つのはじめて」がマニフェストとして提示されました。多様な保育施策のなかで乳児保育と無認可保育所に助成金が拠出されることにより、乳児保育を公共化に導くことに拍車がかかりました。美濃部都知事は無認可保育所に一定の基準を設け、公的助成が受けられるよう東京都の「保育室」制度を立ち上げました。乳児の数が多い無認可保育所への公的助成の枠を広げることは、乳児保育の枠を広げることになり、多くの自治体にも影響を与えました。美濃部都知事の無認可保育所協議会での回答（近江：２００３）は次の通りです。

①無認可保育所はいま、どうしても必要な存在で、その果たす社会的役割は非常に大きい。無認可保育所の問題は政治の貧困から来ているので、これはぜひ改善しなければならない。43年度予算ではできる限りのことをする考えで今二つの方法を考えている。一つは、②法律に反しない何らかの方法で無認可保育所に助成金を出すこと、もう一つは、③無認可保育所に都がお金を貸し、これで、認可保育所の基準に達するよう設備を整え、保母の待遇を改善してもらうことだ。また現行の認可基準の最少人数60人の枠を引き下げるよう政府に交渉したい」（①から③及び傍線は筆者）。

①では、美濃部都知事の保育政策への視点を見ることができます。当時の無認可保育所への責任が公にあることを認めています。そして、その改善策として、②の助成金の支給があげられました。また、③では、都が無認可保育所に資金を出資し、設備や保母待遇の改善を提示しています。この都知事の方針に対して、都議会からは「無認可保育所への公費助成は憲法違反」と指摘されましたが、美濃部都知事は無認可保育所への助成金支出を行いました。美濃部都知事の政策は各地に影響を与え、無認可保育所に助成金を出す自治体も出てきました。

1968（昭和43）年、厚生省は「小規模保育所の設置認可」で、都市部に限り従来の認可基準を定員「60名以上」から「30名以上」に緩和しました。3歳未満児が多い無認可保育所は認可基準の定員が引き下げられたことで助成金受給対象の施設になったのです。即ち、整えた環境下で乳児保育を行う保育所が増え、乳児保育が全国に広がることに繋がりました。また、3年後の1971（昭和46）年には過疎地にも乳児保育所が適用されることになりました。

1969（昭和44）年の中央児童福祉審議会「保育所における乳児保育対策」の答申では、乳児保育の需要の多い都市部の保育所で、一定数以上の0歳児の保育を行っている場合、都道府県の補助に併せて国費による補助が実施されることになります。また、同年厚生省による「乳児保育特別対策」では、「乳児（0歳児）について安全を保持し順調な発展を促すため、職員の配置や設備などの保育内容を配慮して行う」として、非課税世帯の乳児が9人以上在籍している指定園では、保母の他に保健婦又は看護婦を1名配置し、保母とこれら1名を含めて、0歳児の人的配置が3対1とされ、現在に至っています。

1960年代前半には家庭保育重視とともに「3歳までは母親の手で」という「三歳児神話」を生み出した一方、後半には保育所づくり運動という住民の動きとともに、革新自治体の誕生により乳児保育と無認可保育所への取り組みや保育所認可基準の定員引き下げ、0歳児保育への具体的な政策等、乳児保育にとっては変動が著しいなかで、乳児保育の一般化に向けて前進した年代となりました。

（4）ベビーホテル問題と公共の責任 ― 1990年代前半 ―

1970年代に入って地域社会や親の生活実態の変貌が著しくなり、保育要求も強く、その内容も長時間保育、低年齢児の受け入れ、途中入所等、多様性を帯びてきました。保育要求に公的施策が追い付かないなかで、無認可保育所の増加も止まらず、都市部では従来の無認可施設とは性格の異なる育児産業としてのベビーホテルが出現しました。ベビーホテルは、本来企業として営利追求中心の施設であることから保育条件は十分ではなく、ベビーホテルでの死亡事故が増えるなかで、1980年に25件もの死亡事故が発生し社会問題となりました。この子どもの死亡事故をきっかけに厚生省はベビーホテルの全国実態調査を行います。1980（昭和55）年の実態調査では、その内の6割が3歳未満児だったことが明らかにされました。当時TBSのアナウンサーで、後に千葉県知事となった堂本暁子の取材結果によれば、親がベビーホテルを選んだ理由は、利便性・制限のない保育時間、預かる条件を問わないこと、対象児の年齢を問わない安い保育料等でした。ここには、生活のためにわが子をベビーホテルに預けざるを得ない親の切実さと健やかに育つ権利を奪われた子どもの存在が浮き彫りにされた事実がありました。いずれにせよ、乳児保育・延長保育、夜間保育・障害児保育など、特別な支援が必要な家庭への公的支援が行き届かない結果でした。一方、このことがきっかけで夜間保育・延長保育が制度化されることになります。

ところで、1980年代はベビーホテルの数は横ばいでしたが、1990年代後半からは再び増加します。1997（平成9）年には649か所、2000（平成12）年には1000か所を超えました。さらに、2014（平成26）年には1749か所で、入所児3万2523名中の1万8618名（約57％）が、2017（平成29）年には1473か所で、2万3171名中の1万3335名（約58％）が3歳未満児で占められていました（全国保育団体連絡会・保育研究所：2020）。

ところで、2017年度の指導監督立入調査によれば、認可外保育施設指導監督基準に適合しない状態にある施設が58％を占めました。「保育士又は看護師」が従事者の3分の1以下とされる施設があるなど、十分で安全な保育環境ではないことが指摘された一方、ベビーホテルしか預けられない親と過ごさざるを得ない子どもがいる現状について十分な検討が必要でしょう。

（5）乳児保育の普遍化時代を迎えて ―2000年代以降―

1989（平成元）年の「1・57ショック」は日本中に大きな衝撃を与え、少子化現象が国の政策課題として注目されるようになります。1992（平成4）年6月児童家庭局長は私的諮問機関「これからの保育所懇談会」を設置し、翌年4月に「今後の保育所のあり方について」を発表しました。「仕事と子育ての両立を支援する機能」を強調し、これまで「特別保育」であった乳児保育と延長保育等を「付加的サービス」から「保育所の一般的機能」として位置づけました（中村：2009）。他方、保育所は地域社会の子育て支援サービスを積極的に行い、子育て家庭の親と子どものニーズに応えていくことが期待されました。

1994（平成6）年に策定された「エンゼルプラン」は子育てと仕事の両立支援を目的とし、その詳細として「緊急保育対策等5か年事業」が実施されました。1999（平成11）年には「新エンゼルプラン」で雇用環境と母子保健医療体制を整えることで出生率の低下を解消しようとしましたが、少子化現象は止まることはありませんでした。2003（平成15）年には「次世代育成支援対策推進法」と「少子化対策プラスワン」を、2004（平成16）年には、「少子化社会対策大綱」の閣議決定により、その計画である「子ども・子育て応援プラン」に基づき、2009（平成21）年度まで各地方自治体の達成目標数値をあげることで少子化への歯止めをかけようとしました。

一方、J・ボウルビィーの理論に基づき「三歳児神話」が作られた『児童福祉白書』（1963）の発刊から30数年が経つ1998（平成10）年、厚生省は『厚生白書』でやっと「三歳児神話には、少なくとも合理的な根拠は認められない」（厚生省：1998）と表明をするに至ります。このことは、乳児保育史上大きな意義があったといえます。急激な少子化現象に歯止めをかけるためには、これ以上子育てを家庭や母親だけに押し付けることはできないと認めたことにもなる朗報でした。とはいえ、未だ社会には根強く「三歳児神話」の思想は残存し、働く母親たちが3歳未満児を集団保育に託すことに心を痛めることがないとはいえません。前掲『厚生白書』（1998）は「乳児保育指定保育所制度廃止」とともにすべての保育所で乳児保育を実施する社会体制づくりや乳児保育の一般化につながりました。

乳児保育における措置制度と認可保育所の役割

2018（平成30）年の子どもの貧困率は13・5％で、17歳以下の子ども約7～8人に1人が貧困に該当します（厚生労働省：2020年7月）。以前の所有物を持つことで判断できる貧困から不可視的な子どもの養育環境をも含む貧困（小西：2015）が現れ、苦しむ子どもが増えてきました。3歳未満児にとって貧困は、直接的に命を左右する程の問題であり、間接的には貧困から発達障害、虐待へと繋がることも少なくありません。それ以外にも、孤立した親による養育の仕方の貧しさ、わが子を可愛いと思えない親が増える等、様々な社会問題が浮上してきました。このような親子の貧困を地域で見守りながら手を打ってきたのが従来の認可保育所です。

保育所では、子どもが、安全に生活し、あそぶだけではなく、園内の日々の生活のなかで子どもたちが自分で考え、生きる土台づくりや生活文化を学び、かつ各家庭にその成果が届けられてきました。特に、自分の気持ちをことばで十分表現できない乳児にとって保育所は、生命を含む発達を保障し、親にとってわが子の成長・発達を共有し、働く意味を支える、安心できる居場所になっています。そして、できる限り生活費に響かない保育料、延長保育料により保護者の働くことや生活を支え、子どもの保育時間を保障し、子どもにとって豊かな保育内容、保育環境を保障していくのが認可保育所の役割です。

ところが、1997（平成9）年の児童福祉法「改正」により、保育所入所に関する第24条が改正され、「保育所に入所させ、保育する措置」の文言が削除されました。保育所における措置制度は残るものの、地方自治体に保育の実施が義務づけられ、利用者と自治体との契約関係が明確になりました。2000（平成12）年には認可保育所の設置主体制限の撤廃とともに株式会社の参入が決まり、2012（平成24）年「子ども・子育て支援関連三法」は「欠格事由に該当する場合や供給過剰による需給調整が必要な場合」を除く営利法人を原則認可するよう地方自治体に求めることになりました。今日まで、福祉として提供してきた保育に対するセーフティネットが、「親の意思を尊重する自由契約制」の名目で崩れかけていきました。

さらに、2016（平成28）年3月31日には「福祉サービスの供給体制の整備及び充実」を図る目的で、「社会福祉法等の一部を改正する法律」が公布され、2017（平成29）年4月1日に施行されました。その内容は、社会福祉法人制度の改革として、経営組織のガバナンスの強化、事業運営の透明性の向上、財務規律の強化、地域への公益的な取り組みへの債務、行政の関与の在り方を示しています。このように社会福祉法人への経営の明瞭化が求められるなかで、一例ではありますが、2016（平成28）年12月20日大阪市城東区社会福祉法人「くれない学園」の前副園長が3億7千万の資金を不正流用したと刑事告訴される事件が起こりました。一層、社会福祉法人の見直しが問われる一例でもありました。

日本において、社会福祉法人の認可保育所は、戦後からの措置制度を通して、公的な責任を持った保育所として福祉事業を担ってきました。戦後すぐから１９５０年代の国民の生活再建のなかで、保育所は生活保護的な位置づけがされていました。１９６０年代以降は、日本型社会福祉制度の枠組みのなかで、公立保育所同様に保育事業を提供する担い手として社会福祉法人の保育所は福祉の視点で親子を支える実績を積み重ねていきました。地域格差とともに社会福祉法人の方針や集団の質の差はありますが、園内の保育だけではなく、親への子育て支援、行事等を通して地域に向けた貢献は民間保育所だからできる内容が多く含まれます。

待機児童解消の切り口はどこから

（1）少子化と待機児童の現状と対策

２００５（平成17）年合計特殊出生率が過去最低の１・26を記録し、１９８９（平成元）年の「１・57ショック」以来2度目のショックを与える出来事となりました。それ以降、２０１０（平成22）年には1・39、２０１５（平成27）年は１・45で微増しましたが、再び２０１６（平成28）年から減少し、２０１８（平成30）年には１・42、２０１９（令和元）年には１・36となりました。

２０１５（平成27）年4月より「子ども・子育て支援新制度」が開始され、認定こども園への移行と地域型保育給付のなかでも小規模保育事業と家庭的保育事業を拡大することで待機児童解決策が出されました。新制度が進行するなか、2016(平成28)年2月15日には匿名ブログの書き込みがSNSで爆発的に広がりました。同2月29日には前述のブログが待機児童問題として国会で取り上げられ、話題となりました。書き込みをしたのは、1歳児の母親で、掲載したことばは「保育園落ちた 日本死ね!!!」(匿名ブログ:2016)でした。そのことばには、当該母親が結婚し仕事をしながら子育てをしてきたが、いざ社会で活躍しようとすると、子どもの入所できる保育所がなく、子どもを産み育てることを保障できない国に対して納得できないという、切羽詰まって行き場のない気持ちの苛立ちが潜んでいました。それは、皮肉にも2016(平成28)年を代表する流行語大賞に取り上げられる程、2016年の子育て事情・社会を表した一言でした。

一方、2020(令和2)年4月1日現在(厚生労働省:2020年9月)、全待機児童1万2439人のうち3歳未満児は1万830人で約87%、なかでも1・2歳が最も多く全体の77・2%を占め、3歳未満児の保育需要は高くなっています。さらに、待機児童の新定義により外された自治体独自の認証保育所、認可外保育所である企業主導型保育所などに入所している3歳未満児の「隠れ待機児童」が数多くいることが推察できます。即ち、待機児童の新定義は、日本が現在抱えている保育問題を見づらくしており、むしろ、実際の待機児童の状況を明確に把握し、改善する手立てを模索することが求められるといえます。なお、待機児童の約87%を占める3歳未満児にとって、規制緩和により十分な保育環境ではない保育施設に入所している子どもが待機児童の数から外されることは、子どもたちの健康と安全そのものを脅かすことになりかねません。

2015(平成27)年4月に開始された「子ども・子育て支援新制度」が提示している施設型保育給

付には、認可保育所以外に認定こども園、地域型保育事業があり、待機児童対策に対応する保育事業として積極的に進められました。ところが、実際には認定こども園の増設は、待機児童の解決策にはなりませんでした。なぜなら、認定こども園のなかでも3歳未満児が入所する幼保連携型認定こども園、保育所型認定こども園が増えることとイコール、3歳未満児の入所が増えることには結びつかなかったからです。どちらかといえば、地域別保育ニーズに応じるための認定こども園への奨励が大規模な保育施設を設置するきっかけとなる例が少なくありませんでした。

たとえば、2018(平成30)年に開園予定だった大阪府「阪南市立総合こども館」(女性セブン：2016)は、老巧化した四つの公立幼稚園と三つの保育所を1か所に統合し、0歳から5歳児600人規模のこども園を設置する計画でした。2015(平成27)年3月「こども館」を設置することが可決されたものの、父母を含む住民約1万3000名の反対署名により「こども館」の設置を取り消すことになりました。いくら認定こども園の認定基準を満たすものであっても、3歳未満児にとって600人という大規模の集団保育は落ち着く場であるとは考えにくいものです。単なる「子どもを収容すればよい」施設ではなく、子どもの安全かつ健全な環境のなかで、発達の保障ができる生活基盤を創造する場が保育の場です。それ故、保育施設が大規模になることは、生活環境そのものが保育の内容を左右するともいえる3歳未満児保育への理解が不十分であり、親のいない間に「預かる」「託児する」場と考え、3歳未満児保育を軽く扱っているともいえます。待機児童解決の視点が、親の不安を軽減する、苦情を減らすための、外見的な数値にとらわれた緊急処置としか考えられていません。待機児童の解消方法としては、目前の結果を急ぐ施策ではなく、子どもの保育を受ける権利と親の子育てを楽しみながら生活と仕事が両立できる権利の保障を推進する保育環境づくりが求められます。

（2）家庭的保育事業と小規模保育事業における乳児保育

新制度のなかの待機児童対策で注目されたのは家庭的保育事業と小規模保育事業です。では、両事業が今日に至った経緯について触れていきます。

家庭的保育は、１９４８（昭和23）年、厚生省が昼間療育運営要綱で昼間里親制度として発足させ、地方単独事業として推進されてきました。これらの職員は、家庭福祉員と称され、１９７３（昭和48）年になると〝保育ママ〟と呼称する市町村も出現しました。２００１（平成13）年には、家庭的保育事業は自治体の補助事業として開始され、２００８（平成20）年の児童福祉法の改正により、「家庭的保育事業ガイドライン」が制定されました。それから２０１２（平成24）年には「待機児童解消加速プラン」に先がけ、複数の家庭的保育者がグループで運用する「グループ型小規模保育」が拡大することになりました。そして、２０１５（平成27）年の子ども・子育て支援新制度では、各市町村が保護者の申請を受け、保育の必要性を認定・確認する国の認可事業として位置づけられます。２０１８（平成30）年現在、家庭的保育事業は９３１か所に至っています。

小規模保育事業は、安心こども基金を活用した試験的事業として開始され、自治体によっては「グループ型（ＮＰＯ型）家庭的保育」という名前で実施している所もありました。東京都の認証保育所、横浜保育室、せんだい保育室などは、この流れで生まれたものです。２００１（平成13）年頃から待機児童解消のための一施策として自治体独自の補助が行われ、小規模保育所は、２０１５（平成27）年４月１日「子ども・子育て支援新制度」の開始とともに認可保育事業の法制度の下での保育事業として位置づくことになります。２０１６（平成28）年には２４２９か所、２０１８（平成30）年にはさらに増加し、4267か所になりました（全国保育団体連絡会・保育研究所：2020）。

新制度において家庭的保育事業と小規模保育事業を公的保育制度の下におくことは、公的支援の枠組みのなかに両事業を位置づけることを意味し、意義深いともいえましょう。しかしながら、実際に両事業で行われている3歳未満児保育は物的環境が十分でないことと、小規模保育事業A型を除いては、保育の専門性を備えた有資格の保育士が2分の1以上であったり、家庭的保育者（市町村長が行う研修を修了した保育士、保育士と同等以上の知識及び経験を有すると市町村長が認める者）であれば保育が可能になるなど、人的環境が整えられていないまま保育が行われているのが現状です。公的な保育を行う場として、3歳未満児保育に相応しい保育環境を整えることが求められています。さらに、親の立場から見ると、入所3年後には3歳児クラスに進級するための新たな保育施設を探さねばならないという、「三歳の壁」に遭遇することや、同法人の分園に入所できても、待機児童がいて定員が決められている現状から3歳になって本園に入所できるとは限らない実情もあります。

2016（平成28）年9月、東京都の小池都知事は「三歳の壁」の解消策として、積極的に保育園の敷地を提供すること、「小規模認可保育所の全年齢化」と「育児休暇を2年に延長すること」を掲げました（小池：2016）。小規模保育所には3歳未満児6人から19人までを定員とする認可基準があります。それは、3歳未満児の生活とあそびのできる面積基準です。従って、そこに幼児が在園することになると、園舎の面積・環境等の問題が新たに発生します。

育児休暇については、企業側と復職時の親双方にとって、2年に延長した場合の条件等が整備されていないなかでの提案で、「政治の世界と現実との乖離」を感じさせられます。

また、保育時間の設定では、家庭的保育も小規模保育所も8時間を超える場合は延長保育料金が徴収されますが、認可保育所はもちろんのこと認証保育所よりも高い保育料となりかねません。なお、限られた人的環境で実施するため、延長保育が保障されていない所も少なくありません。

さらに、自治体にもよりますが、つぎのような問題も指摘されています。たとえば、初期費用の公的価格がないこと、各自治体の助成に格差があること、そのなかでの経済的状況や3歳以上児の入所可能な保育所と連携できる施設探しなどの課題があります。また、実際に運営するなかでは、認可保育所の事務負担が多く、25％以上の事業者が抱えている「定員枠が埋まらない」ため財政困難等の問題（全国小規模保育協議会：２０１６）が山積しています。そして、最も懸念されることは、保育を担当する保育者全員が有資格者ではないことです。

家庭的保育事業や小規模保育事業のように、家庭的な雰囲気のなかで子どもたちが健やかに育つことを大事にする一方、自園の給食があり、園庭というあそぶ環境が整えられ、3歳以上の子どもとも触れ合える認可保育所の数を増やし、子どもが伸び伸びと健やかに生活し、あそべる環境を保障していくなかで待機児童を減らすことが求められます。やはり待機児童解消の切り口は、公共性を持つ認可保育所であり、その他の小規模保育事業や家庭的保育事業等は、親が自由に選択できる範疇にある施設として位置づけるのがよいのではないでしょうか。長期的に子どもと親のことを考慮する視点に立つと、待機児童問題の解消方法は、基準緩和等の正当な道以外で解決を図るのではなく、目の前の課題一つひとつに真正面から向き合いながら解決していくことが私たちに求められていると考えられます。

改定「保育所保育指針」と乳児保育

（1）改定内容と乳児保育

1965（昭和40）年保育所における保育の基本原則を示した「保育所保育指針」が制定されました。その後は1990（平成2）年に初回改訂以降約10年毎に改定され、2017（平成29）年に4回目の「保育所保育指針（以下「新指針」）」の改定が告示されました。今回は「新指針」のなかでも直接乳児保育と関連する5点について述べます。

第一は、「旧指針」の「第3章　保育の内容」にあった「養護」を、「新指針」では「第1章　総則」に「養護の理念」として位置づけたことです。保育所の保育は「養護及び教育を一体的に行うことをその特性とするもの」とされ、「保育全体を通じて、養護に関するねらい及び内容を踏まえた保育が展開されなければならない」と示されました。保育所のすべての子どもに「養護」を最も大事な原則としています。

第二は、3歳未満児の発達区分の違いです。「旧指針」では、6か月未満児、6か月から1歳3か月未満児、1歳3か月から2歳未満児、2歳児というように月齢・年齢を分けていました。「新指針」では、「乳児」と「1歳以上3歳未満児」の年齢区分になっています。「旧指針」に比べて、成長ぶりが著しい0歳児や個々の発達の差によりかかわりを考慮すべき1歳児と2歳児をまとめていることは、子どもへの配慮事項が提示されているとはいえ、これまでの3歳未満児の保育実践で考慮してきた月齢や年齢など一人ひとりの発達に沿った保育のあり方から勘案すると、新たな課題が残された年齢区分ともいえます。

第三は、保育内容についてです。新指針では、各年齢区分の乳児を0歳児に限定し、「ねらい」及び「内容」を「健やかに伸び伸びと育つ」「身近な人と気持ちが通じ合う」「身近なものと関わり感性が育つ」としています。1・2歳児では、3歳以上の5領域（健康・人間関係・環境・言葉・表現）を保育内容として提示しています。実際に、1歳以上児に対する5領域は既に日々の実践で行っている内容でもありますが、今回、あらためて「5領域」を1歳以上の保育内容として提示したことで、保育者自身が子どもの活動を進めていくに当たり、5領域を意識し、ねらいを持って日々の保育を行うことが求められていることを示しています。

第四は、「育みたい資質・能力」（三つの柱）として「幼児期の終わりまでに育ってほしい姿」（以下「10の姿」）が示されたことです。その「10の姿」には、「健康な心と体」「自立心」「協同性」「道徳性・規範意識の芽生え」「社会生活との関わり」「思考力の芽生え」「自然との関わり・生命尊重」「数量や図形、標識や文字などへの関心・感覚」「言葉による伝え合い」「豊かな感性と表現」があげられています。

これまで多くの乳児保育の実践では、子どもの今を見逃さないように子どもたちの姿をとらえると同時に、先々の成長発達を見通したうえで子どもの今、そして今後を計画し、かかわってきました。その日々の保育が点だと想定すると、その点がつながり、健やかな子どもの成長という線になります。確かに、新指針の「10の姿」のように、子どもの育ってほしい成長の方向性を示すことは大事です。しかしながら、ともすれば、その姿だけを追い求めながら今の子どもの姿をとらえることにならないでしょうか。それでは日々の子どもの細やかな発見や変化を見逃す恐れがあります。そして、それは子どもの成長へのシグナルから発せられた姿ではなく、おとなの思いが中心となった成長を求めることになります。そのようにならないためにも、個々の保育者の視点や力量による新指針の解釈が子どもへのかかわりの決め手になるでしょう。

第五は、「第3章　健康と安全」で、食物アレルギー児への対応と食育の充実などが修正されました。まだ胃腸が十分に育っていない3歳未満児にとって食物アレルギーへの対応の充実が図られたことは、3歳未満児クラスに食物アレルギー児の占める割合が増えてきた今日において、子どもの生命を守り、食育を推進する重要性を示すものになっています。

以上、改定「新指針」の変更内容を検討しました。大事なことは、目の前の子どもの姿をどうとらえ、子ども一人ひとりが生活とあそびを楽しみながら自分らしく健やかに成長できるようにするかです。それを支える保育者または保育者同士が「新指針」のとらえ方を検討し共有して、保育者の力量を高め、乳児が一日一日を生き生きと主体的に過ごしていける乳児保育の実践を進めていくことが重要です。

(2) 乳児保育の保育内容について ―「養護」と「教育」―

保育所保育指針が提示する「養護」とは、子どもの生命の保持及び情緒の安定を図るための保育士の援助やかかわりで、「教育」とは子どもの成長・発達や活動をより豊かにするための発達の援助内容と記されています。

本項では、改定「新指針」の「乳児期からの発達と学びの連続性」を考えるうえで、乳児保育において養護と教育がどのように関連するかについて考えてみます。

生まれてすぐの0歳児はおとなの手を借りないと何もできない状態にあります。0歳から月齢や年齢が上がるなかで、自分でできること（自立）と自分以外の友だちやおとなとのかかわりでできることが増えていきます。その過程で、養護に当たる生活内容そのものが3歳未満児の発達につながる重要な保育内容になります。3歳未満児の保育内容の構造は基本的生活の基盤があり、そのうえにあそびや課業が展開され、その豊かなあそびの保障が今度は生活をより充実させていきます。

しかし、一般的に基本的生活の各事項（睡眠、食事、排泄、着脱、清潔など）が先に習得され、「教育」に当たる内容が後からついてくる、あるいは、「養護」内容は本能的なもので、「教育」は知的な活動であり3歳未満児には早いと勘違いされることがあります。本当にそうでしょうか。たとえば、1歳児前半の食事の場面を考えてみます。食事は「食べる」という行為だけではありません。椅子に座ってスプーンを持って食べ、食べ始めや終わりに「いただきます」「ごちそうさまでした」のことばと同時に手を合わせるしぐさ（行為）をします。食事では、友だちや保育者とのやりとりを楽しみ、様々な食材に触れることもあります。「食事」活動のなかには上記のように、食事文化（スプーンを持って、あいさつをする）とことば（コミュニケーション）、人間関係が含まれています。

食事以外の他の活動も同じで、「養護」の内容それぞれのなかには無数の教育的要素が存在します。保育者の子どもに寄り添い、育てたいねらいとかかわり方で、子どもは健やかに一つひとつを吸収し、発達していきます。0歳児は一つずつ感じ取ったことをバネにし、自分を肯定的にとらえ、生活主体者として成長します。これが本来の保育内容の「教育」ではありませんか。生活とあそびを切り離すことができない乳児期の一つひとつの活動が、幼児期、学童期の活動に繋がっていきます。

大宮勇雄は、保育を「生活全体で育つもの」として、「探究心を育む豊かな環境と心踊るあそび、できばえや結果から子どもを評価・指導するのではなく、その試行錯誤のプロセスをともに楽しむ先生やなかまたちとの生活、そしてその根底にある心からの安心感や信頼感、それらすべてが一体となったものとし、従って『教育』と『保育』を分けることはできない」（大宮：２０１６、41頁）と定義づけています。

３歳未満児の「保育」は大枠で「養護」と「教育」とに分けられますが、日々の実践では、双方が日々の生活のなかで絡み合いながら展開し、子どもは成長・発達していきます。ここで示す保育が、大宮の言う「生活全体で育つ」の定義に繋がるのではないでしょうか。

清水玲子は『保育学研究』（54巻3号）で、最近のスウェーデンとドイツの「乳児保育」の事情を述べています。それによると家庭的保育が減少し、保育施設を好む傾向があるようです。清水はその理由を、保育者の資質の問題とともに、「こじんまりして安心できる保育」から「教育」的な要素が求められている（清水：２０１６）と分析しています。

二国の実情から、今日求められる乳児保育を鑑み、あらためて私たちの乳児保育の実践内容を明確にすることが必要でしょう。いわば、既に実践者たちが行ってきて、今も取り組んでいる乳児保育の実践内容を解明することです。外部の乳児保育に関する認識の違いに対して、保育者自身が3歳未満児の生活とあそびにおいて、それぞれの実践に込めた教育的な営みを説明でき、示すことが求められます。それを可能とする専門職としての保育士の存在が重要だと考えます。

今後の乳児保育を創造していくために

これまでの乳児保育を歴史的に振り返ると、はじめは親子がともに「生きる」ために必然的に生まれてきたのが「乳児保育」でした。そして、現代においては乳児保育のあり方が保育の質を問う決め手であり、社会全体の子育てを図るバロメーターとしてとらえられる程、乳児保育が重要になってきました。今後、待機児童問題の解決を含め、乳児保育をより豊かにするために、以下の4点を提起します。

(1) 乳児の健やかに育つ権利を保障する公的保育制度の充実を

「児童福祉法」の精神に基づく認可保育所の「児童福祉施設最低基準」は1947(昭和22)年に制定されて以来ほとんど最低基準を変更することなく、戦後すぐと同様の認可基準で今日に至っています。そして、2011(平成23)年には「児童福祉施設の設備及び運営に関する基準(以下「設備運営基準」と略す)」と名称が変更され、7年後の2018(平成30)年、厚生労働省令として新制度に基づく「基準」として改正されました。改正「設備運営基準」の乳児保育の部分では、待機児童解消を名目に3歳未満児保育の基準が緩和され、子どもが伸び伸びと育てられる豊かな保育環境どころか「限られた生活空間」の場になり、そのような環境の下で保育者の工夫と保育者同士の連携によって子どもの生活とあそびが守られています。

2016(平成28)年12月5日、内閣府・厚生労働省・文部科学省共同で「みんなが、子育てしやすい国へ。すくすくジャパン(平成29年度)における子ども・子育て支援新制度に関する概算要求の状況について」で、次年度の予算を発表しました。このなかには「すべての子ども・子育て家庭を対象に」と、その整備計画から実施主体までを「市町村」で行うことにしています。地方自治体の責任を重視し、地域性を活かしているように見えますが、「保育は公的な責任」で行う視点から見ると、国は責任をますます自治体へと転化し、見守り役になっているのではないでしょうか。

幼児も同様ですが、３歳未満児の生活とあそびが充実できる環境づくりを国が責任をもって考えることが求められます。保育の室内外の空間と保育士の配置基準、保育内容への配慮がそれに当たります。基本は園庭や自園調理の給食を保障する、子どもとかかわる保育士の配置基準では全員が「保育士」資格の保有者であること等がミニマムスタンダードに盛り込まれることだと思います。

「基準を緩和すること」が施設を増やすことにつながると錯覚されるようですが、長い目で見ると、基準を緩和したことで子どもも保育者も親も安心できず、新たな社会現象を生み出す保育となりかねません。あらためて、「誰のため」「何のため」の乳児保育であるかを歴史に学び、国の責任で保育所が発展するよう進められることを望みたいところです。

（２）保育者の質の向上が乳児保育の質の向上の要

従来の認可保育所という枠組みが大幅に変更となり、保育施設の認可基準が緩和されるなかで、子どもの生活とあそびを保障するセーフティネットが崩れてきました。特に、待機児童解消対策として、家庭的保育事業、小規模保育事業、事業所内保育事業、そして、自治体による認証保育所、企業主導型保育所等が増えていくなかで、待機児童の多くを占める3歳未満児がその対象になっていることはいうまでもありません。物的環境の豊かさはもちろんですが、最も危惧するのは保育者の質が問われていることです。乳児保育を担当する保育者は乳児保育に必要な理論と実践を学んだ有資格者であることが必須条件であることを考慮するなら、無資格者が保育を担うことは望ましくありません。

２０２０（令和２）年12月に、「新子育て安心プラン」が公表され、翌２０２１（令和３）年から

2024（令和6）年までに約14万人分の保育の受け皿を整備する計画が立てられています。その詳細には待機児童のいる市町村では、「各クラスの常勤保育士1名が必須である」という規定をなくし、2名の短時間保育士を可能としています。なお、保育資格が不要の「保育補助者」において「勤務時間30時間以下」の規定を廃し、「活躍促進を図る」ことにしました。おとなとのかかわりを基盤に生活とあそび、友だちとの関係が広がっていく3歳未満児において、じっくりとかかわるおとなが減り、おとなの数だけが増えることになると想像できます。なお、いまだ複数担任間の連携について乳児保育の課題が多いなか、担当保育士が多くなることは、子どもの姿を共有し、日頃の保育をつくっていくうえで、保育者同士の仕事の調整が難しくなり、新たな課題になるでしょう。さらに、乳児保育クラスで資格なしの保育補助者の勤務時間制限がなくなることは、資格なしの保育補助者が子どもたちとかかわることが増えることにもつながり、子どもの安全と保育の質が問われると考えられます。

（3）親をも含む福祉としての乳児保育を

近年、社会の変貌や親の労働形態の変化により、生活の貧困、親の養育力の貧困が増えています。子どもが健やかに生きることを保障するには、園内だけでは守り切れず、親を含む家族のしあわせを念頭に置いた保護者への働きかけが重要であることはいうまでもありません。大方美香は、「多様化する3歳未満児保育の現状と課題」（『保育学研究』54巻3号）で、大阪市の夜間保育や病児保育では3歳未満児の利用が増える現状にあると述べています。加えて、「昼間の保育も夜間の保育も、子どもの実態や保護者の背景に思いを寄せ、子どもを軸にした子どもを中心に据えた保育が必要である」（大方：2016、83頁）と提示しています。

まずは、保育所はそれぞれの親の就労状況に合わせて預けることができる場であり、わが子と安心して生活できることを保障する場であることが期待されます。そして、保育所はどんな状況にあっても親自身が「生きる」こと、「わが子の成長を嬉しく思う」ことをあきらめない居場所で、その発信者が保育者であってほしいと考えます。それ故、保育所と保育者の存在は親と子と社会を繋ぐうえで重要な役割を持つといえましょう。

（4）保育者と親がともに創造してきた乳児保育の「共同」を継承して

冒頭でも述べましたが、日本の乳児保育は親、保育者、研究者が、ともに実践と理論を創造してきた歴史があります。（1）では紙幅の関係で深く触れませんでしたが、戦前にも乳児保育は行われていました。そして、保育問題研究会（1938年～1941年）の第二部会である乳児保育部会が活動し、後に日本保育学会の会長になる山下俊郎と秋田美子らにより保育内容が検討されていました。戦後すぐに羽仁説子を代表とする民主保育連盟（1946年10月～1952年）は、新しい保育所づくりを目指し、理論研究とともに実践の検討を行いました。

その後、1955年（昭和30）には東京保育問題研究会が、また、1959（昭和34）年伊勢湾台風救援活動としてセツルメント保育所がつくられ、その過程で名古屋保育問題研究会が結成されました。以降、各地で保育問題研究会が結成されるなかで、1961（昭和36）年には全国保育問題研究協議会が立ち上がります。その翌年1962（昭和37）には第1回全国保育問題研究集会が開催され、それ以降今日まで保育問題研究会の全国集会は続いています。一方、1969（昭和44）年には全国保育団体合同研究集会が開催され、全国保育問題研究集会と全国保育団体合同研究集会では、毎年乳児保育の実践と理論が検討されています。

　時代毎の保育の取り組みのなかで乳児保育は、保育者、親および研究者が力を合わせ、保育政策に提言をしながら保育内容を実践し、理論研究を積み上げてきました。子どもの最善の利益の保障と働く親の支援を乳児保育の柱に、その役割は親、地域の子育て支援にも広がっています。一部の保育所だけの運動ではなく、保育者、親、研究者が互いに力を合わせ、より質の高い保育を目指してきた歴史は今後も継承していきたいと願うところです。

【引用文献】

・近江宣彦（２００３）「東京都美濃部都政における保育政策に関する先行研究の検討」『純心人文研究（9）』56頁

・大方美香（２０１６）「多様化する3歳未満児保育の現状と課題」『保育学研究（54）』3頁、83頁

・大阪府阪南市「園児６００人の巨大『こども園』の波紋」（『女性セブン』２０１６年７月14日号）：https://www.newspostseven.com/archives/20160704_426353.html?DETAIL〈２０２１・１・20取得（閲覧）〉

・大宮勇雄（２０１６）「乳幼児期に育つ大切なもの―保育とは何かをあらためて考える―」『ちいさいなかま（６３２）』41頁

・小池百合子（２０１６）「小池都知事、待機児童対策に補正１２６億円」（『日本経済新聞』２０１６年９月９日付）：http://www.nikkei.com/article/DGXLASDF09H0F_Z00C16A9PP8000/〈２０２１・１・20取得（閲覧）〉

・厚生省監修（１９９８）『厚生白書（平成10年版）少子社会を考える』ぎょうせい、84頁

・厚生労働省（２０２０）「２０１９年国民生活基礎調査の概況」（２０２０年7月17日、報道資料）14頁：Microsoft Word - 02.19結果の概況（mhlw.go.jp）〈２０２１・１・20取得（閲覧）〉

・厚生労働省（２０２０）「保育所等関連状況取りまとめ（令和2年4月1日）」（２０２０年9月４日、報道資料４ https://www.mhlw.go.jp/content/11922000/000678692.pdf.〈２０２１・９・19取得（閲覧）〉

・小西祐馬（２０１５）「連載 貧困と保育」『現代と保育（92）』ひとなる書房、１５０頁

・清水玲子（２０１６）「3歳未満児の保育を対象化する」『保育学研究（54）』3頁、91頁

・全国小規模保育協議会（２０１６）「２０１６年版小規模保育白書」56頁

・全国保育団体連絡会・保育研究所編（２０２０）『２０２０保育白書』ひとなる書房、50頁、１２８−１２９頁
・匿名ブログ（２０１６）保育園落ちた　日本死ね!!!（２０１６年２月15日付）：http://anond.hatelabo.jp/20160215171759〈２０２１・１・20取得（閲覧）〉
・中村強士（２００９）『戦後保育政策のあゆみと保育のゆくえ』新読書社、１５３頁

※本稿は、韓仁愛（２０１７）「乳児保育の歴史から今を読み取る」『季刊保育問題研究（２８３）』34−51頁の原稿に大幅な加筆・修正を加えたものです。

2

乳児保育分科会50年の歩み

—保育制度の動向と対比させながら—

菱谷信子・野村　朋・中川伸子

発足から1989年（第28回全国保育問題研究集会）まで　—草分け期から母子関係論を超えて　集団保育の意義と実践の積み上げ—

乳児保育分科会の発足から1989年までの歩みについては、1990年5月に刊行された『乳児保育—ひとりひとりが保育の創り手となるために—』（新読書社）の第3章の課題編に、子どもをとりまく社会情勢のなかでどのような乳児保育を創造していったらよいかといった観点で議論を積み重ねてきた内容がまとめられました。

第1回全国保育問題研究集会（以下、文中では第○回集会と略す）（1962年）時には「乳児保育」の分科会が設立されていたわけではありませんが、「子どもを全面的に発達させる保育方法の探求」という分科会で、乳児期からの集団づくりの問題が話し合われています。その当時、中央児童福祉審議会より「保育問題をこう考える」という中間報告が出され、家庭保育の重要性と母親の育児責任が強調されました。「母親よ、家庭に帰れ」という攻撃がされるなか、実質的な乳児保育分科会となった第2回集会では、東京保問研の丸尾ひさ氏の「乳児保育における集団の役割をどう考え、どう実践するか」という提案が出され、当時は、乳児期からの集団保育の意味を明らかにしようとする実践研究が積極的に取り組まれました。そして、1・2歳児の保育でも子ども同士の集団保育を子ども自身が喜んでいることや、〝ジュンバン〟や〝イッショ〟の意味を子どもたちに指導する試みなど、集団保育の良さが次々と報告されました。1972年には乳児保育分科会が発足し、1980年代にかけての乳児保育の拡大に伴って、保育実践が飛躍的に発展し、質的転換を画していきます。この時期、理念が先立ち、おとなの意図を保育活動に短絡化する「やりいそぎ」の傾向、たとえば、早い時期に哺乳瓶を赤ちゃんが持って自分で飲むことを自立と勘違いするようなことも見られましたが、1970年代後半以降は、子どもたちの発達の歪みや生活の崩れに対して子どもたちの豊かな活動を保育者の見通しをもった働きかけによって多様に開花させた保育充実期となりました。そして、発達のみちすじに即した子どもの把握や、子どもの発達を丸ごととらえ、できる・できないの見方ではなく目の前の子どもの姿からスタートする等、子どもたちをとらえる目を多面的に掘り下げ深めました。また、子どもの生活のあり方として、基本的生活活動へのきめ細かな働きかけや、生理的活動としてのみとらえるのではなく生活文化としてとらえるとらえ方や、乳児のあそびの展開のみちすじを明らかにし、それらの活動を総合的、構造的に把握する取り組みを進展させました。

1990年（第29回全国保育問題研究集会）から1999年（第38回全国保育問題研究集会）まで —子どものとらえ方を深化させ、子ども観・発達観の意識化が定着した時期—

（1）2回の乳児保育夏季セミナーの開催

1990年代は、保育行政の動きと関連して、乳児保育の夏季セミナーが2回開催されました。第1

回目の乳児保育夏季セミナー（第7回全国保問研夏季セミナー）は、1990年3月に保育所保育指針が改訂され、生命の保持や情緒安定などの養護機能が重視されるとともに、「保育者主導の保育から子ども中心の保育」へと保育観が転換され、指導と援助をめぐって保育現場が混乱をきたしたなかで、前述した『乳児保育』の刊行を受けて開催されました。「乳児保育における発達研究と母子関係論に関する保育者の意識と保育体制」の研究報告と、「ひとりひとりを大切にすることとみんなの育ち合い」に関する、埼玉のあかね保育園の1歳児の個人持ちおもちゃ、広島のなかよし保育園の1歳児の当番活動、静岡の風の子保育園のあそびと保育環境の三つの実践が提案され、議論を深めました。そのなかで、一人ひとりとみんなの関係を集団のなかで見えるようにする手立てと工夫が深められました。

また、第2回目の乳児保育夏季セミナー（第15回全国保問研夏季セミナー）は、1998年に改正された児童福祉法の乳児保育の一般化によって保育の質の低下が危惧されるなかで開催されました。児童福祉法改正後の保育実態調査や保育の質の評価に関する研究報告を踏まえて、名古屋保問研の「子どもを受容するとは」の三つの実践報告（みよし保育園「子どもの『～したい』という思いや要求を受け止める」、たんぽぽ保育園「おとなに受け止められる、仲間に受け止められるとは」、こすもす保育園「『一歳児前半クラスの気になったり困った』姿から考える」）を受けて討論を深めました。

改訂された要領、指針のように、受容すれば情緒的に安定すると単純にとらえるのではなく、「否定的なもののなかに肯定的なものを見る」「問題行動は発達要求の現れ、問題行動を発達の契機としてとらえる」といった発達観のもと、受容をとらえ直し位置づけました。そして、子どものもつれの場面を具体的に分析し、感情だけの問題としてとらえるのではなく、認識の問題としてとらえ、子どもが「理解できる状況」をどうつくるかという課題が確認されました。それは、子どものもつれた心に自己主張の芽を読みとり、保育者がどう受け止めることが、子どもの自己主張を育てることにつながるのかという問いかけでもありました。

（2）第30回全国保育問題研究集会の乳児保育分科会案内

１９９０年代は、１９８０年代に取り組まれてきた内容がよりきめ細かに丁寧に深められた時期で、特に１９９１年には、第30回集会に当たって、これまでの乳児保育分科会の到達点とこれからの課題を踏まえて、分科会案内に以下の五つの視点がまとめられました。

■発達と保育について

発達の原動力は、子ども自らの能動的活動であり、保育者は発達の一歩手前に働きかけることが大切であること、また、発達の質的転換とその保障の仕組みを学び、問題行動を発達要求としてとらえ直す視点を意識化すること、子どもの内面をふくらませ、イメージ・言語の世界を豊かに育てる発達と保育の関係の構築を推進すること。

■個と集団について

個の確立を図る基盤としてのおとなと子どもの情緒的交流を踏まえつつ、1対1の関係は、集団のなかでの1対1、開かれたなかでの1対1であり、おとなのかかわりと同時に、子ども同士のかかわりをつくり出していくことが重要であることを確認（個と集団の統一）。おとなと子ども、子どもと子どもの関係をいかにつくり上げるかについて保育体制の検討、子どもを繋ぐ手立ての発達的検討の追求が必要である。

■保育内容と指導について

①より総合的、構造的になった保育内容：安心感と楽しさに包まれた日常生活を重視し、基本的生活活動、あそび、課業活動として人間らしい発達＝民主的な人格の基礎を築く保育内容の構造を確かめ合っていくこと。

②保育内容・指導が求めているもの：ア．基本的生活の活動、あそび、課業的活動のそれぞれの内容充実と構造論としての吟味、課業をどう位置づけるか、乳児期に是非とも身につけさせたい内容は。イ．指導観に柔軟さと豊かさを。「指導とはやる気を起こさせ、方向づけること」を踏まえつつ、子どもの内面に目を向け、柔軟性を持って試みること。ウ．子どもたちの願いや時代に応じた保育内容をつくる主体は保育者と父母たちであることを深めること。

■保育実践のあり方について

保育実践は保育の営みを通して、未来・希望に向かってともに成長していく営みであり、生きて変化するもので実践の一回性、特殊性、個性を大切に。また、実践者が主体的に子どもから学び、また、子どもの心や保育者の思いや指導、集団の状況が見える実践記録を。

■乳児の生活の多様性とその対応について

「父母の労働実態と子育て」と「保育政策と私たちの運動」を踏まえて保育実践を深めていくこと。

（3）1990年（第29回全国保育問題研究集会）から1999年（第38回全国保育問題研究集会）までの乳児保育分科会での討議内容の概括

1990年から1999年までの提案や分科会での討議内容を概括すると、第一に、集団保育のなかでの0・1・2歳児の発達観、子ども観が意識化され、子どものとらえ方の深化が見られます。第31回集会・愛知の公立保育所の1歳児の提案では、物に対するこだわりが強く、見たり触ったりすることに抵抗して大泣きするけい太くんの姿を心配していた保育者が、その子の自己主張であったことに気づき、こだわるって素敵なことだと思えるようになったことが報告されています。この提案をもとに第1分散会では、子どものこだわりや、だだこね、甘えは困ったことと見るよりは、子どもの発達上必要なもので、その子の要求の表われとして大切に受け止めていくことが確認されました。また、第35回集会・仙台　ことりの家保育園の2歳児の提案は、バカ、バカを連発して怒り出す愛ちゃんの気持ちに寄り添い、バカのことばの奥にある本当の要求を探り、十分に受け止めていくことが大切だと気づいた実践です。この提案をもとに、第1分散会では、①思いをことばにして伝えることを知っていく、②相手の思い・表情を感じ、自分にも要求があるように相手にも要求があることを知っていく、③仲間がみえてきて友だちを受け止める気持ちがことばや行動になって結びついていくという2歳児の自我の発達の特徴がよく出ていることが確認されました。さらに、第38回集会・広島保問研の提案では、叩く、ける、噛みつくなどのトラブルの絶えない2歳児クラスで、よい自分も悪い自分もありのままに表現でき、それがみんなに認められる自分の居場所のあるクラスづくりの取り組みが報告されました。B分散会では、1・2歳児では子どもの思いを子どもと一緒に受け止め、子どもと納得と合意をつくっていくこと、また、結果よりはプロセスを大切にしていくこと、さらに、保育者と子どもの共通の見通しや合意をつくるための小道具を用意することも重要であることが確認されました。

第二には、心地よい生活づくりや身体づくり、あそびの内容と環境づくり、個と集団といった保育内容に関して、子どもの発達を踏まえた多様な保育方法が展開されています。そのなかでも、第29回集会・京都・くりのみ保育園の1歳児の提案では、「ジブンノ」を主張できる個人持ちおもちゃを取り入れることで、共感関係や信頼関係の認識が広がり、自分のイメージも広げてあそびそのものも豊かになってきたことが報告されています。このときのB分散会では、個人持ちおもちゃを導入するのは、「ジブンガ」という自己主張の強い時期に物を通して個と集団を認識させたい、父母の手づくりで愛着がある、心のよりどころになるとまとめられています。また、保育環境についても限られたスペースで可能な限りの工夫をして、「逃げの空間」や「かくれる空間」の必要性を踏まえて、発達に応じて柔軟に環境を変えていくことが大切であると確認しています。

また、第36回集会・愛知 こすもす保育園の1・2歳児の提案は、物とかかわってじっくりあそべない子どもたちが、皆と一緒に体験した楽しいことを再現するみたてつもりあそびのなかで、何をどのように楽しいと思っているかを探った実践です。第1分散会では、役割あそびが衰退するなか、生活再現活動のなかで子どもが共通のイメージをもてないときは、見通しをもてないので、部分的なところで留まること、待つことが子どもに見通しをもたせるということが話し合われました。また、本物を導入することで、虚構の世界のあそびに発展しない場合も出てくることについては今後の継続課題となっています。

さらに、子どもたちが心地よく生活し、一人ひとりが権利の主体者として、豊かに発達するために子どもの立場に立った保育体制の工夫として、担当制がこの時期に多く提案されています。

第31回集会・京都 洛西保育園の0歳児の大きな集団のなかでも一人ひとりを大切にできる保育をめざしての個人担当制や、静岡（浜松）たんぽぽ保育園の保育者との信頼関係を土台に一人ひとりがしっかりあそべるグループ担当制、第34回集会・大阪 ほづみ保育園の複数担任の良さを生かしてリーダー・サブ・サブサブで保育者の働きを整理して、保育者同士が言い合える関係づくりをめざした担当のあり方等々が提案されています。担当制については、第35回集会・第2分散会で、子どもが落ちついて認知を運ぶとともに文化を運べるような働きかけが大切であり、心の安定を図るうえでは、緩やかな担当制がいいのではないかとまとめられています。

第三に、子どもの発達と保育の質の向上の土台となる保育者同士、保護者と保育者の関係づくりについては、毎回討議の柱として取り上げられています。この時期特徴的だったのは第32回集会・名古屋保問研乳児部会の提案で、3家族の親の生活文化が紹介され、保育者の願いや問題意識と親の願いや方向が何故ずれるのかが問題提起されました。そして、保育者の考え方を保育文化、親の考え方を育児文化として異文化と考えれば、理解できるのではないかという提案がされました。A分散会では、共通性のみを求めるのではなく、保育を見つめる視点を多様に持つことで、保育の広がりがつくれるのではないかとの確認もされています。また、第35回集会・兵庫　おさなご保育園の健康管理を担当する看護師の役割の提案を受け、その第3分散会では職種の異なる者同士が子どもを見つめることの大切さと、乳児保育における看護師の存在の重要性も共有されました。子どもを巡るおとなの関係は、保育者同士がよい関係のときの保育がよいとすれば、その関係づくりに努力を惜しまないこと、保育園は、子どもの生活の場であると同時に、おとなの生活の場でもあることを考え、保育者と親の対等な関係づくりを目指す必要があることが確認されています。

2000年（第39回全国保育問題研究集会）から2009年（第48回全国保育問題研究集会）まで
―理念を具体化するための保育内容や方法の議論の深化―

1998年に乳児保育指定保育所制度が廃止され、すべての保育所で乳児保育が実施される体制となりました。「特別保育」であった乳児保育が保育所の一般的機能として位置づけられたことは、社会の要請であるとともに保育実践の積み重ねが大きく寄与しています。

この時期の分科会では、これまでに確かめられてきた発達観に基づく子ども理解や理念、個と集団の論議を踏まえた保育内容の追求などの理念が共有されたうえで、その理念を具体化するそれぞれの保育園の独自性を活かした実践が追求されています。

この時期の提案の特色を概括すると、第一に、定員の弾力化に伴い途中入所児や一時入所児の受け入れが常態化し始めた時期であったため、その状態のなかでの保育のあり方に関する提案がいくつかありました。第39回集会・京都 風の子保育園花組の提案では、年度途中の0歳児の受け入れ時の保育内容や保育体制の工夫や配慮が述べられ、緊急入所を大変なことととらえず、入所のたびに手がかかることを丁寧にかかわれるというように受け止めたいと報告されました。その提案を受けてのA分散会では、緊急入所や定員の弾力化のなかで保育の質をどう担保していくかということが論議されています。

第二に、これまでの論議のなかで深まった子ども理解に基づいて「一人ひとりを理解する」ことを追求した提案が多くあげられました。特に保育者から見た「気になる子」や「気になる行動」「子どもの要求」を深くとらえ、実践していく方法について活発な論議が行われています。第40回、41回集会・静岡 たんぽぽ保育園の提案は、0歳児の「自分づくり」の第一歩は「要求を引き出し、受け止めること」から始まるのではないかと考え、子どものことばや視線のなかから要求をひろってみて、保育者の受け止め方や担当制のやり方とのかかわりがあること、0歳児でも「要求を受け止めて、みんなのなかに返す」場面が必要になってくることを学んだことが報告されました。それらを受けて第41回集会のB分散会では、「受け止める」とは、子どものつもりを読み取って共感すること、子どもの要求を受け止め、社会化すること、とまとめられています。第47回集会・滋賀 つくし保育園の提案では、切り替えが難しいKちゃんに対し、1・2歳児期を通して自分の思いをことばにできるよう支援し、「Kちゃん Day」を設け、Kちゃんと仲間2、3人による小集団での活動に取り組みました。この活動を通して、Kちゃんは好きなあそびを仲間に広げ、伝えることができ、仲間と共感することで自信や仲間との関係が深まり、自分で気持ちを切り替える力が育ったことが報告されています。さらに、A分散会の討議のなかで、Kちゃんだけでなくすべての子どもの「○○ちゃん Day」の保障につながったことも報告され、日々の保育を保育者集団で振り返り、子どもの思いを受け止めるおとなのよい関係づくりも示唆されました。1歳児のかみつきについても多くの提案がありましたが、共通して、その要因を個人に帰するのではなく、保育条件や子どもの発達、保育内容との関連でとらえ、集団の大きさや共感が生まれる魅力的な保育内容を創り出すことで克服していくことが提起されています（第41回集会・広島 横川保育園など）。

第三に、子どもを理解したうえでどのように働きかけるかという指導観・保育観について、「主体性を育む」ことに焦点を当てて論議されています。第41回集会・福岡 若竹保育園の2歳児の提案では、1歳児のときから行動に移す前に今から何をするのかをことばにして伝える、手伝ってもらうかどうかは子どもが決めることを大切に、おとなは自分や子どもの行動を丁寧にことばにすること、子どもの思いを言語化して本人や周囲に伝えることが子どもの主体性とさらには友だちとかかわる力にもつながるということが報告されました。また、第46回集会の大阪 鴻池子育て支援センターの提案では、0歳児の主体性を育てる実践として、子どもの発見を大切に、保育者はゆったりした間をもち、子どもが気づく環境づくりをし、子どもをよく見て、動いた心を認めると同時にそのことを実現させていくことが自己肯定感を育てること、子どもの動いた心に保育者が誘われて共感するようなことばをかけていくと子どもたちの主体性が育っていくことが提案されました。

第四に、保育内容と方法の工夫に関しては、個と集団の関係に着目して、乳児期の集団づくり、つながりを育てる保育内容とは何かということが発達に応じて深められています。0歳児では、子どもたちが安心できて、一日を機嫌よく過ごせるように、一人ひとりの子どもの発達に応じた手づくりおもちゃを工夫した提案（第40回集会・大阪 よどっこ保育園他）や、保育者との信頼関係を土台に、子どもたちが盛り上がって楽しめた「タイタイ」（広島での魚の幼児語）探しのあそびの展開のなかで、友だちの存在に気づき、友だちを誘う姿が見えたり、一緒に楽しむ気持ちが育っていった取り組み（第48回集会・広島 なかよし保育園）が報告されています。また、1歳児では人形あそびを通して、みたてつもり活動を広げ、友だち同士が共感し合う実践（第41回集会・大阪保問研など）や月齢別の小グループの取り組みが、2歳児では絵本を題材にしたごっこあそびが劇あそびへと発展していく過程のなかで友だち関係が広がっていく様子（第45回集会・仙台 ことりの家保育園）などが報告されています。

第五に、保育者同士、保護者と保育者の関係づくりについては、毎年の分散会で論議されています。そのなかで、保育者同士が共通認識をもつことの重要性、特に、具体的な場面で自分が納得していなくても、子どもがいい顔をしていたら、とりあえずは受け入れること、そして保育が終わった後に必ず話し合うこと（第46回集会・B分散会）や、1年目の保育者の悩みに対する職員集団の支え方、子どもの受容についての職員集団の一致をどのようにつくっていくかが大事であること（第41回集会・A分散会）が確認されています。また、親も子も育ち合える保育園をめざして、懇談会や保育参加のなかでの保護者との関係づくり（第42回集会・大阪 おひさま保育園）なども提案されています。

また、地域とのつながりや外国籍の子ども（第46回集会・愛媛　亀岡保育所）についても新たな課題として提案されています。

２０１０年（第49回全国保育問題研究集会）から２０２１年（第60回全国保育問題研究集会）まで ―子ども理解の深化を基盤に保育内容と指導観に現状を踏まえた柔軟さと豊かさの広がり―

（１）２０１０年（第49回全国保育問題研究集会）から２０１８年（第57回全国保育問題研究集会）までの乳児保育分科会での討議内容の概括

この時期の提案や分科会での討議内容を概括すると、第一に、集団保育のなかでの個の発達保障が保育内容の様々な側面で積極的に追求され、「子ども一人ひとりの思い」に寄り添った、きめ細やかで丁寧な実践が数多く提案されたことがあげられます。この点については、特に１９９０年以降の実践のなかで一貫して追求されてきた内容です。

第51回集会・東京　ひばり保育園の０歳児の提案では、人見知りが強く、相手が近寄ってくると不安になる高月齢のSちゃんに対し、高月齢児のあそびコーナーではなく、Sちゃんが一人で静かにあそべる中・低月齢児のコーナーで過ごすことを保障しました。友だちと一緒にというおとなの願いはありつつも、子どものペースを尊重して働きかけるなかで、Sちゃんは自分から友だちのなかへ入っていけるようになりました。

また、第57回集会・北海道　拓勇おひさま保育園の０歳児の提案では、ゆったりとした保育空間のなかで、一人ひとりを大切に能動的な動きを促す保育をめざして、子どもたちが目的をもち集中してあそべるようにサークルを設置したり、生活環境も見直し、食事も少人数での二回制に変更したりするなかで、子どもたちに安心の表情や笑顔が増えていったことが報告され、保育環境面からのアプローチの重要性が示されました。

第二に、乳児期からめざす子ども像とその指導観・保育観について、「主体性を育む」ということに焦点をあてて引き続き追求されています。第51回集会・B分散会では、前述の東京のひばり保育園の提案をもとに、「主体性を育む」という柱で討議が行われました。そのなかで、「子どもが主体性を発揮する」ことと「おとなの願いを子どもに伝える」こと、さらに、その指導をめぐって、「おとなが子どもからの意思表示を待つ」ことと「おとなが子どもに働きかける」ことは実践的には矛盾せず、どちらも重要であること、主体性を発揮する土台には自我の育ちがあり、おとなとの関係・仲間との関係のなかで自我は育つことが確認されました。「主体性を育む」という柱についてはは継続テーマとされ、これ以後も、生活やあそびのなかで、子どもの自我の表れ・意欲の表れとしての「ジブンデ」を大切にした実践（第57回集会・兵庫　山本南保育園1歳児の提案）や、主体性を育むために子どものやりたい気持ちを制止しない環境構成等を工夫した実践（第56回集会・大阪　箕面保育園0歳児の提案）などが報告されました。

第三は、子どもの思いに寄り添うことを基本に据えながら、保育内容に関して、地域性や園の方針、子どもの発達を踏まえた多様な方法が展開され、各内容に応じた課題が追求されたことがあげられます。

保育内容については、あそびと個と集団に関連した提案が多く見られました。あそびでは、発達差を考慮してさまざまな保育の工夫が試みられています。前述のひばり保育園の環境構成の工夫（他に第54

回集会・熊本保問研0・1歳児の提案）や、あそびの場や活動を共有しながらも月齢によりねらいは別にするなどのあそびの展開（第55回集会・愛知 第二そだち保育園2歳児の提案）、0歳児を月齢で小集団に分けて、丁寧に保育する時間と大きい子のなかであそぶ時間とを設けた日課の工夫（第56回集会・A分散会）などです。

近年は、1・2歳児のあそびとして、みたて・つもりあそびからごっこあそびへの発達が、動作や体験の共有からイメージの共有へというイメージの発達過程と関連づけて検討されています（第53回集会・B分散会）。ごっこあそびの題材は、生活の再現、飼育などの実体験（第53回集会・大阪 瀬川保育園2歳児の提案等）、絵本（第55回集会・広島 なかよし保育園2歳児の提案等）などから取られています。

乳児のあそびにおける保育者の役割や指導のあり方についても、楽しい実践（第56回集会・愛媛 新田保育園2歳児の提案等）を通して、日常の子どもの姿から興味や関心を拾い上げあそびへと発展させる保育者の感性やあそび心、さらに保育者もともにあそびを楽しむことやことばかけの大切さなどが確認されました。

個と集団については、子どもの発達やイメージの差等に配慮しながら、友だちと一緒の楽しいあそびや活動を工夫するなかで、子ども同士のかかわりをつくり出していくというみちすじが各実践に共通しています。その際に、これまでに引き続き、おとなとの関係を基盤に、一人ひとりの「ジブンデ」やあそびを十分に保障することから友だちとのかかわり（集団）へと発展していく方向（第53回集会・仙台古川ももの木保育園1歳児の提案等、担当制とも関連）と、居場所を保障するために早期からグループや班をつくって活動する方向（第53回集会・広島 なかよし保育園1歳児の提案等）が見られました。

担当制や集団づくりという園の伝統（方針）としての保育方法は認めながら、目の前の子どもの姿をもとに、子どもの思いや意欲を尊重し、何を育てたいかというねらいと方法、そして発達との関係を丁寧に見ることの重要性が指摘されています（第57回集会・C分散会）。

第四は、保育者同士、保護者と保育者との関係づくりが、毎回討議の柱に取り上げられていることです。近年の子育て世代を取り巻く社会状況の厳しさや、大量に出現した待機児童の解消を目的として2015年4月から実施された子ども・子育て支援新制度の多様な保育形態、質より量を優先した規制緩和による保育条件の悪化等を背景に、おとな同士の関係づくりの重要性はますます高まっています。

保育者同士の連携では、保育者が保育観を共有しよりよい保育を進めるために、職員同士が徹底して意思疎通を図り「わかり合える感覚」を高めることが大切で、それが保育の改善や気持ちのゆとりにつながり、子どもへの対応にもよい影響を与えることが確認されています（第57回集会・A分散会）。保育者の役割分担や連携の工夫（第54回集会・熊本保問研等）、会議や学習の基礎となる保育実践記録の取り方（第56回集会・静岡 なのはなガーデン等）などについても提案されています。

また、保護者との連携について、第55回集会・A分散会では、はじめての子育てに不安やストレスを抱える保護者の支援の必要性や保護者との具体的な関係づくりについて論議されました。保護者とも一人の人間として向き合い、互いに思いを出し合いながら子どもについて考え合うことが大切で（第57回集会・B分散会）、そこに至る関係づくりや支援のあり方について各園でさまざまな努力と創意工夫が試みられています。

（2）2018年第3回乳児保育夏季セミナー（第35回全国保問研夏季セミナー）の開催

2018年度から施行された保育所保育指針が、内容面で大幅に改定されたことを踏まえ（第4章1

参照）、２０１８年に第３回乳児保育夏季セミナーが開催されました。「一人ひとりが『生活の主体』として育つ乳児保育 ―より豊かな乳児保育について考え合う―」をテーマとして、①乳児が生活の主体になるとは?、②一人ひとりをていねいに保育するとは?、③保護者とのよりよい関係づくりとは?、の三つの視点で、それぞれシンポジウムや提案を通して実践を深める手立てを追求しました。

セミナーを通じ、①については、子どもを人格主体、権利の主体として尊重し、子ども自身の自己決定や自分の思いの表現を大切にすること、そのための環境づくりや魅力的な活動と安心できるおとなの見守り・友だちの存在の大切さなどが確認されました。

また、②については、一人ひとりの思いを受け止め、要求の実現を支えながら一人ひとりの育ちを支える基礎として、発達理解の五つの視点（ア．保護者や他の保育者との伝え合いのなかで見る、イ．子どもとの信頼関係を築きながら見る、ウ．能動的に活動する姿から発達を見る、エ．育ちつつある力を見る、オ．行動の主体としての発達を見る）が提起されました。これらを踏まえ、一人ひとりのていねいな保育について、子どもの眼差しなどから思いを感じ取ることで信頼関係を築きながら、今その子にとって一番大切なことを押さえ、人とかかわる力や能動的な力を育てていくことが確認されました。

③については、「保育は福祉」、乳児保育の要は「安心の生活づくり」と「自我形成」であり、おとな都合の生活づくりにならないようにすること、また、専門職としての保育者には、子どもや保護者のすべてをくるみ、「どう生きたいのか」を下支えする役割があること、さらに、子どもも保護者も権利の主体として尊重され、しあわせになる権利があり、保育園はその安心の居場所になることや、子どもを真ん中に保護者と保育者が手をつなぎ、子どもにとって大切なことを確認し合いながら、よりよい保育を追求する姿勢を貫くことが重要であると確認されました。

シンポジウム・提案のタイトルとシンポジスト・提案者（敬称略）

シンポジウム「豊かな乳児保育を創造するために——実践を深める三つの視点」

①「乳児が生活の主体になるとは？」シンポジスト：佛教大学・増本敏子（大阪保問研）

「0歳児保育・子どもの主体性を育てる環境づくり」箕面保育園・髙瀬歩美（大阪保問研）

「じぶんたちできめる、ともだちとむかう」なかよし保育園・寺尾幸子（広島保問研）

②「一人ひとりをていねいに保育するとは？」シンポジスト：尚絅学院大学・杉山弘子（仙台保問研）

「大人との関係づくりと、そこから広がる友だちの輪——Aちゃんとのかかわりを通して」豊川保育園・李綏陽（東京保問研）

「0歳児のやりたい気持ちを育てる——人と関わることが大好きなJ君の姿から」ななくさ保育園・相川仁美／松木亮太（愛知保問研）

③「保護者とのよりよい関係づくりとは？——子どもも大人もしあわせになる保育園づくり」シンポジスト：けやきの木保育園・平松知子（愛知保問研）

「保護者理解と保育園の役割——保育園は人とつながり、しあわせになる場所」けやきの木保育園・和田亮介（愛知保問研）

「父母と手をつなぎ共に育ち合う」くわの実保育園・宮前奈々江（北埼玉保問研）

（3）２０１８年第３回乳児保育夏季セミナー以後２０２１年（第60回全国保育問題研究集会）まで

２０１８年第３回乳児保育夏季セミナー後の第58～60回集会では、セミナーの成果が提案や討議に反映され、子どもの思いを汲み取ったうえで今大切なこととして、子どもに安心感や共感を育むさまざまな取り組みが報告されました（第58回集会・熊本 保育園こころ1歳児の提案他多数）。同時に、子どもへの対応を探って葛藤する保育者の思いも率直に出されています（第59回集会・愛知 小規模保育所なのはな1・2歳児の提案、第60回集会・愛媛 朝日保育園2歳児の提案等）。提案を受けて、第58回集会・B分散会（1・2歳児）では、子ども理解のキーワードとなる「安心」と「共感」について討議され、安心を育む保育の手立てや「共感」するというときの子どもとのかかわり方、また、その後の発達の基盤として、乳児期の、楽しいことをより楽しくする方向と子どもが辛いときや悲しいときにそれらを受け止める方向での二方向の共感の重要性が提起されました。第60回集会では「安心」をテーマにした実践研究が報告され、保護者との関係、子どもとの関係、保育者同士の関係、さらに三者相互の関係において安心をもたらす条件や「安心」とはそこに集う人々がお互いを信じ、思いや考えを伝え合い、わかり合いたいと思うことで生み出されるのではないかということが提起されています（東京保問研乳児部会）。

「主体性を育む」ということをめぐっても多くの提案が報告されています。第58回集会・A分散会（0歳児）では、子どもが主体となってあそぶ要因を分析した兵庫 あひる保育園の提案をもとに、「主体性」について討議され、「主体性」の定義や主体性を発揮する多様な子どもの姿、さらに、その際のおとなの配慮・工夫として、子どもを一人の人間として尊重することや信頼できる保育者の存在、安心できる環境、共感的で間を持つかかわりなどがあげられました。第59回集会では、保育者は子どもの自ら育つ力を信頼し、子どもが「やりたい」と願ったことに向き合う姿を見守った0・1歳児の実践（仙台 認定こども園やかまし村）や、子どもたちが友だちの姿に気づきながら、「やってみたい」という思いをもって、主体的に生活やあそびに向かえるようなかかわりやことばかけのあり方を探っていった1歳児の実践（大阪 箕面保育園）が報告されました。第60回集会では、子どものやりたい気持ちを大切にする保育のなかで、友だちの姿に刺激され、やり切った達成感が自信につながっていった2歳児の実践（北埼玉 小鹿野ひまわり保育園）が報告されています。

保育内容に関して、第58回集会では、提案のほとんどであそびが実践の中心にとらえられ、それぞれ工夫されたあそびを通して、身体の育ちが自信や意欲につながる、保育者や友だちとのあそびが安心感の基盤になる、友だちに気づき、認められ、自信につながるなど、多様な発達が促されることが明らかにされています（北埼玉 第二さくら保育園1歳児の提案他）。

第59回集会では、ごっこあそびのなかで、子どもの要求をどう実現すればよいか、あそび方を工夫した2歳児の実践（静岡 こぐま保育園）、身体づくり・心地よい生活づくりについて、0歳児で、自分の思うように身体が動かせることをめざしてあそびと食べることを重視した実践等（北埼玉 第二はちの巣保育園他）、個と集団について、「見て・聞いて・触る活動」を保育にたくさん取り入れるなかで、友だちとのつながりが広がっていった1歳児の実践（兵庫 ゆりかご保育園）が報告されました。

第60回集会では、あそびに関して、月齢差のあるなかでおもちゃの数などの環境を整え、友だちや保育者と「楽しいね」「一緒が嬉しいね」を積み重ねていくことで、一人ひとりがあそびを楽しめて友だちとも繋がっていった1歳児の実践（愛知 さざんか保育園）や、2歳児も楽しみながらイメージの共有ができるようさまざまに工夫されたごっこあそびなどを通して、「友だちと一緒が楽しい」を感じていった2歳児の実践（広島 なかよし保育園）が報告され、あそびにおける1歳児から2歳児への発達についても学ぶことができました。同時に、二つの提案は、個と集団の関係をテーマとする実践（他に

愛媛 朝日保育園の2歳児の提案）でもありました。

保育者同士の関係づくりについては、乳児保育夏季セミナー以後のどの提案も、職員間の話し合いによる子ども観・保育観の共通理解や連携・協働が保育の土台であることを明らかにしています。第58回集会・B分散会では、柔軟で多様な子どもの見方や保育の手立ては、多様な価値観をもつ保育者間の連携・協働があってこそ可能になると整理されました。また、保護者と保育者の関係づくりについて、保育者間で共有した子どもの見方は、保護者の信頼や安心感にもつながり、子どもを真ん中に両者のよい関係ができること（第58回集会・北埼玉 第二さくら保育園他）、さらに、保護者の悩みを受け止め、丁寧で深い理解がなされるとき、保護者も心を開いてくれることが確認されました（第58回集会・大阪なでしこ保育園）。

保育問題研究会では、保育者が日々の実践のなかで感じた疑問等を持ち寄り集団的に討議・検討（研究）することが重要だと考えられています。上述した第60回集会の東京保問研乳児部会の報告は、そのような保問研の実践研究のあり方が示された提案でした。また、第60回集会では多くの提案で、担任間での「実践の振り返り」が重視されていました。日々の実践を「振り返り」、それに基づいて次の働きかけを「計画する」（保育の意識化）。その過程で子ども理解が深まり、魅力的な保育内容の創造へと繋がっています。いずれも保育実践の質の向上を図るために大事にしたい視点です。

２０２０年は未曽有の世界的な新型コロナウイルス感染拡大の影響で、第59回京都集会を急遽、Web集会という形で開催しました。分科会については、寄稿された提案を大切にして、分科会の各運営委員が提案への感想・質問等を提案者とやりとりし、その内容を報告号に掲載しました。

２０２１年の第60回東京集会もオンライン集会になりましたが、「学びを止めない」というコンセプトのもと実質的な分科会がもたれ、提案者をはじめ分科会参加者全員の協力で、提案をもとに活発な意見交換や討議が行われました。今後もどのような形の集会であれ、集会の柱である分科会で実り豊かな提案・討議ができるよう、実施方法についても検討・工夫していくことが求められます。

※本稿は、乳児保育分科会運営委員（中川伸子・野村朋・菱谷信子）（２０１８）「一　乳児保育分科会のあゆみ～保育制度の動向と対比させながら～」第35回全国保問研夏季セミナー報告・基調提案『季刊保育問題研究（２９４）』１１９-１３０頁の原稿に加筆・修正したものです。

3 乳児保育の実践から見える到達点と課題

中川伸子

全国保育問題研究集会「乳児保育」分科会では、子どもの最善の利益を保障することによる豊かな発達と女性労働の同時保障、近年では保護者支援を加え、それらの「よりよいあり方」を追求してきました。これまでの分科会の到達点と課題を、長年討議の柱としてきた六つの項目で整理します。

心地よい生活づくりと身体づくり

子どもに、安心感と楽しさに包まれた心地よい生活と健康でしなやかな身体を保障することは、乳児保育の根幹ともいえる柱です。人間の発達の出発点として、子どもの一日を見通して「食事」「睡眠」「あそび」がスムーズに展開できる生活リズムや基本的生活活動の確立と、安定した歩行の獲得を基礎に運動発達を促すしなやかな身体づくりについてはさまざまな実践が提案されてきました。

生活リズムづくりは、0・1歳児を中心に「授乳・食事」や「睡眠」の問題として提案や討議が行われています（あそびについては、別のところで検討しますが、昼間しっかりあそぶことが食事や睡眠のリズムの確立をスムーズにすると指摘されています）。授乳・食事、睡眠については月齢差や家庭の状況等も関係しており、乳児期の保育の基本として、それら一つひとつの活動について、なぜそうするのかという意味を問い直しながら繰り返し議論されてきました（矢野：１９９０、第53回集会・A分散会２０１４）。そして、個々の生理的リズムを尊重しながら、徐々に人間らしい社会的なリズム、集団のリズムに近づけていくという方向で働きかけが行われています。

子どもに合わせた睡眠保障という点では、子どもの発するサインを見逃さないことが重要です。「睡眠」については科学的な研究も進んでおり、乳幼児突然死症候群（ＳＩＤＳ）の発生を防ぐという点でも、乳児期の睡眠について学習が必要です。

「授乳や食事」については、ミルクの濃度や授乳方法、さらに離乳食の内容や摂食の方法、哺乳瓶や食器の形状などの具体的な手立てが活発に交流・討議されています。そのなかで、離乳食や乳児食の手づかみ食べは、食べることへの意欲を育て、他への意欲につながること（第59回集会・北埼玉 第二はちの巣保育園、２０２０）、また、授乳や食事の際に、保育者が子どもと目を合わせて「おいしいね」と心を通わせるやりとり（第53回集会・A分散会、２０１４）や、手づかみ食べの例のように、子どもが「ジブンデ」と食事に向かう意欲を大切にすることが確認されてきました。近年、落ち着いて、気持ちよく食事や睡眠、排泄等ができるように、保育室のレイアウトなど生活環境の見直しも行われています。

生活リズム、基本的生活活動の課題としては、子ども自身が快・不快を感じ分け、1歳児では「おなかがすいたからご飯を食べる」「眠くなったから眠る」という自分の要求に基づいて食事や睡眠に向かえるような日課の構成や取り組みを工夫すること、食育という視点からは、乳児の食育のねらいや食育全体を見通してそれらの位置づけを検討することがあげられます。さらに、保育園での生活環境の見直しや24時間を見通した生活リズムづくりという点で家庭との連携も重要です。

身体づくりは、乳児期の発達の弱さや気になる子どもの対応事例を中心に検討されてきました。体が硬い、柔らかすぎる、咀嚼力が弱い、食物アレルギーがあるなど、各地からさまざまな子どもの実態があげられています。

これらの実態を踏まえて、子どもの健康管理やしなやかな身体づくりの実践が、意識的、積極的に取り組まれてきました。たとえば、頸がすわっていないのに縦抱きにする、早くから座位をとらせるなどによる身体の硬さから「体の緊張をほぐす」取り組みでは、保育のなかに1対1でかかわる時間を工夫し、そのときには保育者も子どもとの情動交流を楽しみながら、脱力できる運動や赤ちゃんマッサージなどを丁寧に行っています。

さらに、マッサージなどで身体そのものに直接働きかけるだけでなく、あそびのなかでしっかりと身体を使っていく実践が数多く提案されています。近年、保育環境という側面からの見直しが積極的に行われ、子どもの目線や動きを考慮し、日常生活やあそびのなかで自然に子どもが体を動かしたくなり、子どもの力が引き出されるような環境構成の工夫が提案されるようになりました（第57回集会・福岡〈大牟田〉 高取保育園、2018／北海道 拓勇おひさま保育園、2018）。たとえば 拓勇おひさま保育園の実践では、部屋の中に大きな斜面板と階段を設置して、子どもたちは、お散歩あそびなどで楽しみながら斜面や階段の昇り降りを経験しています。

実践において重視されているのは、子ども自身が心地よさを感じ、「やりたい」という意欲をもって、意識的、主体的に課題を乗り越えていくような働きかけでした。身体の発達によってできることも増え、達成感がもてるようになり、あそびをはじめ何事にも意欲的になってくることが明らかにされています。

生活リズムや健康な身体づくりを内容とする基本的生活活動を獲得することは文化を獲得することで

もあります。インターネット等の普及で、ちまたにはさまざまな育児情報や便利グッズなどがあふれています。押し寄せてくる新たな育児文化については、「保育者も新しい育児文化を学習したうえで保護者の思いに寄り添うこと」「保護者をただ批判するのではなく、子どものために保育者がどうしていきたいのか伝えながら、家庭での過ごし方を共に考えていくこと」（第54回集会・C分散会、２０１５）の大切さが確認されています。

安心できる心地よい生活づくりや充実した身体づくりのためには、各園での保育体制の整備や家庭との連携が不可欠です。しかし、現在、子ども・子育て支援新制度の実施に伴う規制緩和などで保育条件の悪化やおとなの生活全般を含めた家庭生活・養育環境の悪化が、生活づくりや身体づくりの取り組みの大きな障害となっています。

そういう状況下で、保育園では、今ある人的・物的条件のなかで丁寧な働きかけを保障するために、園全体で職員間の連携や柔軟な体制づくりを行うこと、また、母親の育児への疲労感や苛立ち（子育ての不安やストレス）に寄り添い、支援することで子どもが変わっていくことも確認されており（第55回集会・A分散会、２０１６）、保護者の子育て支援が喫緊の課題となっています。しかし、根本的な解決のためには、子どもが心身ともに健やかな発達を遂げるにふさわしい生活を保障すること、それには、ワーク・ライフ・バランスや保育政策とも関連した多岐にわたる保育・養育環境および保育条件等の整備・改善が強く求められます。

子どものとらえ方と保育の工夫

乳児保育分科会では、発足当初から、乳児を人格主体、権利の主体ととらえてきました。どんなに幼くても発達の主人公は子どもであり、保育者の援助・指導の下で、子どもが主体的に行動できる生活や活動を保障することによって、子どもは豊かな発達を遂げていきます。

その際に、個々の子どもをどう理解するのか、子どものなかの自我の育ちをどう見るのか、実践においては、子どもの思いや発達要求をどのように受け止めて援助や指導を行っていくのか、その内実が問われてきます。そのため、保育者は、実践のなかで子どもの思いや発達要求をとらえる自らの視点を常に問い直しながら実践を行っています。そして、「できる・できない」ではなく、「本当の願いは何か」と子どもの心に寄り添う（第54回集会・広島 なかよし保育園、2015）、子どもの「あるべき姿」ではなく、「目の前の姿」から子どものつもりや要求を読み取る（第54回集会・愛知 のぎく保育園、2015）、などが指摘されています。

2018年の第3回乳児保育夏季セミナー（第35回全国保問研夏季セミナー）では、生活の主体としての乳児のとらえ方が深められました。子どもを人格主体、権利主体として尊重し、生活の主体として育てるために、魅力的な環境や活動等を用意して子どもの自己決定や思いの表現を大切にすること、それには、安心できるおとなの見守りや友だちの存在が支えになることを確認しています。また、一人ひとりをていねいに保育するとは、一人ひとりの思いを受け止め、要求の実現を支えながら子どもの育ちを支えることではないかとして、その基礎となる発達理解の五つの視点が提起されました（第1章2、本章2・5参照）。これらを踏まえ、保育について、子どもの思いを感じ取ることで信頼関係を築きながら、今その子にとって一番大切なことを押さえて、人とかかわる力や能動的な力を育てていくことが確認されました（第35回全国保問研夏季セミナー・シンポジウム、第1・2分散会、2018）。

第3回乳児保育夏季セミナーの前後から、子どもが「ジブンデ」と意欲的に向かえる生活・あそびの工夫や、子どもの思いや行動を制限しない環境構成とおとなのことばかけや子どもへのかかわり方に重点をおいた実践が多く提案されるようになっています（第57回集会・兵庫 山本南保育園、2018／第56回集会・大阪 箕面保育園、2017／第59回集会・大阪 箕面保育園、2020／静岡 こぐま保育園、2020）。

子どもを理解するためのキーワードとなる「主体性」（第58回集会・A分散会、2019）や「安心」「共感」についても、実践のなかでそれらを育む手立てや子どもとのかかわり方について討議されています。そのうち、保育者の子どもへの「共感」については、おとな—子どもの関係ではなく、時間・空間・文脈を共有する生活者同士としてのかかわりが大切なこと（それは簡単ではない）、そして、共感には、楽しいことをより楽しくする方向での共感と、子どもが辛いときや悲しいときにそれらを受け止める方向での共感があり、乳児期のこの両方向での共感がその後の発達の基盤になるのではないかと提起されています（第58回集会・B分散会、2019）。

乳児期の子どもは個人差や発達差が大きく、実践のなかに、発達差や個人差を乗り越えるさまざまな保育の工夫を見ることができます。一人ひとりの子どもの気持ちに寄り添い受け止める体制としての柔軟性のある担当制の試み、気になる子どもへの対応では、子どもの気持ちを探って子どもの好きなあそびを見つけ、それに他の子どもたちを巻き込んで、みんなと一緒が楽しいことを実感させた事例、発達差が大きい場合に、同じ活動のなかで「一緒が楽しい」を共有しながら、月齢に応じた異なるねらいを定めて評価する取り組み、月齢グループでの時差保育の試みなどです（第53回集会・B分散会、2014）。

課題として、これからも実践の場で、「生活の主体」として「自ら充実・発展して育つ子ども」（第60回集会・分科会案内、2021）というとらえ方を深めること、発達理解を基礎に、「一人ひとりの気持ちに寄り添い、丁寧にかかわる」ことの内容を掘り下げながら、保育実践を工夫することがあげられます。それには、信頼できる保育者集団の力が不可欠ですが、そのために「場面記録」（第55回集会・熊本ひまわり保育園、2016）など、時間的制約のあるなかで子どもの情報を共有できる方法や手立てを工夫することも大切な課題です。

あそびの内容と環境づくり

あそびは生活とともに保育内容の大きな柱であり、子どもの心を揺り動かす楽しいあそびが、工夫された環境設定や乳児期の発達の特性を踏まえた丁寧な指導とともに数多く報告されてきました。

0歳児の主なあそびは、あやしあそび、ゆさぶりあそび、感覚あそび、運動あそびなどです。1歳児では、手指や全身の運動機能、芽生えてきた自我の発達とともに、自ら全身を使って水や砂、泥、葉っぱや草などであそんだり、乗り物に乗ったり、すべり台や階段を昇降するなどの感覚あそびや運動あそび、また、探索活動を豊かに展開していきます。子どもは、保育者と一緒に、あるいは保育者を仲立ちとして楽しくあそぶことを通してあそびの楽しさを知り、情緒の安定や人とのかかわり合いの発達、意欲や主体性などの人格的な発達、自然やモノへの働きかけによる感覚運動的発達、知的発達、運動機能の発達などさまざまな発達を遂げていきます。

０・1歳児のあそびの内容として、子どもの機能発達との関係で満足感が得られるあそび、変化を楽しみ期待感がもてるあそび、子どもの特徴をとらえそれぞれの子どもに合ったあそびを提供することの重要性が実践を通して確認されています（第54回集会・C分散会、２０１５）。

1歳代の半ばから後半にかけてイメージがことばとともに豊かに発達してきます。それらを媒介にして、生活再現あそびやみたて・つもりあそびから、2歳児ではごっこあそびへと発展していきます。近年は、2歳児のごっこあそびについて多くの実践が報告され、そのなかで、2歳児のごっこあそびは、つもりという虚構の世界をみんなと一緒にはじめて楽しめるあそびとして、この時期に大切にしたいあそびであり（第55回集会・D分散会、２０１６）、ごっこの世界をみんなと楽しむことで、揺れる心を乗り越え、苦手なリズムに参加できた（第53回集会・大阪 瀬川保育園、２０１４）などのごっこあそびの意義が明らかにされています。

ごっこあそびでは、子ども発信という点が重視され、あそびのきっかけや展開は子どもたちの興味のあることから始まっています。そのためには、日常生活のなかで出会う自然や子どもたちの表情・しぐさ・ことばを拾い上げ、それをあそびへと発展させる保育者の感性やあそび心が重要になります。

そして、ごっこあそびを楽しむには、その基礎にイメージの共有が必要です。これまでに、実践を通じて、イメージの共有への発達過程が明らかにされてきました（中川：２００９）それらを踏まえ、イメージの共有の前段階として、同じあそびのなかでもねらいは別にして場の共有を図る、次の段階は、あそびにおける動作や体験を共有することです。手をつなぐ、輪になる、簡単な動作の再現ごっこなどを通して一緒に楽しい活動を行うことで行為を共有し、次の見通しやイメージの共有につながるように一歩ずつ取り組まれています。また、買い物ごっこなど、どの子もイメージしやすい題材で子ども同士のやり取りを促し、「友だちと一緒が楽しい」という経験をたくさん積ませることも大切です。イメージが持ちにくい子、あそびから離れていく子には、無理に誘い入れず、繰り返し同じことであそぶことや個別に対応することで、憧れの気持ちやイメージをゆっくり育てていきます。

ごっこあそびの題材は、実体験や生活再現の他に絵本からも頻繁にとられています。いずれの場合も、見たり触れたり感じて体験したりしたことをもとにつもりやイメージを共有し、それらを身体やことばで表現してあそびます。また、ごっこあそびで用いる小道具の特性について、オオカミの面をつけた途端子どもたちが怖がったという報告が多くあり、本物に近い方がよいのか、子どもたちが自由にイメージできる方がよいのか活発に議論されています（第54回集会・A分散会、2015）。年齢によってどのような玩具がいいのか、実践を通して明らかにしていきたい課題です。

玩具については、個人持ちおもちゃの実践も繰り返し提案されてきました。そして、自分の一部として安心の拠点（心の支え）となり、居場所の指標となるなど情緒の安定に役立つ、ひとりあそびを十分に保障することで意欲や主体性が育ち、子ども同士がかかわるきっかけになる（これは個と集団にも関係しています）、生活再現あそびに利用できるなどの意義が確認されています（中川：2009／第53回集会・B分散会、2014）。年齢に応じて、いつでもあそぶことができ、子どもの主体的なあそびを促す保育室の環境構成やあそびの素材についても論議を続けましょう。

乳児のあそびには保育者の関与が欠かせません。前述した保育者の感性やあそび心を基盤にしながら、保育者もともにあそびを楽しむことやあそびの流れに沿った保育者の適切なことばかけが大切です。保育者の連携も必要になってくるでしょう。おもしろさの追求、自発的な活動というあそびの特性を踏まえ、あそびのなかでの保育者の役割や指導のあり方について、実践の内容に即して丁寧に検討することも課題としてあげられます。

最後に、保育所保育指針の改定を踏まえ、あそびに関連して課業にも触れておきます。課業は絵本や紙芝居、歌、手あそびなど、人類が築いてきた文化遺産を子どもたちに系統的に伝える活動です。実践においては保育者が教材等を準備し、保育者主導で子どもたちに意図的・系統的に働きかけていきます（菱谷：１９９０）。現在、課業ということばはあまり使用されなくなりましたが、その結果として、課業的な内容や方法が実際には「あそび」という名で実践されている場合があります。本来、課業とあそびは異なった活動であり、課業として伝えたい能力には、あそびや基本的生活のなかだけでは育ちにくいものもたくさん含まれています。したがって、乳児期に育ってほしい能力は何かという視点から、保育内容の中にあらためて課業を位置づけることは重要だと思われます。そのうえで、課業からあそびへの活動の流れについても検討することが大切です。

個を大切にすることと集団づくり

乳児保育分科会では、集団保育のなかでこそ、子どもの社会性や豊かな人格発達が促されることを明らかにしてきました。そのなかで、保育者が一人ひとりの個にかかわり大事にすることと個（自我）の豊かな発達を促す集団づくりとを、どう統一的に把握するかについて検討してきました。

実践面では、かみつきやケンカ、共感のまなざしの弱い子、自我を出さない子などへの対応や、月齢差が大きい場合に、個々の子どもの要求をどう保障するか、どの月齢に焦点を当ててあそびを展開するかなどが論議されています。これらの問題は子どものとらえ方やあそびにかかわっていますが、同時に集団保育をどう展開するかの問題でもあります。

担当保育者との情動交流、愛着や安定した信頼関係を基盤に自我をしっかり発達させながら、同時に、子どもたちが一緒にあそび学び合えるような環境や活動を用意して、周りの友だちへの関心や憧れを育て、友だちとのかかわりや友だちと一緒が楽しい経験を積み重ねていくこと、それが個を大事にすると同時に集団づくりへの取り組みといえるでしょう。

「友だちが大好き」「友だちと一緒が楽しい」という共感・共有関係を育む実践は、発達に応じて場や行動、体験、イメージの共有などを核としながら、さまざまに工夫された楽しい活動として報告されてきました。1歳児、高月齢クラスですが、月齢差があり、イメージのもてる子とそうでない子がいるなかで、『メリーさんの羊』で手をつないだことをきっかけに保育のさまざまな場面に「手つなぎ活動」を導入し、「イメージの共有」や友だちとのかかわり、自己肯定感をも促した実践（第53回集会・静岡こぐま保育園、2014）、信頼関係を形成する保育者との関係だけでなく、クラスの最小単位としての班を組織して子どもたちの居場所と安心を保障しながら、班活動のかご運びを通して「一緒が楽しい」と「やりたい」気持ち（主体性）を育んだ実践（第53回集会・広島 なかよし保育園、2014）、さらに、段ボールで個人所有の電車をつくり、「ジブンノ」電車で楽しくあそぶとともに、友だちの電車とつないで一緒にあそぶ楽しさを体験した電車ごっこ（第53回集会・仙台 古川ももの木保育園、2014）では、「イメージの共有」を基礎に、「自分がうれしい」と「一緒がうれしい」が統一的に追求されています。

乳児保育の個と集団に関する課題として、保育者が一人ひとりの個にかかわり大事にすることと、個の豊かな発達を促す集団づくりとの統一的把握を、どのような内容・方法によって取り組もうとしているのか、担当制や集団づくり等方法の違いはあるとしても、取り組みのねらいと活動内容を、そのときの子どもの姿や発達と照らし合わせながら丁寧に検討していく必要があります。同時に、乳児は発達差が大きいなか、集団のなかで年齢に応じた「友だちと一緒が楽しい」活動をどう保障していくか、生活やあそび場面で多様な活動を工夫すると同時に、発達差に応じた一人ひとりへのきめ細かい援助・指導のあり方も引き続き検討したい課題です。

乳児の適正なクラス規模についても、各保育園の状況や実践面を考慮しながら考える必要があります。たとえ、子ども対保育者の比率は保育士の配置基準を満たしていても、クラス全体としての人数が多ければ、子どもは友だちを把握できないばかりか、安心して過ごすことのできる落ち着いた保育環境は保障されにくくなります。しかし、待機児童は乳児に多いという現実を前に、クラス規模について保育園側の努力と工夫を頼むだけでは限界があり、保育士不足の解消や「児童福祉施設の設備及び運営に関する基準」の見直し等を求める保育運動と並行して取り組まなければならない課題です。

子どもたちを取り巻くおとなたちのよい関係づくり

乳児保育分科会では、多様な背景を抱えた子どもや保護者を対象に、子どもの健やかな発達と保護者の子育て・仕事の両立を支援してきました。そのなかで、子どもの発達を促す保育の質の向上を目指すには、保育者同士および保育者と保護者とのよい関係づくりが重要になってきます。第55回全国保育問題研究集会の乳児保育分科会案内（２０１６）では、「成育歴や月齢・年齢など個々の多様な子どもたちに対応するには、保育者の連携と協力による柔軟な体制づくり、ねらいや方針の共有による園全体での取り組み、保護者との連携が不可欠」であると述べられています。

保育者同士の連携・よい関係づくりは、複数の担任が子どもの情報を共有して保育観や保育方針を一致させ、保育の一貫性を保つための基本であり、クラス内の役割分担や連携、関係づくりへの取り組みが分科会のなかで数多く交流・討議されています。しかし、今日のように多様な勤務形態や処遇が混在するなかでは、担任間の連携だけでなく、看護師や調理員など職種の異なる人たちをも含む園全体での連携・協働、相互信頼に基づく全職員での率直で深い議論を通じて、保育方針や子どもの情報を共有し子どもを見守ることの重要性がますます高まっています。このような園全体での連携・協働は、多様な子どもに対する柔軟な対応や子どもの要求実現と安全との両立を可能にし（第58回集会・A分散会、2019）、保育者の心のゆとりや保育の改善にもつながっていきます（第57回集会・A分散会、2018）。その一方で、業務が増加し職員間で情報を共有する時間が取れないなどの状況があり、園内業務の見直しや実践記録の活用など、子ども理解や支援体制を整えるための条件づくりについてもしっかり検討することが求められます。

保護者との連携やよい関係づくりについては、日頃から保護者との信頼関係を築いておくことの大切さがいわれています。乳児クラスではじめて保育園とかかわる保護者も多く、特に、母親自身子育てへのストレスや不安が高いことを前提に、母親の思いを受け止め、寄り添うことが大切です。その際には、保護者の労働実態や家庭状況、年齢などの背景にも思いをめぐらせ、一人の人間として尊重しながら、保護者が子育ての何に困り（悩み）、どんな願いをもっているのかに真摯に向き合い、一緒にそれらを解決していこうとする姿勢が求められます。

現代は、長時間労働、非正規雇用の増大、保育所不足、貧困化など子育て世代の保護者が置かれている社会状況は、多様で以前よりも一層厳しくなっています。２０１８年の第３回乳児保育夏季セミナーでは、保護者とのよい関係づくりについて、「保育は福祉」の観点から、専門職としての保育者には、子どもや保護者の「どう生きたいのか」を下支えする役割があり、保育園は彼らの安心の居場所であると確認されました（第35回全国保問研夏季セミナー・シンポジウム、第3分散会、２０１８）。社会のなかで、保護者自身が主体性を発揮して自分らしく生きることが困難な状況になっており、そういう保護者にとっても、保育園は何でも相談でき、肩の荷を降ろして自分らしさを取り戻せる場所になることが大切です。保護者にも安心を保障するなかで、互いに思いを出し合いながら、子育てのパートナーとして子どもについて考え合うことができるよう、園全体で、保護者との関係づくりや連携、支援のあり方について検討していくことが、これからの重要な課題といえるでしょう。

新たな課題

子ども・子育て支援新制度（２０１５年４月施行）は、複雑で多岐にわたる保育形態や規制緩和による保育条件の悪化をもたらし、保育所保育指針（２０１８年４月施行）については、「幼児期の終わりまでに育ってほしい姿」を通して、保育内容とセットで乳児期から特定の子ども像へと方向づけられる可能性が危惧されます。それらの保育への影響については、子どもが権利の主体、生活の主体として「今」を最もよく生き、心身ともに豊かに発達することを保障するという観点から、丁寧に検討していくことが課題としてあげられます。

また、グローバル化に伴い、外国籍の人々も現代の日本社会の一員として生活しており、保育現場でも、地域によっては外国籍の子どもが多数入園している現状があります。子どものしあわせを願う親の思いを共有し互いの文化を尊重しながら、連携して保育を進めることが求められます。しかし、一方で、ことばの壁や文化・価値観の多様性などの問題があり、具体的な実践をもとにコミュニケーションの取り方や連携の方法を検討し、その成果を積み上げていくことが重要です。

折しも、2020年から始まった新型コロナウイルス感染症の大流行は、保育についても見直しを迫りました。その過程で、子どもの健康・安全を守りながら、保育の質を維持・向上させるための課題が明らかになっています。それは、この項の最初の課題とも関連しますが、保育制度や基準の抜本的見直しと改善を基に、子どもの「今」を大切にし、子どもに必要なあらゆる権利を保障することです（松浦：2021）。新型コロナウイルスのような感染症の蔓延下で、子どもの健康・安全と子どもの権利保障とを両立させるために、実践をどのように進めていくのか、コロナ禍の下でも豊かな「子ども時代」を保障する多くの取り組みから知恵や工夫を学び、その成果を蓄積していきましょう。

【引用文献】

・第53回集会・静岡　こぐま保育園（平林真依）（2014）「手つなぎで広がる子どもの世界」『季刊保育問題研究（266）』66–69頁

・第53回集会・大阪　瀬川保育園（南佐知・岡根まや）（2014）「どの子も楽しめるごっこあそびをめざして」『季刊保育問題研究（266）』54–57頁

・第53回集会・広島　なかよし保育園（藤井幸子・青木優果）（2014）「いっしょにはこぼうね！『季刊保育問題研究（266）』62–65頁

・第53回集会・仙台　古川ももの木保育園（森谷梓）（2014）「〝ジブンノ〟がうれしい！〝一緒〟がうれしい！」『季刊保育問

題研究（２６６）』58‐61頁
・第53回集会・A分散会（松田千都）（２０１４）「乳児保育」『季刊保育問題研究（２６９）』28‐32頁
・第53回集会・B分散会（亀谷和史）（２０１４）「乳児保育」『季刊保育問題研究（２６９）』35、36頁
・第54回集会・広島　なかよし保育園（小原暖子）（２０１５）「０歳児高月齢児の保育　行きつ戻りつ奮闘記」『季刊保育問題研究（２７２）』73‐76頁
・第54回集会・愛知　のぎく保育園（柴田実幸・小貝恵里）（２０１５）「つもりあそびをしなきゃ！　保育者の思いが強すぎて」『季刊保育問題研究（２７２）』61‐64頁
・第54回集会・A分散会（西林正美）（２０１５）「乳児保育」『季刊保育問題研究（２７５）』16頁
・第54回集会・C分散会（松田千都）（２０１５）「乳児保育」『季刊保育問題研究（２７５）』24、25頁
・第55回集会・分科会案内（亀谷和史）（２０１６）「乳児保育」『季刊保育問題研究（２７８）』14頁
・第55回集会・熊本　ひまわり保育園（佐藤知江）（２０１６）「Kちゃんってどんな子？　私のなかで変わってきたKちゃんのとらえ方」『季刊保育問題研究（２７８）』96‐99頁
・第55回集会・A分散会（遠田えり）（２０１６）「乳児保育」『季刊保育問題研究（２８１）』16、17頁
・第55回集会・D分散会（西林正美）（２０１６）「乳児保育」『季刊保育問題研究（２８１）』29頁
・第56回集会・大阪　箕面保育園（高瀬歩美）（２０１７）「子どもの主体性を育てる環境づくり」『季刊保育問題研究（２８４）』58‐61頁
・第57回集会・福岡〈大牟田〉高取保育園（橋本久美子）（２０１８）「０歳児保育　０歳児の育ちから学ぶこと」『季刊保育問題研究（２９０）』53‐56頁
・第57回集会・北海道　拓勇おひさま保育園（鴻上かおり）（２０１８）「一人ひとりが、ゆったりとすごせる保育室の環境づくりに取り組んで」『季刊保育問題研究（２９０）』80‐83頁
・第57回集会・兵庫　山本南保育園（細間知佳）（２０１８）「『ジブンデ！』『たのしそう！　やってみたい！』意欲たっぷりの子どもたち」『季刊保育問題研究（２９０）』88‐91頁
・第57回集会・A分散会（松田千都）（２０１８）「乳児保育」『季刊保育問題研究（２９３）』44頁
・第35回全国保問研夏季セミナー・シンポジウム（亀谷和史）（２０１８）「豊かな乳児保育を創造するために　実践を深める三つの視点」『季刊保育問題研究（２９４）』１４３‐１４７頁
・第35回全国保問研夏季セミナー・第1分散会（野村朋）（２０１８）「第1分散会のまとめ」『季刊保育問題研究（２９４）』

１４８-１５２頁
・第35回全国保問研夏季セミナー・第２分散会（柴野邦子）（２０１８）「第２分散会のまとめ」『季刊保育問題研究（２９４）』１５３-１５８頁
・第35回全国保問研夏季セミナー・第３分散会（永谷孝代）（２０１８）「第３分散会のまとめ」『季刊保育問題研究（２９４）』１５９-１６３頁
・第58回集会・A分散会（中川伸子）（２０１９）「乳児保育」『季刊保育問題研究（２９９）』44、45頁
・第58回集会・B分散会（浅川淳司）（２０１９）「乳児保育」『季刊保育問題研究（２９９）』49頁
・第59回集会・静岡　こぐま保育園（市原こころ）（２０２０）「ごみ収集車にあこがれて」『季刊保育問題研究（３０２）』75-78頁
・第59回集会・北埼玉　第二はちの巣保育園（高松恵里・興梠政美）（２０２０）「この一年大切にしてきたこと　自分の思うように体が動かせる体づくりをめざして」『季刊保育問題研究（３０２）』64-67頁
・第59回集会・大阪　箕面保育園（井上裕輔）（２０２０）「友だちの姿に気づき響きあう言葉がけ」『季刊保育問題研究（３０２）』72-75頁
・第60回集会・分科会案内（亀谷和史）（２０２１）「乳児保育」『季刊保育問題研究（３０８）』12頁
・中川伸子（２００９）「乳児期の子ども同士のかかわりを育み豊かにする集団づくり」全国保育問題研究協議会編『かかわりを育てる乳児保育』新読書社、第2部第2章、１５６-１６０頁、１４５-１４９頁
・菱谷信子（１９９０）「保育内容の構造と方法」全国保育問題研究協議会編『乳児保育　ひとりひとりが保育の創り手となるために』新読書社、第1章第6節第1項、89-96頁
・松浦崇（２０２１）「子どもの『今』を大切にするために――新型コロナの感染拡大と保育制度の課題」『ちいさいなかま（７１５）』35-41頁
・矢野和子（１９９０）「働く親の権利を守り子どもらの健やかな育ちを願って」全国保育問題研究協議会編『乳児保育　ひとりひとりが保育の創り手となるために』新読書社、第2章第1節、１２９-１５３頁

※本稿は、中川伸子（２０１７）「乳児保育の実践からみえる到達点と課題」『季刊保育問題研究（２８３）』8-22頁と、乳児保育分科会運営委員（中川伸子）（２０１８）「三　これからの時代の『豊かな』乳児保育」第35回全国保問研夏季セミナー報告・基調提案『季刊保育問題研究（２９４）』１３５-１４１頁の二つの原稿を基に加筆・修正したものです。

4 子ども・子育て支援新制度の問題点と見直しへの課題

中村強士

はじめに

2020年に世界を席巻した新型コロナウイルス感染症は世界中の人々を恐怖に陥れました。日本では、特に緊急事態宣言とその前に行われた小中学校等の登校自粛によって、保育施設のあり方が問われ、感染者の有無を問わず休園する保育所もありました。ある調査によれば、通常の「3～4割」の登園があったと回答している割合が33・2%と最も高く、それ以下の「1～2割」「1割未満」を合わせると69・3%と過半数を占めています。また、「2020年5月現在あるいは今後、もっと知りたい新型コロナに関する情報」という問いには、「完全に収束していない中での保育のあり方」と回答したのが83・5%と最も高い結果となっています（東京大学大学院教育学研究科附属発達保育実践政策学センター：2020）。

保育施設における「新しい生活様式」の実践は、マスク着用だけでもそう簡単なことではありません。高知県南国市の保育園では保育者全員がマスクを着用していましたが、絵本の読み聞かせなど、さまざまな場面で保育者の表情や口元を見せられない日が続き、子どもの育ちに影響が出ていると感じていました。具体的には保育者が話しかけても表情が乏しかったり、反応が鈍かったりすることがあるということです。そのため、特にマスクの影響が大きいと感じる0歳児のクラスで、一部の保育者がフェイスシールドをつける試みを始めると、子どもたちの表情が生き生きとしてきたといいます（NHK：2020）。また、感染防止に努めているとしても、福祉施設とりわけ子どもの施設では「身体的距離の確保」がそもそも困難です。2020年11月18日現在、川崎市内の認可保育所ではクラスター（感染者集団）が発生し、20代女性保育者のほか、園児6名の感染がわかっています（「神奈川新聞」：2020）。保育施設に「新しい生活様式」を要求するのであれば、子どもや保護者、保育者の自助努力のみに依存しないことはもちろん、マスクや消毒液の最低限の給付だけではなく、設備や運営に関する制度を抜本的に改善することが求められます。

本節は、まず、あらためて子ども・子育て支援新制度の基本を確認したうえで、政府による制度見なおしの課題と方向性が何を問題にしているのかを筆者の問題意識にからめて明らかにし、最後に新制度の問題点と見直しの課題について論じるものです。

子ども・子育て支援新制度とは何か

（1）子ども・子育て支援新制度の概要

2012年8月、子ども・子育て関連三法（子ども・子育て支援法等）が成立し、2015年4月から子ども・子育て支援新制度（以下、新制度）がスタートしました。新制度は、幼児期の学校教育・保育、地域の子育て支援の量の拡充や質の向上を進めることを目的にしています。そのため、消費税10％

になった際の増収から毎年7000億円程度が充てられることになっていました。

新制度は、保育所、幼稚園、認定こども園だけでなく、地域子育て支援や学童保育（放課後児童健全育成事業）、妊婦健診、企業主導型保育事業などを包括するものです。これらは、「子ども・子育て支援給付」と、「その他の子ども及び子どもを養育している者に必要な支援」とに分かれます。「子ども・子育て支援給付」には、施設型給付費と地域型保育給付費、そして、施設等利用費が含まれます。

保育所、幼稚園、認定こども園は、施設型給付費により財政支援されます。これらを「教育・保育施設」といいます。幼保連携型認定こども園は、もともと認可保育所と認可幼稚園の両方の運営主体が都道府県に認定される形態でしたが、新制度では単独の施設類型になりました。地域型保育給付費とは、教育・保育施設より少人数（20人未満）で3歳未満児を預かる事業所（以下、地域型保育事業所）に対する財政支援です。これにより、認可外保育施設として運営されていた少人数の保育施設は、基準をクリアすれば地域型保育事業所として市町村に認められることになりました。施設等利用費とは、新制度によらない幼稚園や特別支援学校、預かり保育事業、認可外保育施設等を対象とした、いわゆる「幼児教育・保育の無償化」のための財政支援です。もちろん、認定こども園や保育所も無償化の対象です。

「その他の子ども及び子どもを養育している者に必要な支援」のうち「地域子ども・子育て支援事業」は、地域子育て支援拠点事業、一時預かり事業、ファミリー・サポート・センター事業のほか、延長保育事業、病児保育事業、放課後児童クラブ、妊婦健診など13事業があります。もうひとつの「その他の子ども及び子どもを養育している者に必要な支援」は「仕事・子育て両立支援事業」です。企業主導型保育事業と企業主導型ベビーシッター利用者支援事業とで構成されます（注1）。他の事業はすべて市町村主体ですが、本事業は唯一国主体の事業となっています。

(2) 入所の手続き

保育所や地域型保育事業所等を利用するためには、市町村の認定を受ける必要があります。1号認定の場合は申込後に認定を受け、2号・3号認定の場合はまず市町村に「保育の必要性」の認定を申請したのちに施設の利用申請を行うことになります。ただし、多くの市町村では認定と申請を一括して行います。保育の必要性とは、就労や妊娠・出産だけでなく、求職活動や就学も含まれます。また、育児休業取得中に、すでに保育を利用している子どもがいて継続利用が必要な場合も「保育を必要とする事由」に含まれます。

次に、市町村は「保育の必要量」を調べます。必要量は、利用する保護者の就労時間が基準にされています。48時間から64時間までの間で就労下限時間が設定され、これを下回ると認定されません。下限時間以上の時間で、月120時間程度就労している場合には「保育標準時間」(最長11時間)、それ以下の場合は「保育短時間」(最長8時間)として認定されます。おおよそフルタイム就労なのかパートタイム就労なのか利用時間を想定した区分です。さらに、利用申請者がひとり親家庭や生活保護世帯などの場合には、「優先利用」が認められます。以上を踏まえて市町村は利用調整を行い、あっせんや要請を行います。

ただし、待機児童がいない市町村では認定こども園や地域型保育事業所を希望する場合には市町村の利用調整を経ずに直接施設や事業所と契約を結ぶことが可能です。他方、保育所の場合は、市町村の保育実施義務がありますので、認定だけでなく保育所を利用するまで市町村が責任をもちます。

（3）保育にかかる費用

保育にかかる費用（給付費）は、公立保育所の場合は市町村が全額負担し、私立保育園の場合は市町村等が「委託費」として負担します。幼稚園や認定こども園には「施設型給付費」が、地域型保育には「地域型保育給付費」がそれぞれ制度にもとづいて積算されます。これらの積算根拠になるのが「公定価格」です。公定価格は、基本額と加算額によって算定されます。基本額は、「地域」で8区分、「定員」で17区分、「認定」で3区分、「年齢」で4区分、「教育標準時間あるいは保育必要量」で3区分にそれぞれ設定されています。これに加えて、職員の配置状況や事業の実施体制、地域の実情等に応じた各種加算があります。職員配置加算や主任保育士専任加算、処遇改善等加算などがあげられます。

他方、保育料は保護者の所得（市町村民税所得割課税額等）を基に算出されます。これを「応能負担」と呼んでいます。合わせて、利用する子どもの年齢によっても異なり、年齢の低い子どもの方が高い子どもよりも高額となっています。また、保育標準時間や保育短時間では保育時間が足りない日があった場合には、延長保育を利用することになります（標準時間と短時間との保育料の違いもあります）。さらに、多子世帯やひとり親世帯等については保育料の負担軽減があります。

その他、利用者負担額には実費徴収とそれ以外の上乗せ徴収とがあります。実費徴収は通園送迎費や給食費、文房具費、行事費など、上乗せ徴収は教育・保育の質の向上を図るための費用になります。上乗せ徴収について保育所等は利用者に対し事前に説明し同意を得る必要があります。

先述したように、「幼児教育・保育の無償化」は新制度を財源にしています。２０１９年10月に導入されたこの無償化は、３歳以上児のすべてと3歳未満児の住民税非課税世帯のみ無償です。また、幼稚園や認可外保育施設、ベビーシッターの利用者の場合は対象児であっても給付される額に上限が設定され、これを越えた場合の利用料は有料です。さらに、市町村の関与がない企業主導型保育事業も無償化の対象です。この無償化にかかわって、給食の「副食費」が保護者の実費徴収になりました。よって3歳以上児の保護者の場合、保育料は無料になりましたが、副食費を主食費と合わせて支払うことになります。

(4) 保育者の処遇改善

新制度は、待機児童の解消を目的とする「量的拡充」だけでなく「質の改善」も当初から目的としていました。具体的には、保育士等の処遇改善、研修の充実などを指します。

たとえば、3歳児の職員配置基準20対1を新制度は15対1になるよう補助しています。研修の充実については、保育士の研修機会を確保するための代替職員を配置するようにしています。そして、「処遇改善等加算Ⅰ」及び「処遇改善等加算Ⅱ」と呼ばれる職員給与の改善も進められています。特に2017年度から導入されている「処遇改善等加算Ⅱ」ではキャリアパスの仕組みを構築し、保育士等の処遇改善に取り組む施設・事業所に対して、キャリアップによる処遇改善に要する費用に係る公定価格上の加算を創設しました。たとえば、乳児保育でいえば、経験年数おおむね3年以上の保育士が、都道府県等が実施する「キャリアアップ研修」の「乳児保育」科目を受講・修了したうえで、職場で「職務分野別リーダー(乳児保育リーダー)」として発令されれば、その保育士の給与を月額5000円増額しようという制度です。

政府による見直し課題と方向性

子ども・子育て支援法には「5年後見直し」条項があるため（第18条第2項）、政府は子ども・子育て会議の場で見直しについて議論してきました。見直し点は多岐にわたりますが、筆者が注目する以下の諸点のみ指摘しておきます（「子ども・子育て支援新制度施行後5年の見直しに係る対応方針について」〈2019・12・10、子ども・子育て会議決定〉）。

■保育標準時間・短時間の区分について

現行の保育の必要量の区分を統合することについては、認定等に係る市町村の事務負担の軽減が期待される一方で、保育標準時間に統合した場合に保育所等における保育の長時間化につながるとの懸念が指摘されている。

保護者の就労の実態に応じ、子どもの健全な育成を図る観点から必要な範囲で保育を利用できるようにすることは重要であることから、無償化の施行の状況等も注視しながら、多様な働き方への対応や公費負担への影響等も踏まえつつ、区分の在り方について引き続き検討すべきである。

■所長設置加算等の算定方式の見直し

所長（管理者）設置加算については、所長の設置は義務とはされていないが、95％以上の園において設置されており、事務負担軽減の観点から、基本分単価に組み入れ、要件を満たさない場合に減算する仕組みとすべきである。

事務職員雇上費加算の基本分単価への組み入れについては、施設等における事務負担の状況も踏まえながら公定価格における事務職員の評価について引き続き検討することとし、今回の見直しに際しては現行の仕組みを維持すべきである。

■土曜開所に対する公定価格上の評価の在り方

土曜日における保育所等の開所状況について、一部の園において土曜日に閉所しており、また、開所している園について利用児童数や職員数が平日より少ない園が多いという実態がある。一方で、現行制度上、土曜日は月に1日でも開所していれば公定価格の調整がかからない仕組みとなっている。

こうした実態や現行制度の積み上げ方式という仕組みも踏まえ、土曜日開所の公定価格上の評価について、「開所日数」、「利用児童が少ない場合の事業費」、「利用児童が少ない場合の人件費」の観点から議論を行った。

「開所日数」に着目する評価については、一部の土曜日だけ閉所した場合も、すべて開所した場合と同様に評価することを維持する根拠に乏しく、影響も一部の土曜日に閉所する園に限られるものであり、調整を実施すべきという意見が多かったことを踏まえ、保育所等の安定的な運営にも配慮しつつ、土曜日の開所日数に応じた調整について検討すべきである。一方で、経営実態調査の結果を見ても、保育所等の全体の収支差は小さいものとなっており、土曜日の利用児童が少ないことに着目した評価については慎重な検討を求める意見が多数あり、保育所等の運営全体に与える影響を鑑み、慎重に検討すべきものである。特に、人員配置については公定価格での評価以上の人員を配置している実態があり、保育所等の人件費について現在よりも削減することについては多くの委員から反対意見が示されており、現行以上に人件費を削減することは行うべきではない。

■保育士以外の職種の配置に関する公定価格上の評価の在り方

保育士以外の職種の活用を促進する観点から、特に、地域の高齢者の方に参画いただく入所児童処遇特別加算について、その趣旨・目的を適切に表現できるよう、加算名称を見直すべきである。

■質の高い教育・保育の実施のため、基準を超えた職員を配置する施設・事業所への対応

「1歳児の職員配置基準の改善」及び「4・5歳児の職員配置基準の改善」を始めとする配置改善については、「0・3兆円超」の安定的な財源の確保と併せて引き続き検討すべきである。

本年10月の実施を見送った保育所におけるチーム保育推進加算の充実については、必要となる財源の確保と併せて検討すべきである。

■きめ細かな調理・アレルギー対応等の食育の推進

幼稚園・認定こども園における1号認定子どもに係る給食実施加算については、園として必要となる費用に応じた内容となるよう加算適用の在り方を見直すとともに、きめ細かな栄養・衛生管理等の下で調理し給食を実施する場合の加算単価の充実を検討すべきである。

また、栄養管理加算の充実については、食育の充実など教育・保育の質の向上に栄養士・栄養教諭等が重要な役割を果たしていることを踏まえ、必要となる財源の確保と併せて検討すべきである。

■保育所等の面積基準及び外部搬入規制の在り方

保育所等の面積基準については、一定の条件下で既に特例措置が講じられているため、追加の措置は行わないこととすべきである。

また、給食の外部搬入の更なる拡大については、質の観点からの懸念も示されているため、現時点においては方針を決定するのは時期尚早であり、見直しは行わないこととすべきである。

以上、多岐にわたる「見直し事項」について、筆者の問題意識にかかわらせた点を紹介しました。新制度の特徴として浮き彫りになったのは以下の3点です。

1点目は、保育標準時間による保育の軽視ないし否定です。「保育標準時間・短時間の区分について」では、「保育標準時間に統合した場合に保育所等における保育の長時間化につながるとの懸念が指摘されている」としています。つまり、保育標準時間（9～11時間）に一本化されたら、保育短時間認定（8時間以下）の保護者は仕事が終わったあと家にいるのに迎えに来ず預け続けることになると予測しているのです。しかもそれを「子どもの健全な育成を図る観点」からおおよそ不適切な行為といわんばかりです。ということは「子どもの健全な育成を図る観点」から見た保育標準時間（9～11時間）保育の否定にもつながります。もはや9時間以上の保育が一般的ゆえにこれを「保育標準時間」に設定したはずです。さらに、共働き化および長時間労働化が進むからこそ、検討すべきは、児童福祉法の原理に立った「子どもの健全な育成を図る」保育のあり方であり、かつ共働き共育てが可能な労働時間を含む労働のあり方ではないでしょうか。

2点目は、トータルで保障すべき保育の「切り売り」です。「土曜開所に対する公定価格上の評価の在り方」のところでそれが見られます。土曜日の開所日数に応じた調整、つまり、開所を前提に閉所している園は減算、もしくは閉所を前提に開所している園は加算、という仕組みを導入しようとしている点です。結論として「慎重に検討するべきもの」であり、「現行以上に人件費を削減することを行うべきではない」としていますが、子どもが少なく閉所している園があるのだから、公定価格を減らそうという発想＝「実績至上主義」こそが新制度の根幹となっている発想であることがよくわかります。

3点目は、「児童福祉施設の設備及び運営に関する基準（以下、「設備運営基準」、いわゆる「最低基準」）」の改善を無視している点です。

まず、「所長設置加算等の算定方式の見直し」のところでは、ほとんどの園で所長は設置しているため、所長がいることを前提に設置されていないところを減算にするといいます。他方、事務職員雇上費加算の基本分単価への組み入れはしない、すなわち事務職員がいることを前提にした制度にはしないといいます。次に、「きめ細かな調理・アレルギー対応等の食育の推進」のところでは、「食育の充実など教育・保育の質の向上に栄養士・栄養教諭等が重要な役割を果たしている」と述べています。であるなら、所長は当然のこととして、栄養士や事務職員がなぜ「設備運営基準」のところで加算されないのでしょうか。現行の「設備運営基準」では、保育所に設置すべき職員として、保育士、嘱託医、調理員の3職種となっています。しかも、調理員は置かないことができるため、法令上、全国の保育所に必ず存在するのは、保育士と嘱託医だけです。現実との差はあまりにも大きいのです。また、「栄養士・栄養教諭等が重要な役割を果たしている」とするなら、なぜ、給食の外部搬入を禁止しないのでしょうか、政府の方針は矛盾しています。「給食の外部搬入の更なる拡大については、質の観点からの懸念も示されているため、現時点においては方針を決定するのは時期尚早であり、見直しは行わないこととすべき」としていますが、質の観点から「更なる拡大」ではなく、外部搬入の禁止を決定するのが「質の確保・向上」のための必要な施策です。

さて、本文書では、「他の福祉分野との連携の推進など第44回会議において中長期的な検討課題とした事項」という文言があります。例として、災害時における保育所等の臨時休園に係る基準、多胎児をもつ子育て家庭への支援、制度の複雑化、市町村等の更なる事務負担の軽減等があげられています。第44回の資料を見ると、保育所等の突然の閉鎖に対応するため経営の安定した事業者への事業譲渡や近隣園との合併など、安定的な経営を確保しやすくする仕組みの整備に関することや、筆者がすでに取り上げた保育標準時間による保育の軽視ないし否定の問題について、「保育の長時間化への懸念と保育に対する保護者の理解醸成のあり方」といういい方で中長期的な検討課題にあげています。「他の福祉分野との連携の推進」では、手続きの簡素化や自動化、デジタル化が予測できます。

なお、2020年6月26日に出された「『子ども・子育て支援新制度施行後5年の見直しに係る対応方針について』の対応状況」(以下、「対応状況」)によれば、所長設置加算については予定通り「公定価格の令和2年度改定において、所長(管理者)設置加算を基本分単価に組入れるとともに、要件を満たさない場合に減算する仕組みを導入」とあります。また、土曜開所については「公定価格の令和2年度改定において、土曜日に閉所する場合の減算調整について、土曜日の閉所日数に応じて減算する仕組みに見直し」とあります。栄養管理加算の充実については、「公定価格の令和2年度改定において、栄養士を配置する場合等の単価を引上げ」としています。

新制度の問題点と見直しへの課題

(1) 企業主導型保育事業の廃止ないし認可保育所への転換

2015年から新制度がスタートし、「保育の受け皿」という表現が当たり前になっています。待機児童解消のために導入された地域型保育事業でも解消することができず、翌年「企業主導型保育事業」

をスタートさせました。企業主導型保育事業は、市町村の関与を必要とせず、国が直接認可する事業所内保育を主軸とする事業です（ただし、地域枠はゼロでも認められることから「新形態の事業所内保育所」といっても過言ではありません）。

「企業主導型保育事業の円滑な実施に向けた検討会報告」（2019・3・18）によれば、「保育の量的拡充に重きを置く一方、保育の質の視点が不足」「保育施設の一部に、事業の継続性・安定性の点で課題」「事業運営に当たり透明性が不足」「地元自治体との間で、指導監査等の連携不足」の4点が課題としてあげられています。これらは導入当初から問題点として指摘されていた点ばかりです。しかも、これらの「課題」に対する「改革」では、効果的で具体的な対策は見られず、「特別な立ち入り調査」や「審査・指導監査」をする以外に方法はないようです。企業主導型保育事業を廃止し、新制度における事業所内保育事業に統合したうえで、もし認可保育所に転換できるところがあれば、転換を促すような国のバックアップが求められます。

（2）当初予定していた職員配置の改善

「見直し事項」には、「保育士以外の職種の配置に関する公定価格上の評価の在り方」があげられており、「保育士以外の職種の活用を促進する観点から、特に、地域の高齢者の方に参画いただく入所児童処遇特別加算について、その趣旨・目的を適切に表現できるよう、加算名称を見直すべきである」と述べています。これが「対応状況」のところでは、公定価格の令和2年度改定で「高齢者等活躍促進加算」に変更したことが記されています。保育士以外の職種の活用を促進するのであれば、他にも多種多様な職種が必要ではないでしょうか。

また、「見直し事項」には「質の高い教育・保育の実施のため、基準を超えた職員を配置する施設・事業所への対応」として、「『1歳児の職員配置基準の改善』及び『4・5歳児の職員配置基準の改善』をはじめとする配置改善については、『0・3兆円超』の安定的な財源の確保と併せて引き続き検討すべきである」としています。この点は、当初、消費税率が10％ではなく8％に設定されたことによる税収不足を鑑みて、先送りになっていました。ようやく、２０２４年度から「4・5歳児の職員配置基準が30対1から25対1に改善することになりました。ただし、当分の間は30対1の配置により運営することも妨げないことや、すでに「チーム保育推進加算」等を取得している施設は、25対1以上の手厚い配置が実現可能となっているとの判断から、引き続き、当該加算のみが適用されることになりました。なお、1歳児の基準改善は先送りにされています。いちはやく、1歳児の基準改善を進めるとともに、保育士不足等の関連状況とも合わせて改善すべきです。さらに、例えば、4・5歳児の配置基準を「20対1」にするなど、さらなる改善に向けて方針・計画を打ち出すべきです。

（3）さらなる無償化と国庫負担金額増額

２０１９年10月より、いわゆる「保育・幼児教育の無償化」がスタートし、保護者だけでなく保育所や自治体まで混乱に陥れました。一部の私立幼稚園では授業料を「便乗値上げ」するところもあったといいます。

課題の一つは、やはり3歳未満児全員も無償化の対象にすることです。3歳以上児を無償化したのですから、やれないことはありません。制度導入当初、政府は3歳未満児を無償化の対象にしない理由について、「0歳から2歳までの子供たちについては、待機児童の問題もあることから、その解消に最優先で取り組むこととし、住民税非課税世帯を対象として進めることにしました。更なる支援については、少子化対策や乳幼児期の成育の観点から、安定財源の確保と併せて、検討することにしています」と回答しています（パブリックコメントへの返答）。つまり、3歳未満児については待機児童の解消にお金を使い、ただし、貧困・低所得対策として限定的にお金を使うことになりました（注2）。

もう一つの課題は、保育にかかる費用について、公立保育所の運営費を国庫負担金に戻すなど、国庫負担金の割合を高くすることです。企業主導型保育事業にかかるお金をまわせば消費税を増税せずに確保可能ではないでしょうか。市町村（および都道府県）は、公立保育所を統廃合・民営化する必要もなくなり、施設の新増設や改築、保育内容の充実に充てることが可能になります。

そうなると財源である消費税の税収を増額させるために消費税率を上げる議論が展開されるかもしれません。しかし、そもそも逆進性の高い消費税を保育・子育て支援をはじめとする社会保障にあてることが間違っています。

（4）研修や自己評価より実践検討

「保育所等における保育の質の確保・向上に関する検討会」による「議論のとりまとめと今後求められること」（2020・6・26）によれば、自治体の主な施策として、①各現場・保育団体・保育士養成施設等との緊密な連携によるキャリアアップ研修等の機会の確保、②地域における保育・幼児教育関係者のネットワーク構築と協議の場づくりの支援、③現場の実践を支援する人材の育成・配置、と3点示されています。どれも否定はしませんが、保育の質を確保・向上させるためには、経験ある職員が必要不可欠であり、保育経験を積むこと、つまり働き続けられる保育所にすることが求められます。研修によって保育の質が確保・向上することは否定しませんが、それぞれのライフプランを前提に、自分ないし同僚が気兼ねなく自由に研修できる職場にすることが必要です。そのためには抜本的な処遇改善が必要であり、現状の処遇改善制度ではもの足りません。また、保育の現場に「今後求められること」として「『保育所における自己評価ガイドライン（2020年改訂版）』を活用した保育内容等の評価の充実」があげられていますが、実践記録と実践検討会による研鑽のほうがむしろ保育の質の確保・向上につながると確信しています。そのためにも実践記録を書く時間・空間（その前提の記録（注3）を書く事務時間）と実践検討会を実施できる時間・空間が用意されなければなりません。地域により待機児童を生み出すほどの保育者不足が問題になっていることを考えれば、保育者の処遇改善は待機児童を減らすためにも量・質ともに拡充が必要不可欠です。

（5）規制緩和ではなく格差是正・平等の法制度

同じ保育を必要とする乳幼児であっても、受け入れ先は保育所、幼保連携型認定こども園、保育所型認定こども園、小規模保育事業A型、同B型、同C型、家庭的保育事業、そして企業主導型保育事業と多岐にわたります。それぞれ、運営や設置に関する基準が異なり、運営費の根拠になっている公定価格にも差があります。たとえば、施設・事業所にて保育を行う者については、保育所、認定こども園、A型はすべて保育士が原則ですが、B型や企業主導型保育事業の場合その半分は研修修了者でもよく、C型は保育士がゼロでもよいことになっています。新制度は、こうした格差・不平等を前提に制度設計されているのです。格差・不平等はナショナルミニマムが改善されないかぎり、「待機児童解消」や「保育士不足」を目的とした規制緩和により今後も拡大しかねません。

「設備運営基準」に所長ほか職種を加算することは既述しました。加えて、保育所における地域子育て支援を重視し、しかも新型コロナウイルス感染症による自粛生活を強いられた経験を考慮すれば、「地域担当保育士」も基準におくことが求められます。

職員配置基準は、すでに補助基準で改善されている3歳児の基準ではなく、4・5歳児の基準を「30対1」から「25対1」に、実に76年ぶりに改善されることになりました。しかし、経過措置が「期限未定」で設けられています。たしかに、保育士不足が問題になっているいま、改善困難な施設も出てくるでしょう。しかしだからこそ、この改善に直結する保育士の処遇も合わせて抜本的に改善し、保育士不足問題を早急に解消することがこれと同時に求められています。

面積基準について、政府の見直し事項のいう「追加の措置をしない」とは、これまでの「特例措置」から考えても基準を緩くする、すなわち1人当たりの面積を狭くすることにあります。しかし、新型コロナウイルス感染症の予防という観点から考えても、1人当たりの面積を広くする「追加の措置」を行うことが求められます。

「設備運営基準」の改善は、上位法である児童福祉法の2016年改正からも求められる点です。2016年児童福祉法改正により、その原理について、すべての子どもは子どもの権利条約の精神にのっとり、その福祉を等しく保障される権利を有することになりました。その点から考えれば、「設備運営基準」はもとより、保育実施責任を定める第24条第1項と第2項との区別もなくす必要があります。すなわち、認定こども園や家庭的保育事業等でも、保育を必要とする児童に対して市町村は「必要な保育を確保するための措置を講じなければならない」（第2項）ではなく、「保育しなければならない」（第1項）に統一すべきです。

おわりに

保育施設と市町村との関与を薄くあるいはなくし、複数の基準や規制緩和によって供給主体の多元化を生み出した点において、新制度の導入とその展開は「新自由主義的保育政策」といえます。ということは、「保育の市場化」のため、供給主体の多元化をより一層進めるとともに、保護者との直接契約制度が今後提案されるかもしれません。給食や土曜保育などの「保育の切り売り」＝保育の商品化が進められ、保護者のコスト意識はますます醸成されかねません。このような方向性はすでに高齢者介護や障害者福祉の領域で見られます。

２０２３年４月より、こども家庭庁が誕生し、新制度をはじめとする保育・子育て支援の施策を所管することになりました。こども家庭庁は「こども基本法」（２０２２年６月成立翌年４月施行）に基づく「こどもまんなか社会」の実現を目指し、12月に「こども大綱」を発表しています。大綱では、こども・若者が権利の主体であり、乳幼児期（誕生前を含めて）を「こどもの将来にわたるウェルビーイングの基礎を培い、人生の確かなスタートを切るための最も重要な時期」としています。

「こどもまんなか社会」の実現に「保育の市場化」が不要なのは明らかです。保育政策がめざすべきは、子どもの権利条約にそった保育政策、すなわち、本書のテーマである「生活の主体・権利の主体としての育ち」を保障する保育政策です。

〈注〉

1. 「仕事・子育て両立支援事業」は、2021年から「中小企業子ども・子育て支援環境整備助成事業（くるみん認定）」が加わり、3事業で構成されています。また、新制度にはここで説明してきたもののほかに、児童手当も含まれています。

2. 愛知県小牧市は、2023年4月から3歳未満児の保育料を所得や出生順位に関わらず無償化しています。市のホームページによれば、これは愛知県初であり、独自の少子化対策の拡充として実施したとのこと。「この施策により、『子育て家庭の経済的な負担軽減』や『本市が、子育て世帯に子育てする地として選ばれる』ことに繋げていきます」としています（2024年3月21日閲覧）。

3. ここでいう「記録」とは、保育（業務）日誌や連絡帳、おたより、個人ノート・メモのことを指しています。これらの記録類がなければ、実践検討会で検討し得る「実践記録」を紡ぐことはできません。

【引用・参考文献】

・川崎も最多、60人感染　認可保育所でクラスター「神奈川新聞」（2020年11月18日付）
・東京大学大学院教育学研究科附属発達保育実践政策学センター（2020）「保育・幼児教育施設における新型コロナウイルス感染症にかかわる対応や影響に関する調査」報告書vol.1（速報版）
・保育現場でマスク外すと…専門家「保育と感染防止の両立を」NHKニュース（2020年9月17日）

5 子どもの権利条約制定30周年と乳児保育

―これからの乳児保育―

亀谷和史

2018年に行われた第3回乳児保育夏季セミナー（第35回全国保問研夏季セミナー）「一人ひとりが『生活の主体』として育つ乳児保育　―より豊かな乳児保育について考え合う―」では、「豊かな乳児保育を創造するために――実践を深める三つの視点」というテーマでシンポジウムを行いました。三つの視点とは、（1）乳児が生活の主体になるとは、（2）一人ひとりをていねいに保育するとは、（3）（そのための）保護者とのよりよい関係づくりとは、です（注1）。

これまでの章・節の内容と一部、重複する部分がありますが、以下、シンポジウムでの内容を踏まえ、具体的な乳児期のあそび、環境づくり、遊具のあり方をとおして、今日の子ども観と発達観、乳児期のとらえ方の意義などを、あらためて整理しておきたいと思います。

3人のシンポジストの提案内容を振り返って

シンポジストは増本敏子さん（大阪保問研）、杉山弘子さん（仙台保問研）、平松知子さん（愛知保問研）の3名でした。順に上述の（1）、（2）、（3）の視点から問題提起をしていただきました。

（1）乳児が生活の主体になるとは（増本敏子さんから）

増本さんは、「乳児期の子どもの『主体性』ってなんだろう?」「いつから主体性を持つのだろう?」という増本さん自身の若い頃からの素朴な疑問から問題提起をされました。増本さんも、若い頃は「主体的な子ども」とは「積極的な子ども」のことであり、「積極的な子どもを育てるにはどんな働きかけをしたらよいだろう」とばかり考えていたそうです。

人として「対等」であるとは「力が均等である」ことではありません。やがて増本さんは、次のように考えるようになったそうです。赤ちゃんは、生まれた瞬間から独特の「フォルム」で外界やおとなや周囲の仲間たちに能動的に働きかけていて、その存在自体すでに「人格」を持っていて、「尊重されるべき人間」であり「対等」であると。乳児期には、乳児期独自の存在の仕方があって、それを手だてとして仲間やおとなを求めていくのです。

増本さんがあえて「フォルム」という表現をされたのは、どのような意図があってのことなのでしょうか。きっと、赤ちゃん独特の様相（たとえば4頭身）が、8頭身の私たちおとなとは違っていて、しかし、生物学的な「ヒト」からやがては社会的な「人」になっていく、一言ではいい表せない固有の状態・様相を「フォルム」ということばで表現されたかったのだと思います。

私たちが赤ちゃんに接すると、赤ちゃんの側は私たちに、その独特の「フォルム」を向けてくる、私たちの方も、多少とも緊張したり構えたりしますが、抱いたり同じ目線になったりすることで、日常の対人関係（おとなとおとなのかかわり方）から「モード」を切り替えて、赤ちゃん独自の「フォルム」にかかわり働きかける、そういったことが無意識のうちに行われていると思います。赤ちゃんは、外界やおとなに独特の「フォルム」で能動的に働きかけていて、その存在自体すでに「人格」を持っていて、「尊重されるべき人間」であり、「対等」であると感じ取れます。

赤ちゃんの方も、おとなに対峙（対面）しつつ、向かおうとするしぐさや表情、動作をすぐに示すようになります。この赤ちゃんの向かってくる存在の在り方を「指向性（orientation）」ととらえた発達研究者もいます（注2）。この「指向性」自体、周囲の人や外界の事物との相互作用によって、発達的に変化していきます。

赤ちゃんは、一見小さく弱々しく、私たちに抱かれたままの受動的な存在に思えますが、実際にかかわっていると、私たちおとなと同様、人として対等かつ能動的に私たちに向かってくるようになるのがわかります。

このことを、少し年齢は上がりますが、増本さんがあげられた以下の事例を通して考えてみましょう。

満2歳のひめちゃんがチーズとジャムのクラッカーサンドが一つずつお皿にあるおやつを食べていたとき、チーズの方だけを食べて「チーズのんおかわり」というので、「ジャムのも食べてからね」にジャムのも食べて、「おかわり」と言うのでチーズの方を入れました。今度は、チーズのみを食べて「おかわり」と言うので、「クラッカーも食べてからね」と言うと〝すでにちょっと頑張ったやん。先生に入れてもらわなくても自分で入れるわ〟とばかり椅子から立っておかわりのある所へ行き自分でチーズだけをお皿に入れニコニコと帰ってきて座りました。

皆さんなら、このひめちゃんの行動をどのように受け取るでしょうか。増本さんは、この行為を「わがまま?」ととらえるのではなく、このような行為のなかにこそ「主体性」を見出しています。このような行為と思いを認め、いつも寄り添ってくれる大好きな先生が、「これも食べてからおかわりした方がカッコいいよ」とか「他のお友だちも食べたいからこれも食べてからにしてくれた方がみんなうれしいと思うよ」と方向づけることが、自分に自信を持つことにつながり、他者への信頼感も醸成されていくのではないかと述べています。

(2) 一人ひとりをていねいに保育するとは(杉山弘子さんから)

杉山さんは、増本さんの発言を受け止めつつ、「一人ひとりをていねいに保育する」には「一人ひとりの発達の理解」が欠かせず、それが「一人ひとりの思いや要求の理解」につながり、また「その思いを受け止めながら、また要求の実現を支えながら、一人ひとりの育ちを支えること」が重要であると述べました。そして、次の5点から「一人ひとりをていねいに保育する」実践を各年齢クラスで検討していくことが大切であると提起されました。

①保護者や他の保育者との伝え合いのなかで見る
②子どもと信頼関係を築きながら見る
③能動的に活動する姿から発達を見る
④育ちつつある力を見る
⑤行動の主体としての発達を見る

この5点のうち、③、④、⑤に関しては、先述の増本さんの「主体性」の理解と重なります。一人ひとりの「主体性」を育むためにも、①や②の多様な「関係性」のなかで、多くの親しいおとなや仲間との交流が欠かせません。

0歳児クラスの実践記録からは、個別対応でのやり取り、たとえば「目と目を合わせてあそびの楽しさを共感し合うこと」を通して、信頼関係を構築することが大事であるとわかります。それが生活場面での安定にもつながっていきます。

1歳児クラスの実践記録からは、共感することでより意欲的になることが述べられました。たとえば、個人マークをつけた段ボール電車を用意し、「自分で」という思いや行動を十分に受け入れるようにしていった例をあげています。

また、それだけではなく、「一緒にすることや見守ることを楽しむこと」「友だちとつながりながら、一人ひとりがあそびを楽しめるようにすること」も一人ひとりをていねいに保育することに通じていると述べています。「ていねいに保育する」とは、保育者がやみくもに積極的に働きかけるのではなく、ときにはじっと見守ったり、かたわらで対等にあそびを行ったりすることも求められます。

また2歳児クラスの実践では、たとえば、発表会での「もりのおふろごっこ」の劇あそびで「『先生と一緒に』から『一人で』に向かう過程をていねいに支えること」などが大事であり、「みんなで繰り返したくなる楽しいあそび」「楽しさを共有するなかで生まれる子ども同士のつながりを大事にすること」も、一人ひとりをていねいに保育することの一環であるとしています。

こういった保育の営みの際には、保育者同士、さらに保育者と保護者とが連携し、絶えずその子どもの成長・発達への理解や、日々の生活での発育・成育の課題を共有しておく必要があります（注3）。そのためにこそ、余裕あるゆったりとした「働き方」が求められ、昨今のおとな社会の「働き方改革」や各年齢クラスの職員配置基準の見直しなどが、不可欠なこととして提起されるのです。この点は、最後のシンポジストの平松知子さんの問題提起につながってきます。

(3)(そのための)保護者とのよりよい関係づくりとは(平松知子さんから)

平松さんは、2人のシンポジストの発言を踏まえて、三つ目の「(そのための)保護者とのよりよい関係づくり」に関して、以下の問題提起を行いました。

まず、「保護者と私たちを包む社会背景」として、2015年から始まった「子ども・子育て支援制度」の本質的な問題点を整理・指摘しました。

それはまず、保育の市場化と施設の多様化、企業主導型保育の導入、「保育の質」低下につながる規制緩和の推進などの国の政策です。これらの政策は、「子どもは社会の宝」であり皆で大切に見守り育てるという「子宝思想」を忘れさせる(放棄させる)ものです。今も残っている性別役割分業といった問題は是正していかなければなりませんが、日本のこれまでの伝統的共同体での古き良き〈子育ての知恵〉までをも放棄し、利潤追求の市場原理にすべての保育の営みを委ねていくという危険性があります。子育て・保育のすべてが「自己責任」に収れんされていくのです。この考え(思想)からは、保育者と保護者との関係は、必然的に「保育料次第(保育料でなんぼ)」となって、金銭的なドライな契約関係でしかなくなっていきます。あえて誤解を恐れずにいえば、保育者の営みのすべてが単なる「商品(労働価値)」として扱われるようになっていくのです。そのため、子どもたちには、その人格に「付加価値」として「能力・資質」が付け加えられ(=育てられ)なければなりません。そこで、2018年実施の新「保育所保育指針」・「幼稚園教育要領」では、「就学までに育てたい10の姿」への達成の「しばり」が加えられました。うがった見方かもしれませんが、市場原理と効率性のみを重視し、かつ「保育の質」を確保（担保）するために、ふたたび保育・教育内容にまで、国家が介入しつつあるのではないでしょうか。上からの管理主義的かつ国家主義的な統制が見え隠れしています。

さらに、新たな保育士の「職位」の導入、カリキュラムマネジメントの推進なども政策として進められています。今や保育所も「学校」の教職員制度にならい、職員集団に、所長、副所長・主任保育士、リーダー保育士、担任保育士、新任保育士などの職位が導入され、「キャリアアップ」と称した官製研修を受講しなければ管理職になれません。

平松さんからは、これらの現在の政策動向に真向かい、断固、異議を唱える内容が語られました。平松さんは、保育所・幼稚園が「学校教育の下請けではない」こと、そもそも「保育は福祉」であることを強調し、再確認しました。「子どもは発達の主体者」「保護者は労働権の主体者」です。これこそが、新生児から高齢者まで、すべての国民に主権があること、すなわち「国民主権」が存在すること、ともいえるのではないでしょうか。

乳児保育の要（かなめ）は「安心の生活づくり」と「自我形成」であり、0歳から存在する人格の「主体」の観点から、「おとな都合の生活づくり」にならないよう平松さんは警鐘を鳴らしました。発達の主体は子どもたち自身であり（どうしたいのかはその子が決める、どう生きたいかはその子が決める）、保育の「実践を創造する主体」は職員集団です。保育の専門家である私たちは、親のせいにするのではなく、「不幸にして、その背景を背負った子どもらのその親たちのすべてをくるんで、『どう生きたいのか』を下支えする専門職であり、保育者の処遇改善は子どもの笑顔にも直結する」と述べました。

以上3人のシンポジストの発言や提案は、次に述べる国連「子どもの権利条約」の内容をより現実に具体化したことがらとも重なります。

国連「子どもの権利条約」に学ぶ　乳児保育における子どもの権利の内実と四つの原則と乳児保育の課題 ―発達の時期・特性に応じて―

国連「子どもの権利条約」は１９８９年に採択されました。それまでは、１９２４年「児童の権利に関するジュネーブ宣言」、１９４９年「世界人権宣言」、１９５９年「児童の権利宣言」、日本でも１９５１年「児童憲章」が出されていましたが、いずれも宣言であり法的な拘束性は十分ではありませんでした。

国連「子どもの権利条約」は、国際法として、批准した国では国内法との整合性の下、法的拘束力をもつことになります。日本は国内法を整備して、１９９４年に１５８番目の国としてようやく批准しました。以降、５年に一度、国連子どもの権利委員会へ日本での条約の実施状況について政府は報告の義務があり、これまで政府、およびＮＰＯ団体による「カウンターレポート」が5回にわたって提出されてきました（第4回、第5回は２０１７年に合わせて報告）。

今後、これらの詳細を理論と実践の両視点から丁寧に検討していく課題がありますが、ここでは、ユニセフの紹介を手がかりに、乳児保育における諸権利の内実とこれからの乳児保育の課題に関して論じたいと思います。

まず、ユニセフの紹介などによれば、「子どもの権利条約」の内容を踏まえた四つの原則がよく指摘されます。

①命を守られ成長できること（生存権、成長・発達・学習権）
②子どもにとって最もよいこと（子どもの最善の利益）
③意見を表明し、参加できること（表現・意見表明権）
④差別のないこと（平等と正義）

この四つから、それぞれさらにさまざまな具体的内容が想起できます。

①の「命を守られ成長できること」は、「おとなの責任」として、とりわけ保健衛生や健康を含めての保護を前提にしつつ、発達や年齢にふさわしい遊具の提供やあそびを通しての教育的な働きかけを行うことです。たとえば、ガラガラの玩具一つをとっても、その楽しさは、ア．振ってもらう音自体を楽しむ、イ．自分で振ってみるようになり、そのこと自体を楽しむ、ウ．自分で、そのさまざまな振り方と音の違いをいろいろ楽しむといったように、成長・発達に応じて追究されなければなりません。

②の「子どもにとって最もよいこと」では、①の内容も含まれますが、特に保育施設の条件整備（物的環境）を含め、担当保育者の資格や年齢毎の職員配置基準など（人的環境）が充分に保障され、いわゆる「保育の質」が最良・最善になるように、常時追究されなければなりません。心身の安全・安心と安定が最善に保障されると同時に、生活やあそびのなかでの充実・発展も保障されるということです。

③の「意見を表明し、参加できること」は、特に重要です。

「意見を表明し、参加できること」とは、①と②を前提に、乳児の「発達要求」を意見表明としての表現ととらえ、保障し、保育者とのかかわりや同年齢や異年齢などのさまざまな集団の活動にそれぞれの子どもが可能で発達にふさわしい仕方でかかわる（＝参加する）ことです。たとえば食事の場面では、「おかわり」などの要求をみきわめ、自分から「おかわり」できるようにしていくことです。増本さんの実践で前述した満2歳のひめちゃんのおやつの場面は、まさにこの内容そのものだといえるでしょう。

④「差別のないこと」については、近年、日本でも外国人の子どもたちも多く保育園に在籍していますが、人種や民族の違いによって、また文化・慣習の違いなどによって、差別してはならないということです。これは、子どもだけでなく、保護者・保育者にももちろん当てはまります。

また障害のある場合には、乳児期の発達に応じた適切な療育が保障されることや保育形態の「多様性」が保障されることと同時に、集団での友だち・仲間とともに行う活動にできるだけ参加することが保障されるように配慮されなければなりません。

これからの乳児保育の発展的深化に向けて

以上ユニセフが整理した子どもの権利の四つの視点から、具体的に乳児を想定して考えてみました。乳児に固有の権利の内容は、まだ他にもいろいろなことがあると思います。ぜひ日頃の保育実践から、考えてみて下さい。そのことが、子どもの権利をさらに発展的に深めていくことになるでしょう。

子どもの権利は、成長・発達に応じて、多様な内実（内容）があります。その時期にふさわしいと思われる権利の内容が、成長・発達につれて、もはやふさわしくなくなる（当てはまらなくなる）ことも生じてきます。

したがって、子どもの権利の本質をとらえるならば、「そもそも子どもはおとなとは異なる存在である」ととらえることが求められます。しかし、おとなと異なるからということで、おとなとただ対比的

（対立的）に理解することは一面的で誤りです。「子どもは絶えず変化し、やがておとなへと成長・発達していく主体的存在である」という子ども観に立つことが求められるのです。

私たちおとなの感じ方・見方、考え方を子どももそうであろうと決めつけて押しつけてはなりません。また「こういう規則になっているから」といってそのことを押しつけてはなりません。子どもは、子ども固有の感じ方・見方、考え方を各々が持っているととらえて、そのことをまず尊重し、保障していくことが大切なのです。

このことは、乳児にも当てはまります。「未熟」と決めつけて、おとな本位に対応することは控えて、あくまでも、その主体性を尊重することが大切です。

２０１５年度から制度化され、実施されている「子ども・子育て支援制度」が９年目となりました。そして、２０２３年４月、「こども家庭庁」が新たな国の行政機関として発足しました。子育て支援に関連する予算が増えるのであればよいことのように思われますが、その予算は、まず現場の処遇の向上や児童手当（子ども手当）の所得制限撤廃、乳児保育施設の改善・基準と質の向上等に投入されるべきでしょう。

しかし、この間、新自由主義的な政策が優先され、福祉・保育・教育の分野ではますます民間委託や規制緩和が進められてきました。

驚くべきことに、３歳未満児を保育対象とする「小規模保育事業」で、３歳以上児となっても認可保育園への入所が困難な場合、延長して小規模保育所に在籍することを国として認めました。これまで小規模保育所の増加は、３歳の幼児になる際、卒園・転園を余儀なくされ問題となっていました。その対応でもあるわけですが、あまりにも子ども軽視の政策です。現行条件下での小規模保育所でどのような集団的な活動が3歳以上児で行えるのでしょうか。狭い保育室では、幼児としての活動の保障が十分にできないだけでなく、乳児のいるなかでは、ケガや事故等が多発する危険性が高くなると考えられます。幼児期での仲間との交わりによる社会性の発達や運動発達の不十分さも大変懸念される事態です。このような事態は子どもの権利侵害だといわざるを得ません。

21世紀の現代社会でのおとなの人権論（新自由主義的な経済諸活動を優先する人権論）を子ども（乳幼児）に機械的に適用するのではなく、子ども固有の権利として、①生存権、成長・発達・学習権において、②子どもの最善の利益を常に考えて、③乳幼児期にふさわしい意見表明権を具体的かつ現実的に保障し、④平等と正義を実現していくことを、今後も不断に追究していくことが求められています。そうすることで、人権の一般論を新たにとらえなおし、牽引しさえもする新機軸・対抗軸が展望できるのではないでしょうか。

〈注〉

1．本節は、2018年に開催された第3回乳児保育夏季セミナー（第35回全国保問研夏季セミナー）「一人ひとりが『生活の主体』として育つ乳児保育　より豊かな乳児保育について考え合う」のシンポジウム報告（『季刊保育問題研究』第294号、2018年、143-147頁）からの紹介です。このシンポジウムでは、新自由主義・新国家主義の強まる時代状況のなかで、「乳児保育」の到達点と課題をある程度整理できました。子ども・保育者・保護者がともに手を取り合って、これからの「質」の高い新たな保育実践を創造していくための、手立てと方向性について希望の持てたシンポジウムでした。

2．フランスの精神医学者・発達心理学者で教育思想家のアンリ・ワロン（1879-1962）という人です。「方向づけ（る）」と訳されることもあります。たとえば、浜田寿美男訳編（1983）『ワロン／身体・自我・社会――子どもの受け取る世界と子どもの働きかける世界』ミネルヴァ書房、173頁。

3．ここでは、成長・発達は精神的な側面を、発育・成育は身体的な側面を指して、用語を区別して使いました。

おわりに

今回の『子どもが主体として育つ 乳児保育—実践から読み解く—』は、全国保問研が編集した乳児保育の本として3度目の出版となります。

第1回目は、保育問題研究シリーズの一環として、『乳児保育 —ひとりひとりが保育の創り手となるために—』（全国保育問題研究協議会編、新読書社）が、1990年に出版されました。30数年前の当時は、子育て・保育について、「母性」が備わっているはずの「母親」が「3歳までは家庭で」といった考え方が、まだなお根強い時代でした。乳児保育は、やむを得ず共働きせざるを得ない家庭のために限定的・例外的に認められていました。そのような状況下での最初の『乳児保育』は、それまでの先進的な発達研究などを踏まえ、保問研の先駆的な実践が紹介され、家庭と保育所との連携のなかでこそ、また乳児といえども仲間とのかかわりのなかでこそ、成長・発達がよりよく促されることを明らかにしてきました。そして、乳児保育に携る保育者一人ひとりが、保育の創り手となることを願い、あらためて乳児保育のとらえ直しをすることを試みて出版されました。

第2回目の出版は、1回目の出版を踏まえ、その後の乳児保育分科会での実践と理論の積み上げをまとめてほしいという声に応えて、編集作業が行われ、第1回目から19年後の2009年に、『かかわりを育てる乳児保育』（全国保育問題研究協議会編、新読書社）として、特に、乳児保育における保育者と子ども同士等、多様な「かかわり（関係性）」に着目して出版されました。

この時期は、少子化が進むなかで、国・政府も「育児と仕事の両立」を認めるようになり、エンゼルプラン（1995～1999）、新エンゼルプラン（2000～2004）、子ども・子育て応援プラン（2005～2009）などと銘打った保育政策が推進されていた時期でした。乳児保育の一般化が進むなか、保育所での生活・あそび、仲間づくり、課題活動などによる「かかわり」こそが、家庭での「かかわり」のみならず、大切なことを明らかにしてきました。

今回は第3回目の出版となります。3回目の出版については、「はじめに」で述べられている通りです。2回目の出版から15年を経たこの間に、日本の乳児保育及び保育制度は、新自由主義的な規制緩和の政策の下、大きく変えられてきました。乳児保育の需要が、特に都市部では、待機児童問題が解消されないなかで、年々高まってきました。若い世代での非正規雇用が常態化し、生活困難の家庭が増え続けています。

グローバル化の諸政策が進み、格差や貧困問題が、社会問題としても取り上げられるようになりました。それは子育て・保育の領域にも及んでいます。2015年から実施された「子ども・子育て支援制度」によって、幼保連携型認定こども園の制度化など、一見、乳児保育の施設は充実したように見えますが、実は、三元化・多様化が進み、民間依存がますます顕著となり、日本の保育・幼児教育は世界的な政策動向とは真逆の方向に舵が切られています。

私たちの実践研究は、乳児の成長・発達する権利、乳児期からの固有の諸権利を保障するものです。周知のように、1989年、国連「子どもの権利条約」が締結され、日本は1994年に批准しました。そして、子どもの権利のなかで、各発達の時期に応じた、具体的な活動の保障が明らかにされてきました。乳児としての意見表明の権利、表現の自由（表現の権利）、参加の権利とは何か、その保障はどのようにすることが「最善」であるか、が追究されてきています。

現代は、乳児保育や保育制度の大きな転換期であり、社会全体や子どもを取り巻く生活も激変しています（未曽有の新型コロナウイルス感染症の大流行は、はからずもその流れを加速しました）。しかし、こんな時期だからこそ、今この時点で乳児保育分科会50年の歩みを整理し、乳児保育にかかわる理論や保育実践における到達点と課題を明らかにし、今後の乳児保育を展望することは意義があるのではないでしょうか。

今回ご執筆いただいたみなさまには、新型コロナウイルスの感染防止対策に通常の職場業務、加えて原稿執筆の複数同時進行で大変なご負担をおかけすることになりました。しかし、構想から若干時間はかかりましたが、『子どもが主体として育つ　乳児保育―実践から読み解く―』を上梓することができましたのは、みなさまの出版への熱意とご尽力があったからです。

執筆者のみなさまには、出版の遅れをお詫びするとともに、ここにあらためてこれまでの多大なご協力に感謝申し上げます。

最後になりますが、新読書社の伊集院郁夫氏には、本書の性格付けをはじめ原稿執筆の要所、要所で的確なご助言をいただきました、また、次第に遅れがちになる私たちの執筆状況を辛抱強く寛容に見守っていただきました。この場を借りて、編集委員一同心から御礼申し上げます。

『子どもが主体として育つ　乳児保育―実践から読み解く―』編集委員一同

◎執筆者および執筆協力者

相川仁美（愛知保育問題研究会・ななくさ保育園）
荒木美穂（北埼玉保育問題研究会・第二さくら保育園）
＊ 遠田えり（北埼玉保育問題研究会・さくら保育園）
＊ 亀谷和史（愛知保育問題研究会・日本福祉大学）
柴野邦子（北海道保育問題研究会・光星はとポッポ保育園）
杉山弘子（仙台保育問題研究会・尚絅学院大学）
関谷麻菜美（大阪保育問題研究会・おおぞら保育園•おおぞら夜間保育園）
髙瀬歩美（大阪保育問題研究会・箕面保育園）
寺尾幸子（広島保育問題研究会・なかよし保育園）
土岐あゆみ（大阪保育問題研究会・おおぞら保育園•おおぞら夜間保育園）
＊ 友廣万貴子（岡山保育問題研究会・白鳩保育園）
豊田　唯（北埼玉保育問題研究会・第二さくら保育園）
＊ 中川伸子（広島保育問題研究会・岩国短期大学）
中村強士（愛知保育問題研究会・日本福祉大学）
＊ 永谷孝代（大阪保育問題研究会・大阪健康福祉短期大学）
西出悦子（愛知保育問題研究会・小規模保育所なのはな）
野村　朋（大阪保育問題研究会・大阪健康福祉短期大学）
韓仁愛（東京保育問題研究会・帝京平成大学）
＊ 菱谷信子（福岡保育問題研究会・精華女子短期大学）
平松知子（愛知保育問題研究会・けやきの木保育園）
福田沙織（京都保育問題研究会・風の子保育園）
＊ 布施佐代子（愛知保育問題研究会・桜花学園大学）
増本敏子（大阪保育問題研究会・佛教大学）
松木亮太（愛知保育問題研究会・ななくさ保育園）
＊ 松田千都（京都保育問題研究会・京都文教短期大学）
松本望穂（愛媛保育問題研究会・新田保育園）
宮﨑憲子（仙台保育問題研究会・認定こども園やかまし村）
宮前奈々江（北埼玉保育問題研究会・くわの実保育園）
望月綾子（静岡保育問題研究会・なのはなガーデン）
山路啓太（大阪保育問題研究会・おおぞら保育園•おおぞら夜間保育園）
山本珠未（京都保育問題研究会・風の子保育園）
李綏陽（東京保育問題研究会・豊川保育園）
和田亮介（愛知保育問題研究会・のぎく保育園）

（五十音順・所属は執筆当時のものです　＊印は本書編集委員）

全国保育問題研究協議会（全国保問研）

この会は、保育問題を自主的に研究する団体が、相互に連絡・交流を図るとともに、保育実践に根ざした民主的・科学的保育研究運動を協力共同して推進し、子どもの発達保障・親の労働権保障に寄与することを目的としています。

事務局：東京都文京区本郷 5-30-20　サンライズ本郷７F

保育問題研究シリーズ

子どもが主体として育つ 乳児保育

―実践から読み解く―

2024 年 6 月 24 日　初版 1 刷

編　者　全国保育問題研究協議会

発行者　伊集院郁夫

発行所　株式会社　新読書社

東京都文京区本郷 5-30-20

電話 03-3814-6791

FAX 03-3814-3097

組版　木椋隆夫　　印刷・製本　日本ハイコム

ISBN978-4-7880-2199-0